广州市哲学社科规划 2023 年度课题

广东省职业技术教育学会 2023—2024 年度课题

東方精神與西式哲學

黄根生 —— 著

辽宁人民出版社

图书在版编目（CIP）数据

东方精神与西式哲学 / 黄根生著 . — 沈阳：辽宁人民
出版社，2023.12
　　ISBN 978-7-205-11001-7

　　Ⅰ . ①东… Ⅱ . ①黄… Ⅲ . ①中华文化—关系—哲
学史—中国 Ⅳ . ① K203 ② B2

中国国家版本馆 CIP 数据核字（2023）第 247375 号

出版发行：辽宁人民出版社
　　　　　地址：沈阳市和平区十一纬路25号　邮编：110003
　　　　　http：// www.lnpph.com.cn
印　　刷：辽宁新华印务有限公司
幅面尺寸：170mm×240mm
印　　张：21.75
字　　数：330 千字
出版时间：2023 年 12 月第 1 版
印刷时间：2023 年 12 月第 1 次印刷
责任编辑：阎伟萍　孙　雯
装帧设计：留白文化
责任校对：吴艳杰
书　　号：ISBN 978-7-205-11001-7
定　　价：88.00 元

中西方文化与精神的互通

（代序）

早在20世纪中叶，罗素就在其所著的《西方哲学史》中敏锐地注意到："在未来几百年，文艺复兴以来闻所未闻的多样性文明势必现身，可能会出现比政治帝国主义更强大的文化帝国主义。……在当前的大战之后，假如我们打算在世界上生活得更舒适，那么，从我们的思想深处就要承认两种平等，一是在政治方面承认亚洲与我们是平等的，二是在文化方面也要承认这种平等。尽管现在无法判断这会带来何种变化，但它一定具有深刻而重要的意义。"

从某种意义上看，罗素把亚洲和中国文化看作是与西方"政治帝国主义"相对立或对等而存在的"文化帝国主义"，这等于承认了中西方思想方式和政治模式的明显差异，并在一定程度上代表了整个西方近百年来对东方的惯性思维和集体认知。其实，东方文化骨子里并不像罗素所讲的"文化帝国主义"那样富有冒犯性乃至侵略性，却相反是一种非常尊崇高尚人格、提倡谦卑自然和追求精神境界的人本主义基础上的精神哲学与理论体系。

中华优秀传统文化之哲学理论之所以被称为"东方精神"，乃是因为在全部世界哲学的金字塔之中，它居于纯粹人类精神（既非政治理性，又非宗教迷信）的最顶峰。纵观世界哲学，"自然—人—精神"的研究对象层次正体现了哲学研究视阈不断上升和"追梦"的过程，把中国哲学精神置于世界哲学和文化的辽阔疆域之上，它就像居于中央的一颗最闪耀的明珠，熠熠生辉、光芒万丈，这大概也是罗素惊呼未来世界及其亚洲东方或将出现"文化帝国主义"的重要原因。

中国儒家文化的立足现实又超越世俗的伦理道德，是对社会和人的生活实践的认识的升华；佛家和道家则更进一步，不仅升华和超越了对世俗社会的认识，更将人的精神置于全部人文社科研究的核心。如果说儒家的伦理道德是对社会生活、世俗关系从人的角度进行建章立制和追求"道德境界"（冯友兰语）的话，那么佛道则是进一步从人的精神改造层面对自然世界乃至人类社会进行"釜底抽薪"式的超越性论断，从而达到对自然、物质和人身的彻底超脱和无上飞升，足见中国哲学对人的精神层次要求之高尚与苛严！

西方哲学则不然，它们从对自然和人身的客观性观照与认识入手，辅之以心理、逻辑和语言分析等重要手段，从而在世界观、认识论、方法论和知识观等各个层面上提供了有关世界与人的较之东方世界表现得更为系统化的客观认识、科学逻辑及分析论证方式，进而建立起来一个个无比精密乃至近乎标准化的理论模型与科学体系。

如果说中华优秀文化、中国哲学乃至东方精神所体现的是对自然、社会和人的不断上溯和超越，即相当于"从地面到天上"的跨越式认识飞升，那么西方文化和哲学则走了一条近似却相向逆行的路，它们将对精神和人和自然的认识不断回归和实在化，从而一步步"从天上拉向地面"，这也是西方后期天才哲学家维特根斯坦所强调的哲学研究应回到"粗糙的地面""眼前的东西"上来的重要根据和历史原因。

对比之下，东方精神的本质在于人本内容及其精神向上的超越与升华，而西式哲学的高明之处则在于自然观察及其客观方法的实在、高效，却缺少了关于人的精神层面的高尚襟怀和自然神性。东方哲学儒家的"真仁"和"良知"高尚自不必说，再如老子所说的"道法自然"，儒家后继心学所谓的"心体"以及禅宗所追求的"自性"等，可谓将这种对"自然神性"的认知发挥到了极致。更进一步地，如果将东方精神和西式哲学两者进行完美融合，尤其是将后者的诸多概念、重要范畴和逻辑方法论等融会贯通于中国哲学精神之理论模型研究与体系结构梳理，那也就能有效地架起中西方文化与精神的互补互通桥梁了。

而互补、融通乃至最终高度一致的"中国—世界"哲学与文化，不正是古代先贤深心描绘的人类社会美好未来、理想蓝图的"大同世界"和当代人们提出的人类命运共同体将来得以最终确立的深层次思想交流与精神重铸！

作者

2023年6月11日

目录

MULU

❧ 下篇 ❧
西方哲学分析和综合传统的千年绵延与现代改造

上 篇

儒道佛哲学精神
对中华传统文化的浸润与升华

导　言

　　罗素说："在未来几百年，文艺复兴以来闻所未闻的多样性文明势必现身，可能会出现比政治帝国主义更强大的文化帝国主义。……在当前的大战之后，假如我们打算在世界上生活得更舒适，那么，从我们的思想深处就要承认两种平等，一是在政治方面承认亚洲与我们是平等的，二是在文化方面也要承认这种平等。尽管现在无法判断这会带来何种变化，但它一定具有深刻而重要的意义。"[①]

　　中华传统文化之"先进"，在于催人修心正己，奋力于天下归仁和大同，最终以身证道、成佛或入圣（塑造了众多"道德模范""万世表率"）。西方哲学精神讲求"方法"，注重哲学分析和逻辑技术之普及，搭建起社会、自然和精神科学之广厦（诸如"格物致知"的方式及结果）。东方文化精神关键在于"智广"，而西方哲学方式重点在于"破愚"。中西方思想或精神虽表面看上去各自歧途，实质内在融洽而九九归一，东方的"愚"没了，西方的"智"圆了，自然人人梦寐以求的"理想国"便实现了，地球人类命运共同体就永不再分了！

[①]伯特兰·罗素著，文利编译，《西方哲学简史》，陕西师范大学出版社，2010年12月，208页。

第一节   隐喻及"标杆"哲学

圣人之间总是惺惺相惜的，所谓"英雄惜英雄"。孔子本和老子分属儒家和道家，对比他们的思想自然迥异，但是孔子对老子的赞叹和肯定是由衷的。孔子谓弟子曰："鸟，吾知其能飞；鱼，吾知其能游；兽，吾知其能走。走者可以为罔（用网缚之），游者可以为纶（用钩钓之），飞者可以为矰（用箭取之）。至于龙吾不能知，其乘风云而上天。吾今日见老子，其犹龙邪！"[①]

当然，儒道佛三家圣人肯定不是表面上的相互客套，而是知识、心灵和行为抵达某种相似境界后的彼此灵犀相照、呼应，可谓"标杆"对"标杆"。简单来说，儒道佛哲学家所追求的终极目标，或做圣人，或得道，或成佛，都是现实世界中的"个体"为人处世"极致完美"或追求"绝对真理"的象征，是中华民族和文化千百年来挺立不倒的精神"旗帜"或"标杆"所在。

也正因为有了高高在上又能切身实践的"标杆"，这些哲学家才以相似的言说方式比如"隐喻"，给我们这个世界、芸芸众生提供了相通的身心修炼最高标准或真理。儒道佛三家留下的大量经典，向我们不厌其烦地传播着相似的终极理念，创造着表面大相径庭、实质九九归一的中华优秀文化。

"标杆"即模范和表率，而"标杆"隐喻的意义正在于：儒道佛圣贤们把自己活成了现实生活的"样板"、人人竞相效仿的"偶像"，并用那些"偶像"身上所具有的各种"绝对完美"特征，影响并传递给一代又一代的中国人。

---

①司马迁著，贾太宏编译，《史记·老子韩非列传》，金城出版社，2018年6月，1370页。

传统"标杆"的主要影响具体表现为两个方面。一者，从"绝对性"角度看，诸如"永恒""绝对独立""虚空"等理念，因为难以企及，所以表现为超脱世俗的，即"出世"；二者，从"相对性"角度看，任何个体都可以采取"相对接近完美"的方式用实际行动去诠释和实践那些"好的方面"，比如"几近于道"的修行，在具体的"修身齐家治国平天下"中体现"仁"或"良知"的精神，也就是"入世"。"出世"与"入世"，表面上看相反，实质上则相成。

冯友兰说："中国传统哲学的主要精神，如果正确理解的话……它既是入世的，又是出世的。"[1]在他看来，"入世"的哲学讲究思想的社会和道德价值，其中尤以儒家为代表，"出世"的哲学则讲究身心从现实和社会中超脱或解脱出来，追求超越世俗的价值，其中以道家和佛家最为突出。

总之，从整体上看中国传统哲学，它"既是理想主义的，又是现实主义的；既讲求实际，又不肤浅"[2]的既"入世"而又"出世"的儒道佛会通的哲学，深刻地渗透进中华民族尤其是知识分子的内在精神品格和外在行为方式。

第二节　从逻辑的观点及分析性视角看

孟子曰："事孰为大？事亲为大；守孰为大？守身为大。不失其身而能事其亲者，吾闻之矣；失其身而能事其亲者，吾未之闻也。"[3]儒家"守身"而趋"内圣"，从"事亲"（齐家）再到"外王"，正心修身、处理人伦和治理天下三者并举，心身、内外融贯，己、家和天下合一。中国古圣贤明所

---

① 冯友兰著，赵复兰译，《中国哲学简史》，天津社会科学院出版社，2007年10月，7页。

② 冯友兰著，赵复兰译，《中国哲学简史》，天津社会科学院出版社，8页。

③ 朱熹撰，《四书章句集注》，中华书局，2011年1月，266页。

言，即便从西方世界的哲学视角和科学逻辑诸如"一致性""语法"等分析的严谨态度去看，都能经得起其理论及逻辑检验，而恰如维特根斯坦所言的"一大团哲学的云雾凝聚成一滴语法"[①]，足见中华优秀文化经典和众先贤所言非虚。

一、逻辑的一致性或融贯性分析

逻辑要求一定的系统内诸命题之间要保持彼此的一致性和融贯性，从而使命题系统或特定集合或可能世界至大至全化。

儒家哲学融贯于"仁"（里仁为上即心学，外仁优先即理学，且均以身心一致、知行合一归仁为最终目标），道家哲学融贯于"道"（绝对完美，心之所向）或"正道"（相对完美，几近于道），佛家哲学融贯于"空"或"清净心"（以立地成佛、见性成佛或永居彼岸为目标）。

二、命题的所指及关系分析

逻辑将命题分为主项和谓项：主项包括专名和类名，解决个别和类型对象的"所指"或"指称"问题；谓项包括性质词（一元关系词）和关系词，解决对象的性质及对象之间的相互关系问题。

儒家"仁"的所指或为善性或仁爱之心（心学），或为善理或常理（理学），"仁"的性质为普遍性、先天性和系统融贯性。道家"道"的所指为"绝对完美"，"道"的性质为时间上永恒不灭，空间上绝对独立，精神上绝对虚空，生理上永远运动。佛家"佛"的所指为"清净心"，"佛"的性质为无所从来、无所从去，为绝对虚空，超越世俗世界六根、十八界、十二因缘等一切黏滞。

三、绝对真理及"哲学语法"分析

逻辑上所讲的绝对真理一般指重言式或永真的命题，而只有这样的绝对

① 维特根斯坦著，陈嘉映译，《哲学研究》，上海人民出版社，2005年4月，267页。

真理或命题是在全部世界为真的，不需要任何可能世界来对其进行佐证。而相对真理则皆有其使用范围，恰如维特根斯坦所说的"云雾"之上的"哲学语法"。

儒家的"仁"、善性来自先天赋予，自然也是放之四海而皆准，天地万物概莫能外。道家的"道"至大无外、至小无内，时间永恒，空间独立等，自然也是绝对完美的化身，是以天地万物皆受其所制。佛家的"佛""如来""清净心"凌驾于一切世俗生活及现实世界之上，永居彼岸，圆满无比，绝对超脱。

对于儒道佛的"极致"或"绝对"，世间万物可谓"心向往之"，于身则虽不能与之绝对完全同一，却也能按一定的百分比"遵道（佛或仁）而行"，相当于特定情境中的"哲学语法"。"哲学语法"的实质则在于"语词或语言的用法"，而语言的用法，形而上则为诸般哲学、理论等，形而下则为社会实践和生活。

本书将逻辑方法广泛贯穿于儒道佛哲学比较及分析的始终，同时将西方哲学诸范畴理论嫁接到中华传统文化尤其儒道佛学的方方面面，从而在中西文化和哲学的沟通上架起一座融会的桥梁。

第三节　哲学是世界观、人生观和心学

哲学是世界观和人生观的学问，同时哲学也是心学，是用于人的精神境界修养、修炼的滋养和伴侣（如"表1"）。儒道佛领域的哲学家，对世界、人生基于不同的视角和材料分别做出了属于自己特色的回答和认识，并将其作为自己修身悟道乃至证道的科学典籍和行为规范。

表 1　哲学范畴与儒道佛对比

	精神境界（心学）	哲学是什么？（哲学是探讨作为整体的世界或人的真相及真理的学问。哲学认为它们提供了关于世界或人的本质及规律性的总看法。）		
哲学范畴	超凡脱俗，追求真相和真理，最后入圣成佛	世界观：对世界的总体看法（自然哲学和知识论）		人生观：对人生的总体看法（社会历史观和认识论）
		唯物主义（物质观）、唯心主义、道德经（道本原、宇宙观）、唯意志哲学等		价值观（个人主义和集体主义）、人本主义（人道主义）、伦理学（人与人的关系）、快乐主义、悲观主义等
儒家	心即仁，从心所欲，知行合一	社会观、国家观、天下观	仁政（关心民生）	里仁为美、志于仁（里仁）
			大同社会=仁爱世界	仁人志士（大圣人），从心所欲不逾矩（为政）
道家	心即道，自然而然地遵道而行（天人合一）	本原观	道是世界的本原	人生所走的路就是"道"路
		绝对真理观	道是绝对完美（道就是一生所求）	"遵道贵德"或"几近于道"而行
佛家	心即佛，觉悟（顿悟、渐悟）成佛	皮相由"四大"（地、水、火、风）构成，真相皆空	世界是空性的（世界如梦幻泡影）	人生如梦；色即是空，空即是色；相由心生、心即无、无无（身空、心空、空空）
		构成四大的"极微"组成"粗尘"，组成各种物，但"极微"是假的	极微（微尘）是空性的（所谓最小、无分的微尘是不存在的）	人的皮相和喜怒哀乐愁等情绪烦忧都是假的。聚散皆是缘；人生皆是缘（有就是缘，有是相对的；无是绝对的）

　　哲学对世界或人的真相或真理性认识负责，不同的哲学观或哲学视角产生不同的哲学认识或判断，即从不同的角度回答关于世界或人的性质或关系问题。现代哲学的"语言转向"充分表明，有着突出"哲学方法论"特征的"语言或分析哲学"的确可以为人类文化知识的各个领域奠定语言、概念和学科分析的前提与基础（如"表2"所示）。正如维特根斯坦所说："也可以

把一切新发现和新发明之前的可能性称作'哲学'。"[①]足见哲学对其他学科的问题先导及分析澄清的方法论前因关系。

表 2　哲学的语言分析视角

	范畴	共同性质及关系	真相或真理（独断论）	语言（分析）哲学	
哲学	世界	物质的、意识的、唯意志的、不断上溯而绝对完美的等	唯物主义、唯心主义、唯意志哲学、科学主义、道德经等	世界（外部世界和主体世界）	语言逻辑结构（实体构成）和使用语法分析
		世界观、唯理论、知识论			
	人	人生观、经验论、认识论、知识观			
		趋利避害及快乐的、悲观的（他人即地狱）、有社会或个人价值的等	快乐主义、悲观主义、社会价值观、人本主义等		

第四节　西方哲学辩证范畴概览

我们认为："哲学确实有其独特性。"这句话的意义在于表明，不同的哲学从各个角度对世界、人生等诸般材料问题作出一些而不必全部"独特"的理智回答或解答。

如古希腊哲学家从"总体或根本"角度对世界的诸般"独特"认识：一是朴素唯物主义认为世界的本原是某种具体物质，如泰勒斯的"水——原始要素"论，即"万物生于水，水是构成世界的原始要素"，赫拉克利特的"火——基质"说，以及恩培多克勒的"土、气、火、水四种元素——万物之根"论等；二是毕达哥拉斯学派的"数论"，即将世界归结为事物的普遍形式——数的理论，"数是万物的基础，代表着万物的关系、秩序、一致与和谐"（毕达哥拉斯）；三是柏拉图的"宇宙目的论"，即认为"世界是有

---

① 梯利著，伍德增补，葛力译，《西方哲学史》，商务印书馆，1995年7月，59页。

目的"的观念（物活论），"善的理念是逻各斯，即宇宙的目的，真正的善与真正的实在是同一的"（柏拉图）。

我们认为，秉承同一哲学观念（哲学就是爱智慧①）的不同哲学流派都从特定的角度即针对"世界观Ⅰ""认识论Ⅱ""逻辑学Ⅲ""语言哲学Ⅳ"等不同哲学问题（硬币"A"面）对世界（含人类）作出了某种有意义的主义型（或极性）（硬币"B"面）解释（如"图1"所示），这些解释或许称不上"放之四海而皆准"的"绝对真理"，但从一定的客观角度、实际应用或主体倾向上却是"相对正确的某种思想或观念的传达"。

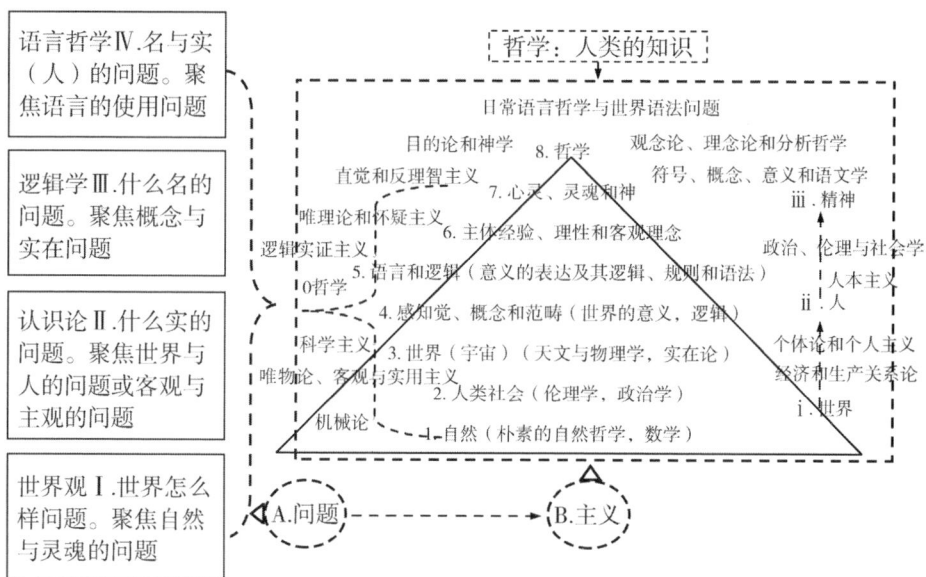

图1　西方古代或古希腊哲学的体系与架构

图1清晰地表明，哲学视野下的人类知识共解答四个问题，并分为三范畴和九层次。四个问题依次为：1. 世界观问题；2. 认识论问题；3. 逻辑学问题；4. 语言哲学问题。其中逻辑学和语言哲学问题又可归结为语言分析问题。三范畴为：ⅰ客观世界范畴；ⅱ人或主体范畴；ⅲ纯精神领域范畴。九层次为：0—8内容，且以哲学开端，以哲学终结。各式各样的哲学分支则围

---

① 参见伯特兰·罗素著，文利编译，《西方哲学简史》，65页。

绕四周，从各个方面拓宽知识或意见的范围。

接下来，我们将从三个"西方哲学史"文本出发，历陈西方哲学千年来所热点关注的诸辩证范畴，同时，为方便读者与原作对照和检阅，分别以"Ⅰ""Ⅱ""Ⅲ"兼标注页码的形式展示。其中"Ⅰ"代表"[美]梯利《西方哲学史》"①，"Ⅱ"代表"[英]马丁·奥利弗《哲学的历史》"②，"Ⅲ"代表"[英]伯特兰·罗素《西方哲学简史》"③。

一、自然哲学（米利都学派、恩培多克勒等），政治、社会和伦理学（苏格拉底、柏拉图、亚里士多德等）

自然哲学指的是从自然形成的角度探究世界本原、根本要素的理论；政治、社会和伦理学是探究人与人的社会及组织关系的学说。

万物生于水，水是构成世界的原始要素。——希腊泰勒斯（Ⅰ，13）

（世界观，自然观，朴素唯物主义）

有四种元素或"万物之根"，即土、气、火和水，每一种都有其特殊的性质。它们是非衍生的、不变和不灭的，充塞于宇宙间。这些元素结合起来构成物体，分裂开来则使物体毁灭。——恩培多克勒（Ⅰ，30）

（朴素唯物主义，自然观，世界观，变化和发展观）

数是万物的基础，代表着万物的关系、秩序、一致与和谐。——毕达哥拉斯学派（Ⅰ，17）

（世界观，形式和实质混淆，形式主义，普遍形式或数论）

知识是至善。——苏格拉底（Ⅰ，58）

（知识观，认识论，人生观，伦理学）

人的本性趋向快乐。一切动物降生以后都依赖天生的本能而趋乐避苦。

---

①梯利著，伍德增补，葛力译，《西方哲学史》，商务印书馆，1995年7月。
②马丁·奥利弗著，王宏印译，《哲学的历史》，希望出版社，2003年8月。
③伯特兰·罗素著，文利编译，《西方哲学简史》，陕西师范大学出版社，2010年12月。

因此，快乐是我们要追求而且应该追求的目的，快乐是至善。——希腊伊壁鸠鲁（Ⅰ，108）

（人生观，个人主义，趋利避害的本性观，快乐主义）

人是社会动物，只能在社会和国家中实现其真正的自我。在时间上家庭和农村公社先于国家而存在，在性质上国家先于和高于家庭和农村公社以及个人。——亚里士多德（Ⅰ，97）

（人生观，国家和社会观，社会主义，集体主义）

受统治就意味着受监视、监督、盯梢，被领来导去，受法律约束、规范、判决、教训，接受传教、控制、评价、权衡、检察，被呼来唤去，而那些人既无权利，也无知识，更无品德。这就是政府，这就是正义，这就是道德。——蒲鲁东（Ⅱ，106）

（统治或领导论，政府论，正义论，道德论，政治学）

人在本性上是政治动物。——亚里士多德（Ⅱ，21）

（人性论，政治学）

学会自己忍受苦难，以便确保不要把苦难引向别人；以及有勇气爱自己的敌人。——印度圣雄甘地（Ⅱ，31）

（人生观，伦理学，基督教哲学）

心正而后身修，身修而后家齐，家齐而后国治，国治而后天下平。——儒家（Ⅱ，39）

（人生观，天下观，国家社会观）

理性是自我保存加上理解。——斯宾诺莎（Ⅱ，79）

（人生观，理性观，存在主义，社会学）

世界的本原是土，世界的一切都是土和水生成的。——色诺芬尼（Ⅲ，23）

（世界观，本原观）

在形而上学上，"意志"虽然是基本的东西，但在伦理学上却是罪恶的东西。——叔本华（Ⅲ，388）

（悲观主义，意志主义）

快乐和幸福就是善；相应的，痛苦就是恶。——边沁（Ⅲ，398）

（功利主义，人生观，个人主义）

二、目的论（柏拉图、亚里士多德），因果律或充足理由律（培根、莱布尼茨）

目的论指的是符合人或上帝或宇宙的主观目的而形成世界的观点；因果律或充足理由律指的是事物变化、发展都有客观原因追溯，并由原因导致结果的决定性理论。

善的理念是逻各斯，即宇宙的目的，真正的善与真正的实在是同一的（即身心同一为善，区别于善心与恶行、恶心与善行、恶心与恶行等其他三种情况）。——柏拉图（Ⅰ，66）

（目的论，物活论，伦理学，人生观，主、客观统一论，客观唯心主义）

自然是有动力和有目的的，它是活动的，其中所发生的事情都有目的。运动是目的"可能性的实现"。——亚里士多德（Ⅰ，90）

（物活论，目的论，运动观）

上帝必然以自己为原因，如果他是另外一存在物的结果，那存在物又是其他存在物的结果，如此类推，以至于无穷，无限地往后追溯，永远不能达到任何结果。——笛卡儿（Ⅰ，311）

（神学，因果律，自由观）

知性认为自然中每一存在的整体，只是它各部分同时一致活动的力量的结果。不过，就有机物体而言，各部分似乎要依靠整体，由整体的形式或计划或观念所决定。每一部分既是手段，又是目的，而且在构成整体的协作上，由整体的观念所决定。——康德（Ⅰ，460）

（观念论，目的论，整体主义，自然观）

哲学是关于一般价值的科学，研究绝对价值判断（逻辑、伦理和美学）

原理。逻辑公理、道德法规、美学规律的确实性不能证明，其各自的真理建立在一个目的上，如思维旨在实现求真的目的，意志旨在实现为善的目的，感情旨在实现理解美的目的。这个目的必然作为人的思想、感情或愿望的理想而是必要的前提。——文德尔班（1，546）

（哲学观，价值论，目的论，真理论，逻辑观）

假如上帝有意欺骗我们，让人的解释不确定，那么，必然有欺骗的理由。——莱布尼茨（Ⅱ，81）

（神学，充足理由律，意见和真理说）

三、个人或功利或自由主义（快乐学派、杰斐逊等），社会契约论或政治学（洛克、卢梭等）

个人主义即个体功利主义、利己主义和个性自由主义；社会契约论强调人们出于人身、财产等私权的实现而自愿结合，以牺牲部分权利与他人约法共存、联合的契约精神。

社会生活以利己的原则为基础，单个的人为了自卫而结成集团（契约论）。——伊壁鸠鲁（Ⅰ，109）

（人生观，国家观，利己主义，社会契约论）

在一个公民社会中，国家与公民的理想关系是契约关系，即立宪政府。——洛克（Ⅱ，83）

（国家社会观，社会契约论，法治观，政治学）

人人生而平等，他们都从他们的"造物主"那里被赋予了某些不可转让的权利，其中包括生命权、自由权和追求幸福的权利。——托马斯·杰斐逊（Ⅱ，94）

（神学，人生观，平等和权利观）

人生而自由，可他无处不在锁链中。——卢梭（Ⅱ，101）

（本性观，自由观，辩证观）

人是这样的一种动物，其优秀性取决于个性；人既不会伟大也不会明

智，除非与他的个体性成正比。——戈德文（Ⅱ，103）

（个人和个性主义，反理智和反威权主义）

有多少个体，就有多少世界。除非人类去行动、选择、抉择，从而赋予世界以意义，否则，这世界就不会有意义。——萨特（Ⅱ，129）

（个体主义，行动主义，世界观，人本主义，意义观）

随着个体性的发展，每一个人的自我价值都会提高，因此对他人的价值也会提高。——穆勒（Ⅱ，155）

（个体主义，价值观，伦理学）

文明就是压抑和控制本能欲望。——弗洛伊德（Ⅱ，177）

（文化和文明观，人性论，善恶说）

大多数的文明人是不择手段的利己主义者。——马基雅维利（Ⅲ，266）

（个人或功利主义）

民主政治是契约的结果，是纯现世的事物，不是由神权确立的。（"神授权说"与"契约设立了政治"的对比）……政府是契约的一方，如果不履行契约规定的义务，就有可能被人民推翻。……在自然状态下，每个人都是自己的法官，并由此产生种种不便，政治是补救的手段。——洛克（Ⅲ，326，327）

（社会契约论，政治学，政府论，个人主义）

四、世界观（智者学派、柏拉图等），认识论（笛卡儿、洛克等）

世界观又叫实体论，指的是世界究竟以物质、意识还是其他要素为本体或出发点的学说；认识论指的是人的意识或经验究竟如何认识和理解世界的学说。

物体脱离人类思维而独立存在，不需要人类的存在而存在。这样独立的东西叫作实体。——笛卡儿（Ⅰ，313）

（物体和实体论，客观主义）

"我思故我在"是我所追求的哲学里的第一条真理。……"作思维"的东西具有怀疑、假设、肯定、否定、意识、想象和感觉的特征。即使在睡着时，精神也在"作思维"，因为思维是精神的本质。——笛卡儿（Ⅲ，295）

（认识论，精神论）

五、知识和真理论（笛卡儿、洛克、马克思等），形而上学（柏拉图、亚里士多德、莱布尼茨等）

知识论指的是关于客观或主观世界规律性知识的总结与学问；形而上学指的是凌驾于具体事物之上的对世界进行各种物质或概念抽象的根本性理论。

眼和耳只是知觉的工具，但不是思考的工具。感官不能对一件事物的好与坏作出判断，感官只能感觉到事物，作出判断的是心灵。知识在于思索而不在于印象，所以能获取知识的是心灵，而非感官，因此知觉不等于知识，更不等于真理。——柏拉图（Ⅲ，81）

（感官和知觉论，知识论）

形而上学是研究事物根本的或初始的原因的科学或哲学，也叫太初哲学。形而上学研究本然的存在，各种科学研究存在的某些部分或方面。——亚里士多德（Ⅰ，82）

（形而上学，哲学和具体科学观）

真正的知识不在于仅仅熟悉事实，而在于认识它们的理由、原因或根据，认识它们必然如此的情况。——亚里士多德（Ⅰ，82）

（知识论，必然性的知识观，真理论）

怀疑意味着存在一个怀疑者，思维意味着存在一个思维者，即怀疑意味着思维，思维意味着存在，所以，我思，故我在。这是首先出现、最确实的知识。——笛卡儿（Ⅰ，310）

（认识论，怀疑论，知识论，存在观，真理论）

六、先验或超验论（笛卡儿、康德等），后验或经验论（洛克、贝克莱等）

先验或超验论指的是以先天方式确证数学、逻辑学、神学等先验性知识的观点；后验或经验论指的是通过经验或实践或知识的后效进而检验知识来源或真理性的观点。

认识是非不仅是理论上的意见，而且是坚定的实践上的信念；不仅属于理智问题，而且属于意志问题。——苏格拉底（Ⅰ，58）

（认识论，实践性的真理或是非观，理智和意志论）

心灵的原来状态是一块白板或一张白纸，人类所有的知识都建立在经验之上，归根结底发源于经验。——洛克（Ⅰ，346）

（知识论，经验论，心灵学说）

一切知识直接来源于经验，而不是任何先天的理性或高级的权威。——伏尔泰（Ⅱ，75）

（知识论，经验论，先天和反权威论）

一切人类历史和人际关系在逻辑上都可以归结为是人在他的环境中创造的。劳动对于人和任何人类社会都是最基本的。——马克思（Ⅱ，104）

（历史观，社会和伦理学，环境论，劳动价值论）

七、唯实论（安瑟伦、维特根斯坦等），唯名论（洛色林、威廉·奥卡姆等）

唯实论是世界由实在对象及组合构成的客观性理论；唯名论又叫名称论或名理论，是将世界归结为名称词或一般概念及其演绎的观点。

当我们思考一个东西，认为它存在时，我们是思考一个比非存在物更完善的东西。上帝最完善，必然存在。——安瑟伦（Ⅰ，187）

（存在论，实在论，本体论的证明，神学）

只有个别的实体存在，一般的概念无非是人们用以规定个别对象的名称和字眼。——洛色林（Ⅰ，184）

（个体论，唯名论，存在论）

名目之外别无普遍之物，真假都是语言的属性，没有语言就没有真假。——霍布斯（Ⅲ，288）

（唯名论，语言论）

八、客观主义或物理学（亚里士多德、伽利略等），心理学或直觉主义（柏格森、弗洛伊德等）

客观主义或物理学是研究世界物质及其运动规律的学说；心理学或直觉主义是以人的心灵、灵感、直觉和心理作用等为研究对象的精神分析学说。

物理学研究存在中的物质和运动。——亚里士多德（Ⅰ，82）

（物理学，物质和运动观）

感觉引起理念，不能产生理念。因此灵魂在它同经验世界接触以前，必定已有理念。就感觉和意见而言，灵魂依赖肉体；灵魂看到纯粹的理念世界时，它是纯粹理性。——柏拉图（Ⅰ，70）

（认识论，先验理念论，感觉论，理念论）

一切自然现象都是按照固定的规律由物体运动引起的。——列奥纳多·达·芬奇等人（Ⅰ，263）

（物体和运动观，机械论）

一切全称命题都应该以观察和实验为基础。——伽利略（Ⅰ，264）

（归纳逻辑，经验论，科学观）

人类心灵的图景是自相矛盾的图景。心灵不是或多或少是理性的，而是或多或少是精神病的。——弗洛伊德（Ⅱ，176）

（精神分析，矛盾观）

实质分为三种：第一种是既可以感觉又可以毁灭的，如动植物；第二种是可感觉但是不可毁灭的，如日月；第三种是感觉不到也不会毁灭的，如灵魂、神。——亚里士多德（Ⅲ，90）

（物理学，感觉论，灵魂和精神学说）

原因分为四类：质料因、形式因、动力因和目的因。举例：大理石是雕像的质料因，雕像的本质是形式因，锤子、凿子、石头之间的碰撞是动力因，为什么要制作雕像是目的因。——亚里士多德（Ⅲ，91）

（物理学，客观形式或唯心主义，目的论）

九、机械或工具论（拉·梅特里、马克思），意志主义（奥古斯丁、叔本华）

机械论是研究物体之间相互作用的理论，强调物质机械运动在世界变化和发展中起决定作用的学说；意志主义是研究万物意志自由和作用的学说。

意志是一种力量或能力，就是一个人思索其行动以及愿意选取或排除某种行动的力量。自由是另外一种力量或能力，就是根据他自己的愿望要进行或不进行某一个别活动的力量。——洛克（Ⅰ，361）

（意志论，自由论）

自在之物是意志，那是初始的、无时间性和空间性、无因而成的活动，它在我心中表现为冲动、本能、奋进、渴望和要求。——叔本华（Ⅰ，530）

（精神或意志论，自在之物论）

心灵或理智仅仅是本能即求生和谋权的意志手中的工具，是由身体所创造的"小理性"，身体及其本能则是"大理性"。在你的身体中比在你最聪明的智慧中，有更多的理性。知识只有保全和促进生命，或者保全和发展种族时，才有价值。——尼采（Ⅰ，627）

（意志主义，身体及本能论，知识及其价值观，种族主义）

工业革命使人内化了手段——目的价值，人的价值很少能在有用性的领域以外存在。——马丁·奥利弗（Ⅱ，148）

（工具理性论，实用主义，实用价值观）

十、单子和灵魂论（莱布尼茨、罗素等）

单子论是研究物质或力的形而上学理论；物质观是将客观世界归结为无差别的标志客观实在的物质范畴的观点。

单纯的实体或力，即形而上学的点、根本的原子、本质的形式、实体的形式或单子、单体，无生无灭的。单子构成物体、心灵，上帝是最高和最完善的单子。——莱布尼茨（Ⅰ，406）

（形而上学，单子论，神学，物体和心灵观）

它们（单子）不是物理的点，因为这种点不过是压缩了的物体；它们也不是数学的点，因为这种点尽管是"真确的"点，却不"实在"，仅仅是"思量"。——莱布尼茨（Ⅰ，406）

（单子论，实在论）

莱布尼茨的哲学也是建立在实体的基础之上的，他认为，实体不具有拓展性，因为拓展性含有繁复之意，只能体现在由若干个实体组成的事物上。因此，他相信有无数个能称之为"单子"的实体。抽象看来，这些单子各自都具有若干个物理性质，实际上一个单子就是一个灵魂。这个结论是否定实体的拓展属性后必然要得到的，此外只有思维者一个本质属性了。莱布尼茨用无数个灵魂代替了物质的实在性。——莱布尼茨、罗素（Ⅲ，305）

（单子论，灵魂论，事物论）

十一、感觉论或主观主义（贝克莱，怀疑论者等），物自体或自在之物的知识（康德、笛卡儿等）

感觉论或主观主义指的是唯心主义中感觉至上或主观世界决定论的学说；自在之物指的是完全独立于主体世界之外的客观事物。

自在之物不能为感官所知觉，在感官知觉中我们所能认识的，不过是自在之物显现于意识前面的方式。——康德（Ⅰ，446）

（自在之物观，认识论和感知主义，不可知论）

存在就是被感知，不能说实际上存在独立于人的头脑之外的事物或实体。——贝克莱（Ⅱ，84）

（主观或感知主义，怀疑论）

外部世界只能造就感觉的素材，把这些素材整齐地排列在空间和时间里的是我们的精神装置，此外，我们的精神装置还供给了我们理解经验的所有概念。我们不能认识物自体，因为它是感觉的原因，而且它不是实体，不在空间或时间里，也不能用"范畴"这样的一般概念来描述。空间和时间是我

们知觉器官的一部分，是主观性的。——康德（Ⅲ，365）

（物自体观，时空观，概念论，主观、知觉和精神论）

十二、神学或基督教哲学（奥古斯丁、护教者），神秘主义或泛神论（色诺芬尼、斯宾诺莎）

基督教哲学指的唯信仰和上帝全知全能的学说；神秘主义或泛神论是将世界或万物归结为道、自然或众神的学说。

神是万物存在于其中的宇宙的永恒的基质，是太一和一切。神不是一纯粹精神，而是整个的有生命的自然。——希腊色诺芬尼（Ⅰ，25）

（神学，一神论，自然观，物活论）

世界是堕落的结果，物质是罪恶的渊薮。——基督教神学诺斯替教（Ⅰ，153）

（悲观主义，原罪说，世界和物质观）

上帝是一切变化中永恒不变的基质。——基督教神学护教者（Ⅰ，155）

（神学，一神论）

上帝之子耶稣基督拯救人类，上帝之子降世以解除人类的罪恶。——基督教神学护教者（Ⅰ，157）

（神学，救世说）

上帝是永恒和超验的存在物，是全能、全善和全智的，有绝对的统一性、绝对的智慧和绝对的意志。——奥古斯丁（Ⅰ，164）

（神学，绝对真理观）

神即自然。神处处都是无限的，思维和延伸性也是神的属性。——斯宾诺莎（Ⅲ，299）

（泛神论，自然论，思维和物质论）

神用火、气、水、土四种元素制造了世间万物。因为按照了一定的比例，所以万物是和谐的、美好的，只有神能将这种美好收回。神先创造了灵魂，后创造了身体，并将灵魂安于身体之中。……如果今生懦弱，来世将变为女人。不相信数学，认为不学数学也能懂天文的话，就会变成鸟。不懂哲学的人将变为野兽，愚蠢的人将变为鱼。——柏拉图（《蒂迈欧篇》）（Ⅲ，77，79）

（神学，数论，轮回观，物种等级论）

十三、唯物主义（马克思、恩格斯等），唯心主义（贝克莱、笛卡儿等）

唯物主义指的是强调物质第一性和世界本原的学说；唯心主义指的是以精神或意识或心灵或灵魂存在及至上的理论。

观念不能脱离心灵而存在。物理的客体就其毕竟为人所知觉或认识而言肯定是"观念"。因此，一切物理的实体不能脱离心灵而存在。——蒙太古、贝克莱（Ⅰ，703）

（观念论，心灵实体论，物理或客体观，唯心主义）

一个人能确知的，只有经过感知和头脑所创造的观念。——贝克莱（Ⅱ，85）

（观念论，知识论，主观唯心主义）

一切人类现象都可以通过经济因素来理解。——马克思（Ⅱ，105）

（经济主义，物质主义，唯物主义）

贝克莱的观点主要分为两个方面。第一个方面的主题说，我们只是感知到了颜色、声音等性质，并没有感知到物质实体；第二个方面说，所有感知到的都属于心（或在心中）。贝克莱的第一个方面的观点完全可以说服任何人……但第二个方面的观点就有些毛病了……贝克莱之所以提出这样的观点，主要是因为他以为所有事物必定是物质或心灵的。——贝克莱、罗素（Ⅲ，336）

（主观感知论，唯心主义，物质和心灵二元论）

十四、范畴或观念论（亚里士多德、洛克），分析哲学（罗素、维特根斯坦）

范畴或观念论是一种纯知识观，指的是从概念范畴或观念及其组合角度总结人类文化的观点；分析哲学就是通过语词或概念演绎性的分析来澄清语言或概念或理论的学说，从逻辑思维层次则指的是由一般到具体、整体到部分的分析与综合。

一般的概念是主观的抽象，唯个别的对象是实在存在的。——希腊斯多葛学派（Ⅰ，113）

（实在观，个别主义，概念论）

观念或形式或一般概念内在于上帝的心中，同时也是从人心上的事物中抽象出来的。——托马斯（Ⅰ，214）

（观念或形式或概念论，上帝或心灵观）

分析共相或一般概念，我们最后达到个体。我们也可以上升，一直到最一般的概念为止，其中最高者为存在，它超越一切其他概念，因为我们可以用它来表述一切别的东西。——邓·司各脱（Ⅰ，232）

（共相和个体论，概念论，存在论）

从个人对象中抽绎出共有的性质，从而形成概念或共相。——威廉·奥卡姆（Ⅰ，238）

（共相或概念论，具体和抽象论）

人类的观念有两个来源，即感觉，它为心灵提供可感觉的性质；此外还有反省或内在的感觉，它为心灵提供关于它自己活动，诸如知觉、思维、怀疑、信奉、推理、认识和愿望的观念。——洛克（Ⅰ，346）

（感觉和理性论，观念论）

分析判断对真理的有效性，是通过理解组成该陈述的词语而实现的，例如"一切单身都未婚"就是这样的判断。——康德（Ⅱ，88）

（语言分析，分析判断或命题）

十五、辩证法（黑格尔、马克思等），演绎和归纳法（亚里士多德、培根等）

辩证法是命题之间辩证关系的学说，也叫辩证逻辑（即正题、反题和合题之间的推进关系），也指事物内部或之间既相互依存又相互矛盾的辩证关系的方法论；演绎和归纳法即演绎逻辑和归纳逻辑。

凭借归纳的过程，引申出定义来。检查所提出的论旨，追溯到根本的原理，根据正确的定义予以评判，这是演绎的方法。——苏格拉底（Ⅰ，55）

（定义的方法，归纳和演绎）

合理的是存在的，存在的是合理的。一切存在的都是概念（合理性）的生成，概念的生成是存在（现实）的。一切概念（正题、反题和合题）之间的关系、差异、对立都是连续存在于一个相互关联的统一体中。——黑格尔（Ⅱ，120）

（存在主义，辩证理性主义，整体主义）

世界是对立统一的，一切产生于一，一生万物，一是万物之源，一就是神。——赫拉克利特（Ⅲ，23）

（对立统一论，本原论，世界观）

十六、人本或人文主义（普罗泰戈拉、伊拉斯谟、拜伦等），强力或科学主义（尼采、波普尔、哥白尼等）

人本主义、人文或浪漫主义是强调人是万物尺度和注重人性、情感及个体价值的学说；强力主义即强权主义，主张追求威权极权和弘扬领导艺术的学说，科学主义即追求科学规律及其应用价值至上的理论。

人是万物的尺度。——希腊普罗泰戈拉（Ⅰ，57）

（人本主义，人文主义）

尼采承袭了叔本华的基本观点，即意志是存在的本原，但是他认为这种意志不仅是求生的意志，而且是谋权的意志：生活在本质上就是要尽力争取超级权力，这种旺盛的本能是好的：一切优秀的都是本能的。——叔本华、

尼采（Ⅰ，627）

（意志和强权主义，种族主义，本能主义）

倘若你把生活交给婚姻，就是把婚姻交给疯狂。最好的教育可以在阅读经典中找到，从中可以找到修辞优雅、风格雄辩和言辞流畅而又精辟隽永的例证。——伊拉斯谟（Ⅱ，63）

（个人或独身主义，教育学，间接经验的重要性）

要是人不能说善道恶，他就只能按照伟大和优秀的尺度来衡量事物和人物的价值，测量伟大的尺度是"意志"强力，因此，要用强力去追求伟大的艺术和强大的领导。……世界是人为的，应当用伟大和优秀而不是用善恶来评价，强大的领导是根本性的。——尼采（Ⅱ，125）

（价值观，意志和强力观，领导观）

上帝死了。——尼采（Ⅱ，125）

（人本主义，无神论）

科学家首先提出大胆的理论去解释某些现象，然后才不懈地去检验那些理论——直到为新的理论所替代为止。没有一种理论是永远真实的，这是因为，没有一种理论可以不要细查、不经证伪。——波普尔（Ⅱ，141）

（假设和实践论，证伪论，相对真理论）

科学家的信念是依据事实提出的，而不是权威和直观感觉，这是一种尝试性的信念。……近代科学的创立者有极度耐心的观察力和勇敢无畏的假设观这两个不一定共存的优点。和他的一些后继者一样，哥白尼同时拥有这两种优点。——罗素（Ⅲ，276）

（科学论，假设或尝试观，观察与事实观）

十七、理念论（苏格拉底、柏拉图等），个体论（威廉·奥卡姆、罗素等）

理念论是将世界归结为理念或观念的学说；个体论是强调世界只存在个别的东西和致力追求简单性的物理或逻辑学说。

知识是至善。正确的思维是正确的行动所不可缺少的。一个人要掌舵，必须要有关于船的构造和功能的知识；要治国，必须有国家的性质和目的的知识。——苏格拉底（Ⅰ，58）

（知识观，伦理学，理性和实践论，国家观）

理念是万物原始、永恒和超越的原型、实体，有事物、关系、性质和行动的理念，有桌椅、床、颜色和声调的理念，有健康、静止和运动的理念，有大小和相似的理念，还有真、善和美的理念。其中，善是最高的理念。——柏拉图（Ⅰ，66）

（理念论，伦理学）

只有个别的东西存在，人类的一切知识都从个别的东西开始。——威廉·奥卡姆（Ⅰ，238）

（个体主义，知识论）

十八、理性主义或唯理论（柏拉图、笛卡儿、康德等），怀疑主义（皮浪、弗朗西斯·桑舍、休谟等）

理性主义即理性或精神或灵魂至上的学说；怀疑主义即怀疑理性和一切的异端及其学说。

理性是神圣的，人性的最好的部分的活动，即思辨的活动、采取沉思形式的活动，是最高尚的幸福。——亚里士多德（Ⅰ，96）

（理性主义，人生及幸福论）

感觉是认识的基础，感觉往往欺骗我们。如果不能有所认识，就不要作出判断，应该无所肯定。——希腊怀疑学派（Ⅰ，125）

（感觉论，认识论，悬搁判断，怀疑主义）

灵魂是单纯的非物质的或精神的实体，在本质上和肉体完全不同。感觉是精神的过程，而不是物理的过程。感官知觉、想象和诉诸感官的欲望是有感觉或比较低级的灵魂的机能。记忆、智慧和意志是有智慧或比较高级的灵魂或精神的机能，这样的灵魂绝不依赖于肉体。——奥古斯丁（Ⅰ，165）

（灵魂观，实体论，认知论，理性论）

不可能有绝对的知识，有限的人类不可能把握事物内在的本质，或者了解整个宇宙的意义。——弗朗西斯·桑舍（Ⅰ，274）

（怀疑论，宇宙观，反本质主义，知识论）

没有两个人在同一件事情上有完全相同的意见。——蒙田（Ⅱ，65）

（怀疑论，相对论，知识论，认识论）

十九、物质与经济基础决定论（亚当·斯密、马克思等），生产关系及阶级矛盾论（马克思、列宁等）

物质与经济基础决定论指的是人的经济或物质状况决定人的社会关系和地位的学说；生产关系及阶级矛盾论指的是由于经济关系和社会地位不同导致的人与人关系矛盾的学说。

社会和谐的取得需要确保人们往往通过自私手段获得的利益同促进社会和谐相吻合。工作和保护私有财产是人心中的活动。——亚当·斯密（Ⅱ，152）

（个人主义，社会观，经济主义）

历史的动力是人类生活的物质状况，这些状况又转而取决于围绕人类自身相互结合而成的生产力建立起来的经济结构。——马克思（Ⅱ，105）

（物质和经济主义，结构主义，生产力决定论）

在资本主义制度下，存在着劳动者的生产力价值和他们生产的商品的价值之间的矛盾。一旦无产阶级意识到资本主义这一固有矛盾，他们就会自发起来推翻资本主义制度。——马克思（Ⅱ，105）

（资本及矛盾论，价值论，阶级矛盾论）

二十、实在论（布拉德雷、维特根斯坦等），美学或价值论（赫尔巴特等）

实在论是研究实在世界或实在物如何存在及其真理的理论；美学或价值论是探讨事物或美或丑、或表扬或谴责等美学或价值判断的理论。

美学的问题就是要检验这些判断的对象，发现其中使人愉快或不愉快的是什么。这种对象不是内容，而是形式，我们赞成和不赞成的感情是由存在于事物中的某种简单的关系所激发的。——赫尔巴特（Ⅰ，527）

（美学，价值观，伦理学）

逻辑的基本单位是判断。判断反映实在，是关于实在的真理的唯一的载体，它本身却是一种符号，是关于实在的意义和真理的传达者。——布拉德雷（Ⅰ，650）

（逻辑观，实在论，符号论，真理论，意义观）

二十一、实用或实证主义（培根、杜威、维也纳学派等），反理智主义（柏格森、穆勒等）

实用或实证主义指的是将一切思想或理论归结为有用性及可证实方式的哲学流派；反理智主义指的是反理性、反实用的思想或文艺观念。

科学和逻辑不能透入实在的外皮，在生活和运动面前，概念思维无能为力。——柏格森（Ⅰ，630）

（实在论，反理智主义，直觉和行动主义）

知识就是力量。——培根（Ⅱ，66；Ⅲ，283）

（知识论，科学主义）

形而上学是无意义的，哲学的任务是确认什么是胡言乱语，什么不是胡言乱语。要建立一套准则，用以确认陈述和命题的真理性。——维也纳学派（Ⅱ，133）

（反形而上学，逻辑实证主义及真理论）

二十二、逻辑技术主义（罗素、弗雷格等），日常语言哲学（海德格尔、后期维特根斯坦等）

逻辑技术主义是将世界或理论归结为命题及实在世界的事情及其逻辑演算的观点；日常语言哲学指的是针对语言的哲学语法和使用进行描述性分析的理论。

亚里士多德对"实体"这个概念的解释也是形而上学的。我们把苏格拉底一生发生的事情安到一个叫史密斯的人头上照样成立。他认为实体是性质的主体，各种性质都必须依附于主体存在。比如人的各种性质都是依附于人本身的，人便是主体。但是，当我们把各种性质都从主体上撤离以后便会发现，什么都没有剩下。好比，我们剥开层层装饰，发现里面空无一物。进一步地说，"实体"是把一堆事件集合到一起的方式。我们一提起史密斯先生，就想着他的穿着、他的声音、他的相貌，等等。如果没有了这些事件，那史密斯先生便什么也不是了。再比如，"法兰西"也是一个集合，一提到它我们便会想到法国国旗、法国地图、法语、巴黎，等等。没有一件确切的实物就叫法兰西。总的来说，把语言学上的主语、谓语的关系硬套在现实中，其中的主语便称之为实体。这是一种形而上学的错误。——亚里士多德、罗素（Ⅲ，106—107）

（语言观，实体和主体论，逻辑和实证主义，性质或本质观）

在莱布尼茨的哲学中，从"主语和谓语"这个逻辑范畴生成的"实体"概念是个基本概念。有些词语既是主语又是谓语，另外一些词语只能是主语（或与之相关的一个项），这被认为是指实体。只要不被神毁灭，实体就永远存在。——莱布尼茨、罗素（Ⅲ，308）

（实体论，逻辑分析，语法分析）

哲学是知识的至尊主体，是高于科学和历史的人类科学之王。——康德（Ⅱ，88）

（哲学观，知识论，哲学与具体科学的关系）

消除哲学的思辨内容纯化哲学，只允许纯粹事实作为哲学基础。一切真理都可以还原为一系列在逻辑上相互独立又有逻辑一致性的事实。——罗素（Ⅱ，136）

（逻辑实证主义，实在世界观，命题与实在论）

考虑我们认识世界的方式就会打破我们虚假的确定性。如果不通过隐喻

和叙事，那么我们就不能描述世界。我们赋予语言意义时，势必要受制于某种语境，否则就会无意义。——海德格尔（Ⅱ，127）

（隐喻观或主义，语言及其意义观，语境主义）

关注普通人的日常语词的作用，用以摆脱积习难返的哲学语言的泥潭。——维特根斯坦（Ⅱ，133）

（日常语言哲学，语言使用论，批判哲学）

命题和陈述原本是意见，即它们可以被他们的语言所证实。——维特根斯坦（Ⅱ，145）

（语言使用论，语言主义，分析哲学）

通过多样化的媒体技术，那些一直被压抑的声音，例如妇女群体、文化群体、少数民族群体的声音，就找到了更广泛更有力的表达手段。——利奥塔（Ⅱ，183）

（后现代主义，技术主义）

第一章　儒道佛三家哲学的异同比较

本章讨论儒道佛哲学的起点即本性观和终极理想即隐喻式"标杆"，再从哲学观角度概述儒道佛哲学对世界、人生观和抵达途径等的主要异同。

第一节　儒道佛哲学的起点：本性观

儒道佛三家都很关心人的本性，因各自的出发点不同，产生了儒家的性善或性恶说（从人的欲望和善端来看）、道家的自然而然论（从人的成长和事业的成败来看），以及佛家的清净和静默主义（从人的心态和思想来看）。

人的本性是人区别于其他生命和物质的根本特性。《论语·子罕》中孔子说，"吾未见好德如好色者也"，从这里可以看出，孔子已经注意到人的双重本性，既好德又好色，只不过两相对比更为好色而已。由此，我们可以认为孔子说的人性是"好色而求仁"。好色由人的身体特征和功能引起，所以它是本性之一。

另外，人有社交和精神需求，所以"与人交好"即好德也是必须具备的人的本性。在《孟子·告子上》中，告子曰："食色，性也。仁，内也，非外也；义，外也，非内也。"在告子看来，食色才是人的本性，至于仁的"内"心，都是因为外在的"义"的一些原因造成的。告子认为，看到年长的人我就（内心）尊重他，那是因为他比我年长的外在原因（义），而不是因为我本来尊敬他，这跟我们看到白就说白是一样的道理。正是因为告子没有看到人内在就有的社交和精神需求层次，所以会得出"食色，性也"。

孟子曰："乃若其情，则可以为善矣，乃所谓善也。若夫为不善，非才之罪也。恻隐之心，人皆有之；羞恶之心，人皆有之；恭敬之心，人皆有之；是非之心，人皆有之。恻隐之心，仁也；羞恶之心，义也；恭敬之心，礼也；是非之心，智也。仁义礼智，非由外铄我也，我固有之也，弗思耳矣。"其中"乃若其情，则可以为善矣，乃所谓善也。若夫为不善，非才之罪也"的意思是：从人的天赋资质来看，是可以使他善良的，这就是我所说的人性本善，至于有些人做坏事，这并不是人的本性的错。

这是孟子"性善说"的由来。儒家除了孟子的"性善说"外，还有荀子等人提出的"性恶说""性朴论"等，这是从人的仁端、自私和可塑性等角度对人的本性作出了相应的补充说明。实际上，儒家这些关于人性本质的学说，与西方哲学家伊壁鸠鲁、杜威等人所倡导的趋利避害的"快乐主义""实用主义"等哲学有相通之处。因为确实从短期来看，作恶好处似乎来得更快，但是终究是有报应或要承担相应后果的；对比之下，取之有道和为善从长远计确实更加有利。

道家强调"道法自然"，人的成就亦出于"我自然"，无论对于最完美的"道"抑或人的世俗成就来说，"自然"都是一条最重要的参照和法则。由此可见，道家关于人的本性学说是界定在人的"自然性"上面的，因为自然，所以人的结果有好有坏，成就有高有低，往上极致处可与"道"相向看齐，往下沉沦处则害人害己、作茧自缚。总之，在道家看来，无论遵道而行，还是背道而驰，都是不偏不倚的"自然主义"；另外从道的绝对完美性质来看，所谓的"遵道贵德"又当是彻头彻尾的"完美主义"。

佛家关于人的本性学说主要通过对"佛""如来"的阐释得到说明。在一般人眼中，"佛""如来"比较抽象和高深莫测，实际上，仅从人的形神特点去看，是相当明晰的。对佛家来说，人的身心二元特征，又可归结为"心"的一元属性，而"心"的根本特征，也就"清净"二字。因此，人的本性即为"清净心"。在佛家看来，一个多么复杂、较真的人物，只要真正回到了本性"清净心"，那么就可以做到眼、耳、鼻、舌、身、意"六官"或"六根"及其相应的"六识"（眼识、耳识、鼻识、舌识、身识、心识）"六尘"清净。正所谓"六根"清净，"六识"则不动，自然"六尘"皆空。

总之，佛家关于人的本性学说，就是要人性、人心、本性、本心等回到"本来清净"的"静默主义""虚无主义"之中去。

表1　儒道佛哲学的本性论与核心对比

	本性观（本心观，人性论）	哲学核心
儒家	吾未见好德如好色者也（《论语·子罕》）：在孔子看来，人性就是"好色而求仁" 食色，性也（《孟子·告子上》）	趋利避害的快乐主义、实用主义（从短期来看，作恶好处似乎来得更快，但是终究是要有报应的；为善从长远计确实更加有利）
	性善说（《孟子·告子上》）；性恶说（荀子）	
道家	道法自然（《老子》二十五章）	无论遵道而行，还是背道而驰，都是不偏不倚的自然主义；从道的绝对完美性质来看，所谓的遵道贵德又是彻头彻尾的完美主义
	我自然（《老子》十七章）	
佛家	清净心（《金刚经》）	人性、人心、本性、本心等"本来清净"的静默主义、虚无主义
	眼、耳、鼻、舌、身、意"六根"清净；"六官""六识"不动；"六尘"皆空	

第二节　道、佛和圣人式的"标杆"隐喻

中华传统文化是儒道佛会通的"标杆"式文化，以道、佛和圣人隐喻揭示出了社会和人生的最终目标和真理标准。所谓"标杆"，指的是世界万物变化、发展的最高尺度，理性或理念世界精神人格的无上典范，标志"理实一体"的理想人格。

　　隐喻是一定语境下从源域到目标域的概念结构互动对应关系。一般情况下，源域指的是由形象词及其关系所指的可能世界，目标域指的是由具体词及其关系所指的现实世界，可能世界和现实世界都有相对的真假二值。在隐喻场合，源域世界与目标域世界可简单区分为能指和所指，并且意义都由概念和命题结构承担。

　　道家哲学以"道"为完美标尺或圭臬，作为天地万物的最高参照。道作为源域而存在，为目标域天地人提供榜样和模范。道概念包含了什么特征，天地万物就理所应当包含什么特征，老子称其为"遵道而行"或"几近于道"。比如道具有永恒、虚静、独立、运动等绝对性质，与之对比的天地人也应努力追求永恒、虚静、独立、运动等完美性质。

　　作为源域的道，对比相应于作为目标域的天地人，这就是"道隐喻"。

　　在《老子》第二十五章中，关于对"道"属性的描述"有物混成，先天地生。寂兮寥兮，独立而不改，周行而不殆，可以为天地母。吾不知其名，强字之曰道，强为之名曰大。大曰逝，逝曰远，远曰反"具体而言就有"六个方面"（或如"表2"）[①]：

　　一是"混成"，混然而成，浑然一体；

　　二是"寂兮寥兮"，寂静而空虚；

　　三是"独立"，独立自主，不依赖其他事物，属于关系特征（从道与万物的依赖关系而言）；

　　四是"不改"，保持本色，不改变自己；

　　五是"周行而不殆"，循环运行，永不懈怠和停止，堪比"永动机"的概念；

　　六是"先天地生"，"可以为天地母"，先天性，万物的源头，属于关

---

①黄根生著，《文化与超越（上、下卷）》，汕头大学出版社，2020年12月，207—208页。

系特征（从道与天地万物的关系而言）。

而所谓的"人法地，地法天，天法道"，即指的是人类和天地万物都应该效法"道"（即道内涵特征丰富），"道"隐喻的是天地万物和人都应该共同遵循的真理和标准。

表 2　道隐喻的道概念特征分析

《老子》摘句及道隐喻			道概念的性质和关系特征	
	目标域	源域	性质	关系（与天地万物的关系）
人法地，地法天，天法道	人、地、天	道	"混成"，混然而成，浑然一体	"独立"，独立自主，不依赖其他事物
			"寂兮寥兮"，寂静而空虚	"先天地生"，先天性
			"不改"，保持本色，不改变自己	"可以为天地母"，天地万物的总源头
			"周行而不殆"，循环运行，永不懈怠和停止	

另外，在道家的"道是无"的隐喻思维中，道家又把天地万物大道统统归结为"无"，用"无"来理解和经验道的"虚无主义"特性，以及天地万物的各种表象，伪善道德的存在，确实也很高明。

佛家哲学以"佛"为完美标杆和最高修为，也是作为人及万物的参照系而存在的。佛作为源域而存在，表现为本来（无所从来，无所从去）、自性（自心本性）、清静（清静心、空性）和如来（如其本来，来去自如）等完美特征，也为潜心修炼的万物及人这些目标域对象提供了身心行为锻炼标准。这可以称为"佛隐喻"。

比如，在佛学思想光照之下，万物及人心也归为清静心，因此，也就有"即心即佛"的隐喻表述和规律总结。"心"即"佛"，有心的人，自然人人具有佛性。与清静相关的另一种佛性则是"空性"，正所谓四大皆空。

佛家说，色即是空，四大皆空，万物皆空，这与道家所说的大道即无、无中生有等存在极为相通之处。强调把客观世界的具体实在看作人内在的

"空"或"虚",用"空"或"虚"的理念和认知去重新理解和认识世界
(如"表3"关于空概念的特征),这是佛学与道家共同的高妙之处,当然也
是"空"概念隐喻的使用。

表 3 空概念的性质分析

空隐喻示例及类型		空的性质分析		空的禅宗解释
色即是空	空隐喻	物质世界的虚无或无(空)	万物存在不过都是"念头"而已	一切有为法,如梦幻泡影(虚假)
四大皆空		主体世界的虚无或无无(空空)	"念头"也是空(譬如没有记忆)	如露亦如电(闪瞬)
空隐喻				空即是色(色隐喻,梦幻泡影隐喻,露和电隐喻)

儒家哲学以"真仁"或"仁知"(善知识)或"良知"为做人处世最高
标准、绝对理念和规矩纪律,而身心达到"真仁"之人,自然就是"圣人"
了。因此,儒家的"圣人"形象也成为众生纷纷效仿和追求的偶像,"圣人
隐喻"由此形成。

作为源域的圣人形象,往往具有仁、义、礼、智和信等诸多美德及行
为,是德行兼备的完美化身,是英明与正确的模范和表率,因此,只要达到
圣人的境界,人们便可以"从心所欲不逾矩"即随心所欲而不违"真仁"要
求了。实际上,圣人的境界是很难达到的,据《论语·为政》记载,孔子也
是七十岁时才觉悟并亲身践行了这一儒家极致境界。

子曰:"吾十有五而志于学,三十而立,四十而不惑,五十而知天命,
六十而耳顺,七十而从心所欲,不逾矩。"

总之,道家以"道",佛家以"佛",儒家以"圣人"等作喻,在普天
之下、大地之上竖起了一座座巍峨、挺拔的如高山、星辰般的理想人格和文
化"标杆",为天地万物提供争相效仿的模范和表率,用源域世界的完美极

致、绝对真理，下行于目标域对象天地人万物的一切身心体会和实践，为无数生灵指明了正确的道路和发展的方向。

第三节 儒道佛三家思想的主要异同

中华传统文化的核心和灵魂是儒道佛三家会通的哲学思想和精华体系。下面从三家哲学的思想核心、伦理学、世界观和方法论等角度对其进行比较研究。

儒家一贯坚持以仁为纲，从人生观（道德观、伦理学）、世界观（国家、天下观）到行为实践途径，都以"真仁"为出发点、核心思想和最终归宿。对于儒家思想核心"仁"而言，《论语·颜渊》中记载：

樊迟问仁。子曰："爱人。"

在孔子眼中，"仁"简而言之就是"爱人"而已，没有爱人之心，一切道德品质都将无从谈起。儒家"民兴于仁"（秦伯），"天下归（为）仁"（颜渊，阳货），百姓的起兴和天下的归宿都是真仁。作为仁人志士，应"依于仁"（述而）即全心全意依靠仁，"仁以为己任"（秦伯）即以真仁为己任，关键时候甚至有必要牺牲自己来成全仁即"杀身以成仁"（卫灵公）。即便是对于师长，如果在真仁上起争执，那么也应当坚持仁的第一原则，据理力争而"当仁，不让于师"（卫灵公）。由此可见，儒家代表良善的"仁"与代表真理的"真"始终抱在一起，绝非那些以道德自诩的伪君子、伪善的人性可以与之作比。

儒家的人生观即道德中心论，所谓"君子怀德"（里仁），强调的是君子应当做一个品德高尚的好人。《论语·述而》中说"不义而富且贵，于我如浮云"，义便成为君子践行真仁的道德途径之一。一个人之所以无法做到真仁，常常是因为他被自己的各种需要和欲望纠缠，于是，我们就应该适时地克制自己回复到正常和合规的身心状态，即"克己复礼为仁"（颜渊）。儒家说"刚、毅、木、讷，近仁"（子路），又强调"居处恭，执事敬，与人忠"（子路）和"知者不惑，仁者不忧，勇者不惧"（子罕），其中所谓"恭""敬""忠""知""勇"等，讨论的都是如何走向真仁的实践之路，再如《论语·阳货》中"恭、宽、信、敏、惠"等的一再强调与补充，儒家真仁理论与实践可谓相得益彰。

儒家的忠恕之道，也是君子实践真仁的正确途径。儒家真仁对上而言，是"己欲立而立人，己欲达而达人"（雍也），即所谓的君子成人之美；对中或下而言，是"己所不欲勿施于人"（颜渊），即所谓的君子不成人之恶。至于那些表现为假仁假义、伪善和虚伪人格的为数不少的个体身心，与真儒真正的仁义道德相比，那就显得"魔高一尺，道高一丈"了。

儒家由大众真仁抵达的社会理想或理想国度，即以仁德和谦逊为宗旨的天下观和国家实践，《论语·泰伯》也做过简单的描述：

巍巍乎，舜、禹之有天下也，而不与焉。

对于这段描述，我用口语翻译为：厉害啊我的国，厉害啊舜帝和禹帝，你们真是太谦逊低调了！

在儒家看来，一个厉害的国度，必定有一个仁爱政府，而仁爱政府的领导人物，必定是一群体恤民情、爱人如己和谦逊低调的真君子。这与道家《老子》六十一章所云的"大邦者下流"道理是根本一致的。

当然，对于国家观和社会实践而言，老子所言远比孔子的看法要悲观得多。老子认为，"大道废，有仁义；智慧出，有大伪；六亲不和，有孝慈；国家昏乱，有忠臣"（《老子》十八章），又说"故失道而后德，失德而后仁，失仁而后义，失义而后礼。夫礼者，忠信之薄，而乱之首也"（《老子》三十八章）。这说明在老子眼中心里，普通人要做到真仁是不可能的，假仁假义和伪善才是人性和社会主旋律。

道家"以道为纲"，从世界观（宇宙观）到社会观和人生观，都以"道"为最高参照。"道"的最高标准，具体来看有五大方面。

一是"先天地生"，即不死不灭，天长地久；二是"寂兮寥兮"，即真正地无忧无虑；三是"独立而不改"，即自由自在，独立自主；四是"周行而不殆"，即永远运动，青春不败；五是"可以为天地母"，即万物源头，一切宗旨。

在道家看来，关于道和德的关系，其中道德不过是实现大道的具体途径之一。老子说"万物莫不尊道而贵德"（《老子》五十一章），又说"上德不德，是以有德；下德不失德，是以无德"（三十八章），再有"生而不有，为而不恃，长而不宰，是为玄德"（五十一章）。道德就是仁德至上，低调谦逊而不自恃自矜，所以，真正的道德，就是表面上看来对他人的"不仁"，而万物和人类的一切功过是非不过就是"自然"而然的结果。这正如老子所说"天地不仁，以万物为刍狗；圣人不仁，以百姓为刍狗"（五章）和"功成事遂，百姓皆谓：我自然"（十七章）。

道如此崇高至上，所以人们要与道齐一大同，这是绝对不可能的，因此只能选择"几近于道"地认真生活和进行社会实践，既坚持"人法地，地法天，天法道"（二十五章），又坚持"道法自然"（二十五章）。修身崇道之人，一方面要以"道"为最高参照，另一方面又要以"自然"来进行落地实践，既有"形而上"之理想"道"的标准，又有"形而下"之实地"自然"的参照物。关于"自然"的参照物或标准，老子及道家们大致是这样具体描述的：一者，参照天地，地厚德载物，天循环不息，即做人做事都要有利于生长万物和追求青春、长寿乃至永恒；二者，向圣人努力学习和实践，如"圣人为腹不为目"（十二章）；三者，向低调的江河湖海学习，即坚持"谷神不死"（六章）和"百谷王者，以其善下之"（六十六章）。诸如此类。

佛家一贯追求"以佛为纲"，而"佛"则是一种理智、情感和能力都同时达到最圆满境地的人品和神格。换句话说，佛是大智、大悲与大能（或谓全智、全悲和全能）相统一的人神，是已然回归绝对真理、本来清净的本心和自性之真人。关于"佛"这个词语，它是古印度梵文的音译，意为"觉者"。依据佛教教义，佛是一个自觉、觉他和觉行圆满的真神，即佛是已达"三觉圆满"的神人。佛所说的"三觉圆满"，具体而论：一是自觉，即自己明白；二是觉他，是让众生明白；三是觉行圆满，则指的是不光明白，还能做到。这也就是说，佛不但自己大彻大悟，进而还能帮助众生大彻大悟。

佛教经典《金刚经》有云：

一切有为法，
如梦幻泡影，
如露亦如电，
应作如是观。

佛家认为，人们如果能做到真正的"三空"，就能最终抵达最高境界"如来"。首先，"假借四大（地、水、火、风）以为身"，即坚持"有为法"的身空；其次，又"心本无生因境有"，而追求心念的空；最后，又达到"前境若无心亦无，罪福如幻起亦灭"之身心绝对的空空。由此，也就抵达了"见诸相非相，即见如来"之一切空的清净如是真神。

佛教坚持"六度"（布施、持戒、忍辱、精进、禅定、智慧）、"四摄"（布施、爱语、利行、同事）、"十善业"（不杀生、不偷盗、不邪淫、不恶口、不两舌、不妄语、不绮语、不贪、不嗔、不痴）、"五戒"等修身方法和行为规范，以慈悲为道德准则，并尊崇菩萨怜悯众生之心和为解救在现实苦海中的众生而甘愿下"地狱"的道德精神。这样以求得修行者彻底的精神解脱，证得无上之觉悟即"无上觉"，抵达佛教的最高道德理想或佛国。

佛家强调认识世界有五种层次：第一层，凡夫，世界是实有的、粗浅的物质观；第二层，物质由无分微尘组成，时间由无分刹那构成，微尘、刹那实有；第三层，微尘、刹那是空性的；第四层，世界是幻有的；第五层，如如境界，现空双融。

抵达第五层境界的真人或真神，就可以轻松解决佛学著名的"幻有公案"，即如米拉日巴尊者一样：米拉日巴尊者进入牦牛角，角不变大，人不变小。

佛家也通过"六尘绕中尘"的反证法，有效地证明了"世界是幻有的"基本结论，进而得出"回复本来清净，即成佛"的推论。其逻辑推理或论证过程大致如下：

（一）假设：1.世界是实有的；2.微尘是最小的，不可分割的，实有的。

（二）推论1：微尘绕着中尘构成较大的尘，进而构成世界。

（三）证明过程：由"六尘绕中尘"推出矛盾（因为在以极微构成粗尘时，用东、南、西、北、上和下六个尘围绕中间的尘，那就意味着在"中尘"上就有东、南、西、北、上和下六个面所接触的六个不同的部分，这和之前所假设的极微与无分相矛盾。反之，如果没有六个面作为接触的部分，或者说微尘即幻有，那六尘就共同入在中尘的位置，概入无无），即由最小无分的微粒构成"四大"和一切形相，可反证微粒是空性的或非实有或不存在。

（四）结论：世界是幻有的。

（五）推论2：觉悟诸相非相，回复本来清净，即成佛。

最后，我们把儒道佛三家哲学进行对比小结一下。

儒家强调做人要"以仁为纲"或"以仁为旨"（即"依于仁""仁以为己任"等），本身并没有问题，而且还应是社会和国家发展的大势所趋，但确实也容易被投机利用而制造出较多的假仁假义或虚伪式的人性与事件，同时也为做人做事提供了极大的转圜空间。对于精于算计投机和自私自利的坏人而言，儒家对他们的约束力确实不那么刚性，貌似只要你做的坏事不东窗事发，只要你表面上还人畜无害，你那副伪善的面孔和装起来的贪婪行为似乎都还挂得住。让我们重温孔子的郑重告诫"吾谁欺？欺天乎？""岁寒，然后知松柏之后凋也"（子罕），正所谓"人在做、天在看"，路遥知马力，日久见人心！

道家强调要"以道为纲"（即"遵道贵德"），而大道又是绝对知识和真理的象征，这是无法造假和批量复制的，因为事实上并没有任何人能百分百遵守大道的"永生""永动""绝对独立""永远无忧无虑"等"道"的绝对律令和完美理想，因此，只能"几近于道"地坚持做人做事的本分，反复修炼自己和不断追求极致，既法于道又顺其自然。

佛家以世界假、人心假以及一切假为基础立论，将一切归入不可看、不可听、不可说的领域，既否定客观世界，也否定主体世界，走向了彻底的"虚无主义"和寂静虚空境界（最终觉悟或"证菩提"），如此以逃避现实和解救世界为做人处世的标准，自然超脱在世俗世界之上，但是确实缺少责任担当和勇气勇敢，貌似就只能自辟净土而自嗨了。

一、几个补充的佛家哲学概念

在佛学看来，成佛是极为"光耀门楣"的大事，一个人走完世俗的一生，终于功德圆满，可以进入极乐世界而做"佛"了，解放了自己，看清了众生和世界，成为"日月星"般佛光普照，智慧、行动和悲悯都抵达极致和无上境界，所谓"菩萨"和"三觉圆满"。佛学证明世界的虚幻或空性，主要采取"先分后合"的方式，即先把世界一分再分（众微尘），分到无处可分（无分微粒），分到空性的微粒（微粒是空性的），然后再对微粒进行重新组合、"六尘绕中尘"，最后确证世界的"绝对虚无"（如"梦幻泡影"）本质。

接下来，我稍微补充解释一下下表（表4）中提及的几个疑难概念：

表 4　儒道佛哲学基本思想比较

	最后归宿 （思想的核心）	道德观，伦理学 （道德途径）	国家、天下观 （理想国）	抵达途径
儒家（以《论语》为例）： 从人生观到世界观（国家、天下观） //以仁为纲	仁，爱人（颜渊）	品德高尚，人生观	巍巍乎，舜、禹之有天下也，而不与焉（意为：厉害啊我的国，厉害啊舜帝和禹帝，你们太低调了）（泰伯） 仁爱政府 =大邦者下流（《老子》六十一章） 小国寡民（八十章） 相比儒家，道家对理想社会的要求似乎更为严苛，综观其对无道天下（无道社会）的描绘为：	忠恕之道
	民兴于仁（秦伯）	义：不义而富且贵，于我如浮云（述而）		（尤其对上而言） 己欲立而立人；己欲达而达人（雍也）
	天下归（为）仁（颜渊，阳货）	礼：克己复礼为仁（颜渊）		
	当仁，不让于师（卫灵公）	刚、毅、木、讷，近仁（子路）		
	仁以为己任（秦伯）	恭、宽、信、敏、惠（阳货），居处恭，执事敬，与人忠（子路）		（尤其对中或下而言） 己所不欲勿施于人（颜渊）
	杀身以成仁（卫灵公）	知者不惑，仁者不忧，勇者不惧（子罕）		真正的仁义道德（假仁假义、伪善、虚伪）
	依于仁（述而）	君子怀德（里仁）		
道家（以《老子》为例）： 从世界观（宇宙观）到社会观和人生观 //以道为纲	道（二十五章）	道≌德	故失道而后德，失德而后仁，失仁而后义，失义而后礼。夫礼者，忠信之薄，而乱之首也（三十八章） 大道废，有仁义；智慧出，有大伪；六亲不和，有孝慈；国家昏乱，有忠臣（十八章）	几近于道
	先天地生（天长地久）	万物莫不尊道而贵德（五十一章）		道法自然（二十五章）
	寂兮寥兮（无忧无虑）	上德不德，是以有德；下德不失德，是以无德（三十八章）		人法地，地法天，天法道（二十五章）
	独立而不改（独立自主）	生而不有，为而不恃，长而不宰，是为"玄德"（五十一章）		地，厚德载物；天，循环不息
	周行而不殆（永远青春）	功成事遂，百姓皆谓：我自然（十七章）		圣人为腹不为目（十二章）

续表

	可以为天地母（万物源头）	天地不仁，以万物为刍狗；圣人不仁，以百姓为刍狗（五章）		谷神不死（《老子》六章）；百谷王者，以其善下之（六十六章）
	如来（佛）	大慈大悲	世界观	觉悟
佛家（佛是古印度梵文的音译，意为"觉者"。依据佛教教义，佛是一个"自觉、觉他、觉行圆满"即"三觉圆满"）//以佛为纲	假借四大（地、水、火、风）以为身（身空），心本无生因境有（心空）。前境若无心亦无，罪福如幻起亦灭（空空）。若见诸相非相，即见如来	佛教坚持"六度"（布施、持戒、忍辱、精进、禅定、智慧）、"四摄"（布施、爱语、利行、同事）、"十善业"（不杀生、不偷盗、不邪淫、不恶口、不两舌、不妄语、不绮语、不贪、不嗔、不痴）、"五戒"等修身方法和行为规范，以慈悲为道德准则，并尊崇菩萨怜悯众生之心和为解救在现实苦海中的众生而甘愿下地狱的道德精神。这样以求得修行者彻底的精神解脱，证得无上之觉悟即"无上觉"，抵达佛教最高道德理想	认识世界的五种层次：第一层，凡夫，世界是实有的、粗浅的物质观；第二层，物质由无分微尘组成，时间由无分刹那构成，微尘、刹那实有；第三层，微尘、刹那是空性的；第四层，世界是幻有的；第五层，如如境界，现空双融	佛法（法门）一切有为法，如梦幻泡影，如露亦如电，应作如是观。
	"佛"是理智、情感和能力都同时达到最圆满境地的人格。换句话说，佛是大智、大悲（或谓全智、全悲）与大能的人。佛还是已然回归本来清净的本心和自性之人		佛学著名的"幻有公案"：米拉日巴尊者进入牦牛角，角不变大，人不变小	"世界是幻有的"证明：（反证）一、假设：1.物质是实有的；2.微尘是最小的，不可分割的、实有的。二、微尘绕着中尘构成较大的尘（"六尘绕中尘"）。三、结论：由"六尘绕中尘"推出矛盾，即最小的微粒构成四大和形相，可反证微粒是空性的或非实有或不存在。四、应觉悟诸相非相。

总体评价	儒家强调做人要"以仁为纲"或"以仁为旨"（即"依于仁""仁以为己任"等），却制造了那么多的假仁假义或虚伪式的人性与事件，同时也为做人提供极大的转圜空间，只要你做的坏事不东窗事发，只要你表面上还人畜无害，你那副伪善的面孔似乎还是挂得住的。
	道家强调要"以道为纲"（即"遵道贵德"），而大道又是无法造假或复制的，因为事实上并没有人能百分百遵守"永生""永动""绝对独立""永远无忧无虑"等"道"的绝对律令和完美理想，因此，只能"几近于道"地坚持做人做事的本分，追求自我极致，法于道而顺其自然。
	佛家以世界假、人心假以及一切假为基础立论，将一切归入不可看、不可听、不可说的领域，既否定客观世界，也否定主体世界，走向了彻底的"虚无主义"和寂静虚空境界（最终觉悟或"证菩提"），如此以逃避现实和解救世界为做人处世的标准，自然超脱在世俗世界之上。

（一）"菩萨（sà）"：梵语"菩提萨埵（duǒ）"的简称。"菩提"的意思是觉悟、智慧、悟道等，来源于菩提树，据说佛祖就是在菩提树下彻悟，得道也叫作"证菩提"。"萨埵"的意思是众生、有情、加大等。"菩萨"合在一起称呼，意为"觉有情""大觉有情""道众生""道心众生"等，指求道求大觉之人、求道之大心人。佛教里有四大菩萨，象征四种理想的人格，即：愿、行、智、悲。象征大愿的是地藏王菩萨；象征大行的是普贤菩萨；象征大智的是文殊菩萨；象征大慈大悲的是观世音菩萨。

（二）"自觉、觉他、觉行圆满"即所谓的"三觉圆满"。一是自觉，自己明白，即首先做个明白人；二是觉他，使众生明白，这是指佛光普照，能助众生开光、觉悟；三是觉行圆满，即不光明白，还能做到，到这个层次人已经抵达知行合一、理想与实践统一的境界。总体来说，佛不但自己大彻大悟，还能帮助众生觉悟，且言行必践、说到即做到。

（三）"六尘绕中尘"：证伪微尘和世界实有的方法，即证得微尘和世界皆为虚空。假设粗大的物质由微尘组成，微尘又是最小的、无分的、实有的极微，以极微组成粗尘时，用东、南、西、北、上、下六个尘围绕中间的尘，如果中尘和六尘有接触部分，那么在中尘上就有东面所触、西面所触等六个不同的部分，这样就能分成六个部分，而这就和之前假设的极微无分相违，即所谓的极微无分是不存在的。如果没有接触的部分，那六尘就共同入在中尘的位置中，成了无二。因此，微尘及其构成的物质世界就是非实有和虚空世界。

二、儒道佛哲学的融贯性和统一性

西方哲学大师或成熟的流派往往以宏大的体系著称。一个哲学体系之中，往往既有自然和世界观，也有认识论、伦理学，甚至还有绝对真理甚至神学方面的知识。中国哲学的儒道佛，经过数千年的发展、完善，也涵盖了宇宙观、认识论、伦理学等知识的综合。

儒家以仁、义、礼、智和信等为入世思想和行为标准，实质上也就是教人在为人处世中求真、向善，这是修身齐家治国平天下的根本要义，于己则安身立命，于他人则和平共处，于社会则长治久安。实际上，儒家"亚圣"孟子的"老吾老以及人之老，幼吾幼以及人之幼"的"仁知"思想已近似道家老子的"上德"和佛家的"无分"境界了。道家要求我们顺应自然，效仿万物生生不息和遵循天长地久之道，闹中取静，乱中求安，以出世的心态和意志在社会中遗世独立或自保，无为而无不为，将身心状态不断地调频、整顿和升华。佛家比儒道则貌似更进一步，在与世无争中，直接开辟疆土，建寺庙宝刹净地，礼佛参经面壁，或结社躬耕食力，或化缘兼布施天下，淡泊宁静超脱，于一方净土中修炼灵魂正觉。

从人心和社会的后效来看，道家和佛家哲学与人无尤，同时也是一种自存和良知之道。总之三家哲学（如"表5"），修心践身，懂进退，知禁区，能超脱，如若能一直潜心修习及实践，最终都能功德圆满，超凡入圣。

表 5　儒道佛哲学体系及基本态度

	知识体系	知识要点	目的论	生活的态度
儒道佛	伦理学，认识论等	善念，善的行为规范与知识学问	崇尚	懂进退
	意志自由，功利主义等	恶，歪门邪道，名利色的欲望	拒斥	知禁区
	世界观，神学，神秘主义等	至善、至真的绝对理念或真理	终极目标	能超脱

第二章　道家哲学

本章讨论道家哲学的基本范畴和重要思想，以及追求绝对知识、天人合一的终极目标。从中西哲学对比中融通"至善"与"道"的至上理念，明确提出了道家哲学的正心和修身途径，重点在于梳理老子的"自然哲学"以及诸多的理论和实践问题。

第一节　道家哲学基本范畴

西方基督教哲学以"上帝"为至善、完美的典型，这与中国道家学派倡导的"道"理念高度相似。中国道家为我们提供了绝对完美的"道"概念及最高行为标准，从而指导着我们朝人生的正确方向即"遵道而行"而乘风破浪、勇敢前进，如"图1"所示。

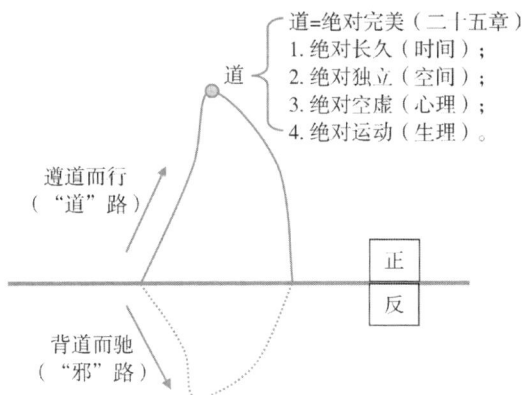

图 1　道家哲学的基本和绝对范畴

　　道家一方面给我们提供了最高的奋斗目标，即绝对完美的"道"。另一方面，也给我们提供了抵达"道"的方便之门或世俗途径，即"几近于道"①的"遵道而行"道路。

　　一方面，绝对完美所说，一是绝对长久，永生不灭；二是绝对独立自由，不需依附，才能得大自由、大自在；三是绝对清净空虚，心中无任何挂碍，绝对没有任何烦恼和痛苦；四是绝对运动，每天循环运行，生生不息，青春不败，永远年轻。

　　道的绝对完美，确实匪夷所思，却种种皆为人生及天地万物所希望抵达的胜景、至境。由此从另一方面去看，最高目标已经在那里了，只要我们懂得"遵道而行"，就可尽力分享道的"绝对完美"中的部分属性，因此哪怕永远无法"与道齐一"，也能基本保持与之相向而行，即走在"道路"上的。

　　"道"和"几近于道"，毕竟都是人生和事物的"正"的方面，是我们在生命征程中所作出的正确抉择，而如果反之，比如寻求或走上依附、烦恼、衰老甚至短命等背道而驰的绝境，则必然是人行"邪路"也，最终恐沦为"魔"或"鬼"。

　　其实，不仅道家哲学讲究人天合一、融通，儒家哲学的极致处亦是如此。山东大学姜颖先生认为："儒学为成己、成人之学，其极致处则在于天人相通。儒家所谓的天人相通不是知识上的推定，亦不是外在的比附，而是通过心性修养从人心深处发现契合天道之处。"②

---

① "几近于道"即原典"几于道"的意思，出自《老子》第八章，用来比喻"水德"，所谓"上善若水，水善利万物而不争"。而"几于道"的事物，当然不仅仅在于水，诸如"居善地（位置上的善居），心善渊（心态上的低调），与善仁（交往上的与人为善），言善信（言语上的诚信），政善治（政治上的太平之治），事善能（处事上的效能），动善时（行动上的把握时机）"等，都是近于大道的正确之路。

② 姜颖著，《胡煦心性论的三个维度》，载《周易研究》2016年第5期，83页。

在我看来，儒家哲学从人的心灵深处的心性修养，到外在言行的成人、成己，再到知识学的人性论与天理、道论的融通，无论心、身还是知识论（或真理观），最终都将抵达天人相通、合一的极致人生境界。

第二节　道家哲学的修炼途径

在社会和人性中，存在极为丑陋的两面：对己自私，对人霸凌，不能正确对待人生中的福祸或得失，从而表现为"负能量"的又"阴暗"又"狂热"的两种极端。而在老子哲学中，则同样存在"一阴（柔）一阳（刚）"的两种中性而调和的力量，具体表现在蓬勃世界、纷繁社会和人类繁衍的自然进程里，以各种各样的生命和人生正解（或正能量）的生存方式来一一化解社会及人性中的各式各样的软弱（柔）和戾气（刚）。且无论是人生正解或负题，都受到所谓"自然律"的支配，最终也必将表现为"优胜劣汰"的自然进化过程。

一般地，可将"阳刚"和"阴柔"看作是属于人身上的两股"软硬"兼有的天赋正气或能量，象征着人们"能屈能伸"的自然品性，助人生矗立于天地之间而不夭折。

对内，"善下"用来处理人生逆境或低潮，处渊而容大；"日损"用来处理人生的顺境或得意，身心虽居高处而越发低调和不争。

对外，"和气"与"玄同"用来处理人际关系，就道家与周围人的关系来说，"和气"而不苟同原则的分歧，"玄同"则善于管控分歧并找到彼此契合点。

对社会生活，"复根"和"自然"代表道家面对名利和物质的态度，对于生存物质的取舍要遵循自然法则，名利则如同附在人身上的衣物或累赘，复根就是复清净心的本性。

对精神生活，"虚极"和"笃静"主要用来修养精神或心理，只要精神或心理修炼到足够虚空、安静，身体就不会每天"上蹿下跳"般劳累过度而消耗不停。

下面"图2"表明：

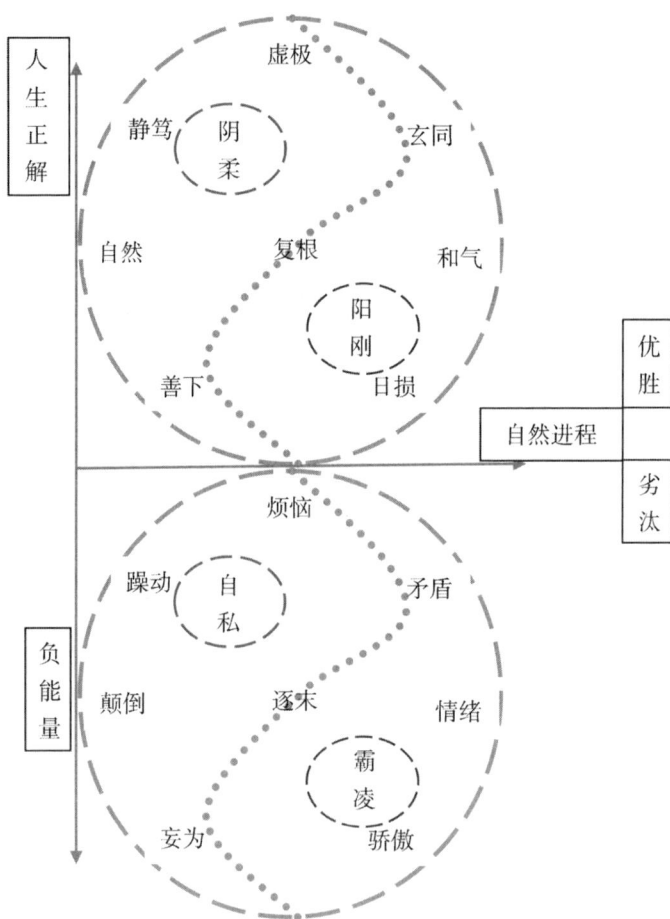

图2 社会自然进程及人生修道正解

在阴柔（以"怀柔"拒斥1."自私"或阴暗）和阳刚（以"坚强或勇敢"拒斥2."霸凌"或欺负老百姓）的相互交会与调和下，以"虚极"对3."烦恼"（或忧心忡忡），以"静笃"对4."躁动"（或上蹿下跳），以"玄同"对5."矛盾"（或分化），以"自然"应6."（身心）颠倒"，以"复根（本性）"去7."逐末"（追逐名利），以"和气"化解8."情绪"

（喜怒哀乐），以"善下"消除9."愚蠢或狂妄"（处于逆境或各种压力下），以"日损"消除10."骄傲"（处于顺境或成功时）等。

总之，人生有多少不解及疑问，就会有多少正解和答案一一与之相应，虽不能尽善尽美、与天道齐，却也能"几近于道"而行于世。

第三节　从柏拉图的"善"到老子的"道"

古希腊哲学家柏拉图认为，"善的理念是逻各斯，即宇宙的目的，真正的善与真正的实在是同一的"。①柏拉图从宇宙或世界观的高度（宇宙的目的论，客观唯心主义），进到人生观或伦理学（善的目的及本身、善类），再到认识论或知识观（逻各斯、理性），完美地阐述了世界的本原及终极即"善"的理念。

中国哲学家老子的"道"堪称古希腊柏拉图所说的"善的理念"或"逻各斯"或"善"，即为"绝对完美（或完善）"。

《老子》第三十九章中说：

万物得一（道）以生。

天得一以清，地得一以宁，神得一以灵，谷（山谷）得一以盈（充盈）。

侯王得一以为天下定。（从"道"的无处不在去看）

一就是道，万物抱一以生和活，也就是说道是天地万物的本原和正根，因此，从"道"的无处不在上去看，万物都可以"抱一为天下式（模范）"

---

①梯利著，伍德增补，葛力译，《西方哲学史》，商务印书馆，1995年7月，66页。

（二十二章）。简言之，万物之所以为优秀的万物，即因各自得"道"而已矣。

道之为物，惟恍惟惚（似有似无），恍兮惚兮，其中有象，恍兮惚兮，其中有物。（从道的外形角度去看）（二十一章）

有物混成（从整体上看），先天地生（从时间和先天上），寂兮寥兮（从精神和心理上），独立而不改（从空间和生理上），周行而不殆（从生理和运动上），可以为天地母（从先天性和总源头上）。吾不知其名，强字之曰道，强为之名曰大。大曰逝，逝曰远，远曰反。[①]（二十五章）

综合地看，老子的"道"具有以下七个方面特征：

1. 宇宙的本原；

2. 似有似无；

3. 浑然一体；

4. 永生（先天地生）；

5. 安静，虚空（寂兮寥兮）

6. 绝对独立，不变化；

7. 循环运动，永动机。

由是，能得此"七"道或其"一"以上者，或那些生命中选择"遵道

---

①老子关于道的"大""逝""远""反"等的特征，近似于《庄子·天下》篇中通过惠施之口阐述的"大"和"小"的道理，即"大一"（真正的大）应该是"至大无外"，"小一"（真正的小）应该是"至小无内"等的内涵（参见本章第四节"五"小节）。且在老子看来，所谓的"大一"（无限大）和"小一"（无限小）应该是融贯一致而混为一体的，"大"到无限远处而消失（"逝"和"远"），无限远处又都在自身之内（"反"），所以"道"命名之为"大"，与"逝""远""反"意义正相一致。

而行"者，是为得道成仙（符合中国民间习俗中关于"仙"的所谓长生不老概念），或半仙，或人（"遵道而行"则为"人"）；而绝对不会成为所谓"背道而驰"的"魔"或"鬼"。从生命规划的上、中和下三策角度看：上策莫过于得道成仙或半仙；中策则遵道或与道相向而行乃为人；下策背道而驰堕落为鬼。（如"图3"所示）

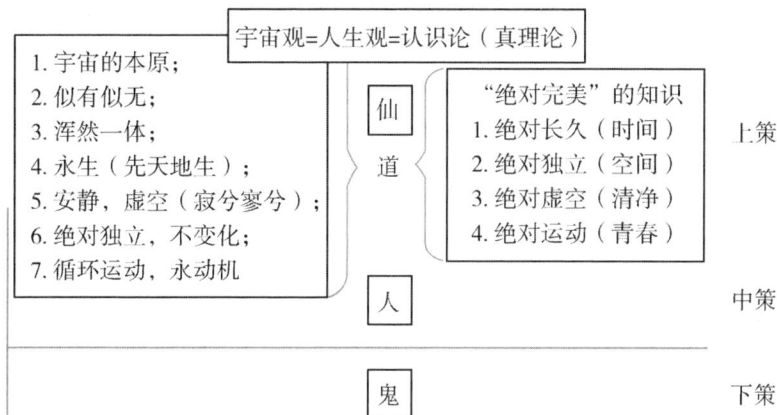

图 3　遵"道"背景下的仙、人和鬼

第四节　《老子》《庄子》[①]选读解析

一、做人的四种境界

做人四个层次：（1）无名；（2）出名或闻名；（3）威名或恶名；（4）臭名。

太上，不知有之；其次，亲而誉之；其次，畏之；其次，侮之。信不足焉，有不信焉。悠兮其（太上）贵言。功成事遂，百姓皆谓：我自然。（《老子》十七章）

---

①陈鼓应注译，《庄子今注今译》，中华书局，2016年9月。

太上层次或最高境界的做人（官），是天下没有人知道他的什么甚或存在；

第二种境界的做人（官），是天下人都亲近他并且赞美他，"真是好人（官）啊！"；

第三种境界的做人（官），是大家都怕他远离他，躲瘟疫灾星一样；

最低层次的做人（官），是大家都鄙视他，瞧不起他，甚至笑话（侮辱）他。

一个人（官）不值得信赖，自然就有不信赖的可笑、可悲或可叹之处。

最高层次所说的人（官）真是优哉游哉啊，他好像什么也不必要说也不必要做。

大家取得成就和办成事情，老百姓都说："这都是他们本该如此的，跟其余人等无关。"自然这也就没有什么值得吹嘘的。

二、做人的基本态度

老子"四观"，智愚观、是非观、荣辱观和福祸观，可归结为低调或不争。

不自见（表现），故明；不自是（自以为是），故彰；不自伐（自夸，自作死），故有功；不自矜（自尊自大），故能长（长寿，天长地久，众人之长或榜样）。夫唯不争，故天下莫能与之争。（《老子》二十二章）

（智愚观）不自我表现，反能显得明智；（内在观：内敛明智，不重外表）

（是非观）不自以为是，反能是非分明；（真理观：追求真知，学无止境）

（荣辱观）不自我夸耀，反能得有功劳；（功名观：功成身退，归隐无名）

（福祸观）不妄自尊大，反能得福寿绵长。（领导观：低调为长，甘做公仆）

一个人，如果能坚持正确的"四观"，即对他人而言，不与其争高下或长短，对自己来说，不跟自己过不去、一切放得下，那么遍天下就没有人能与他争了。（如"图4"）

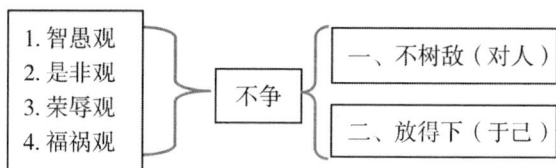

图 4　于己对人的"不争"态度

三、做人的行为模式

有事而失天下，无事而得天下。

为学日益，为道日损。损之又损，以至于无为。无为而无不为，取天下常以无事；及其有事，不足以取天下。（《老子》四十八章）

求学的人，其情欲文饰一天比一天增加；求道的人，其情欲文饰则一天比一天减少。减少又减少，到最后以至于"无为"的境地。

如果能够做到无为，即不任意妄为，任何事情都可以有所作为。治国平天下的人，要经常以不骚扰人民为治平之本，如果经常以繁苛琐事扰害民众，那就不配治国平天下了。

老子所言，并非要强调"为学"与"为道"相互矛盾，而似乎是要提醒我们应该坚持求学和向道并重，求学是为了增长知识和才能，令自身更加独立和长久，这与"道"并不抵触；向道是为了祛除不必要的烦恼和诸般欲念，令内心更加清净和年轻。

做官一心求学和向道，就能无欲无求，轻赋税寡徭役，与民休养生息，令百姓回复自然本性和言行，从而无事而得天下；做人如果一心求学和向道，就能学有所成、心有所向和身体有所自由，从而无事而一生得最大自在。

至于老子在这里所说的"有事"，自然也就不言而喻了。

四、做人的"六个层次"及波澜

做人"六个层次"：一是得道，得道成仙或入圣；二是有德，品德高尚；三是求仁，与人为善；四是讲义，投桃报李；五是遵礼，遵纪守礼；六是非礼，进入无道社会，人人罪孽深重。智慧和忠信进行推波助澜。

大道废，有仁义；智慧出，有大伪；六亲不和，有孝慈；国家昏乱，有忠臣。（《老子》十八章）

故失道而后德，失德而后仁，失仁而后义，失义而后礼。夫礼者，忠信之薄而乱之首。（《老子》三十八章）

依老子来看，得"道"才是人生和社会的最终走向。譬如对人而言，一生求学问道，最后终于抵达了"至真至善和至美"的绝对境界，这是中国1."仙家"、圣人或西方人眼中的上帝标准。

如果成不了仙家，达不到人生的最高境界，那就退而求其次吧，做个品德高尚的人也不错，姑且认为这是2."贤者"的标准吧，虽不能全真全善，却也能一生让人无大可指摘。

如果贤人也做不到，那么就做个3."仁者"吧，与人为善，积善褪恶。

如果仁者也做不了，或者做个4."义士"也不错，投桃报李，义气当先。

如果义士也不行，那么也得遵礼守法，做个知书达礼的5.君子或淑女，或西人所谓的绅士，或现代人所说的公民。

如果连礼法也守不住，那么就只能任意"非礼"他人和无法无天了，这是彻头彻尾的6."昏君"或王八蛋，所谓彻底的无道社会，人人"蓬累而行"和罪孽深重。

在老子看来，做人的"六个层次"是很清晰的，其中最顶层的1."仙家"或圣人最为难做，因为尽善尽美，代表绝对真理，换句话说，也就只有完全得"道"之人才能"成仙"或"入圣"了。依次向下，品德高尚的人即2."贤者"也难做，但相对"仙家"来讲，还是比较容易一些的。

再向下，3."仁者"、4."义士"就容易多了，所谓"大道废，有仁义；智慧出，有大伪"，这也难怪社会上"假仁假义"者比比皆是。

再向下，遵礼守法则是做人的底线了，也就是说这大概是老子"最后一次"所给我们的做人或公民或5."君子"的机会了，否则就只能做6."禽兽"或罪人了。而禽兽与罪人，还是人吗？以"非礼"和违法乱纪为能事，恐怕也就只有监狱或绞刑架最适合他去了。

由此，我们按照一定的百分比来刻画以上做人的"六个层次"（或如"图5"所示）：

（一）道家或圣人：100%的真善美，0%的假恶丑，堪称完人，即所谓的"至人""神人""大宗师"等；

（二）贤人或道德模范：80%的真善美，20%的假恶丑；

（三）仁者：60%的真善美，40%的假恶丑；

（四）义士：40%的真善美，60%的假恶丑；

（五）遵礼守法的君子或公民：20%的真善美，80%的假恶丑；

（六）禽兽或罪人：约0%的真善美，约100%的假恶丑。

更进一步地则可知，即将《老子》三十八章和十八章前后对比和映证来看，普通人的"智慧"与一般的"忠信"结合，则大都是为表面的"仁义礼"服务的，其中，做人的层次越低越容易沦为表面。所以老子在这两章中明确地指出，"智慧出，有大伪"（仁义易假）；礼之用，"忠信之薄而乱之首"（礼更易假）；"六亲不和，有孝慈"（指小家乱套了）；"国家昏乱，有忠臣"（指国家乱套了），即国和家都礼崩乐坏，则忠孝和礼节才显得尤为重要！

圣人：100%的完人
贤者：80%的人
仁者：60%的人
义士：40%的人
公民：20%的人
罪人：0%—19%的人

智慧和忠信的推波助澜之用

在老子看来，普通人内在的智慧和忠信都是为"仁义礼"服务的，即自己对做人的层次要求越低，则越容易模仿和伪装。

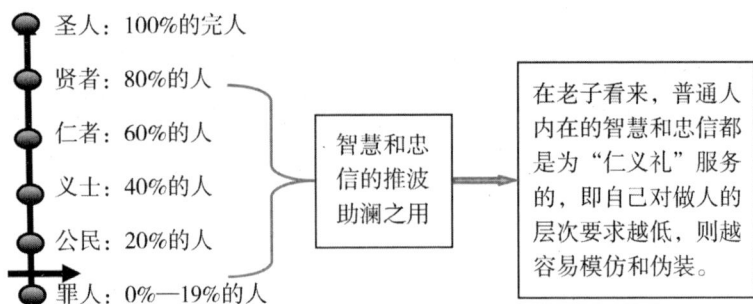

图 5　老子关于做人的"六个层次"及智慧和忠信的推波助澜之用

五、做人的身心标准

做人有"三宝"：一是慈，人品爆棚，道德高尚；二是俭，欲望极少，艰苦朴素；三是不敢为天下先，不追名逐利，不与民争先夺优。

大道氾（fàn，广大，泛滥）兮，其可左右。万物恃之以生而不辞，功成而不有。衣被万物而不为主，可名于"小"；万物归焉而不为主，可名为"大"。以其终不自为大，故能成其大。（《老子》三十四章）

天下皆谓我："道大，似不肖①。"夫唯大，故似不肖。若肖，久矣其细也夫！

我有三宝，持而保之：一曰慈（从人品道德上，应该慈爱，慈悲，慈祥，仁慈，慈善，心慈面善等），二曰俭（从经济生活上，应该勤俭，节俭，俭朴，俭学，俭用，戒奢以俭等），三曰不敢为天下先（从名利地位上，不敢首先，优先，率先，先进，先锋，遥遥领先，争先恐后，捷足先

---

①不肖，直译为不小或不细，或不会变细小，引申义为（做人时的）自大或自以为很牛，而（道）"似不肖"，则是反其意而用之，即为（道）不会自以为大。不肖，或译为可小但是不会变细，近乎《庄子·天下》篇内的"至小无内"的概念。不肖，还可译为渺小、不值一提，作为自谦用，因为渺小、不值一提（小），所以才能一统万方（大），如"渊兮，似万物之宗"。这是老子的"小大之辨"，充满了深刻的辩证法思想。

登，一马当先等）。慈，故能勇；俭，故能广；不敢为天下先，故能成器长。

今舍慈且勇，舍俭且广，舍后且先，死矣！（《老子》六十七章）

（惠施曰）至大无外，谓之大一；至小无内，谓之小一。无厚，不可积（堆积）也，其大千里。（《庄子·天下》，886页）

老庄的"大小之辩"非常接近于佛学界著名的"幻有公案"：米拉日巴尊者进入牦牛角避雨，角不变大，人不变小。只有"至小无内"，才能出入牛角而自如，这样的话，佛道在"小"处也就通达了。而道的"至大无外"，与佛学的"空"的广大，也是连贯的，且和"小"也密切相关，因为"小"而空，又因为空而"大"，如此，小大也就从根本上一致了。

当然，不仅从哲学思辨上"小"与"大"在根本上是一致的，在人性观和伦理学层面也是如此，一个人能耐很"大"却不自大，所以就如同"小"和"不肖"了；更进一步地，一个人只有真心实意地感到自己在天地之间（或"佛法"与"大道"面前）的渺小和卑微，才能真正地低调做人和行事，也才会有更多的人信服他并追随他建功立业。

由上，按照老子等人的理论（如"图6"所示），做人（官）自应遵循"三宝"的身心标准：一人品爆棚，道德高尚（尚小）；二欲望极少，艰苦朴素（尚小）；三不率先追名逐利，不与民争先评优（不尚大）。否则，就"死矣"，即死定了！

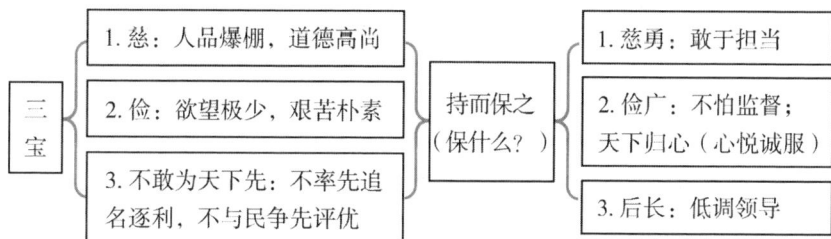

图 6　从"我有三宝"到天下归心或心悦诚服

六、从做人的"六个层次"（道德理论）到"大道至简"（道德实践）（承上"四"和"五"小节）

道常无为而无不为。侯王若能守之，万物将自化（自己成长变化）。化而欲作（自己成长变化时私欲产生了），吾将镇之（镇慑私欲）以无名之朴（道的质朴、简单，曰无名，即简单质朴的道，意为大道至简）。镇之以无名之朴，夫将不欲（不会产生私欲）。不欲以静，天下将自定。（《老子》三十七章）

根据老子关于做人的"六个层次"即道德理论来看，得"道"入"圣"即成为"完人"是最难的，而依次向下做个"普通人"则越来越容易。换句话说，一个人如果连普通人也做不了，更不必谈圣人了，因为从逻辑上看"道⊃（包含）德⊃仁⊃义⊃礼"。

可老子又说如果以"三宝"来要求自己，道德实践则又是最简单和素朴的事情，所谓从（一）"无名之朴"，"无为"到（二）"不欲"和"无不为"乃至最后得"道"而（三）"静"及"天下自定"。

（具体如"图7所示"，其中"+"代表可融贯性，"-"代表矛盾或不一致性）

大道素朴，所以至简。因为至简，所以易行。

从《老子》的修炼途径（可对照本章第二节内容相佐）或"道德实践"角度去看，天地万物人类都有"阴阳""刚柔"二物并济和同作（一"阴"一"阳"之谓"道"），可以针对世界和社会不同情况而"辨证施治"作为。例如居下而能善，居上而能损，才能上下补益（"善下"和"日损"）。与人交，玄同生和，和气财丰，才能互利共赢（"玄同"与"和气"）。

另外，物质生活取之有道（"自然"之道，"不欲""低调""无名之朴""无为而无不为"之道），精神生活回复清净本心或本性（"复根""虚极""静笃"），人类的身心才能一起得到解放和自由，从而天下也"以静"和"自定"。

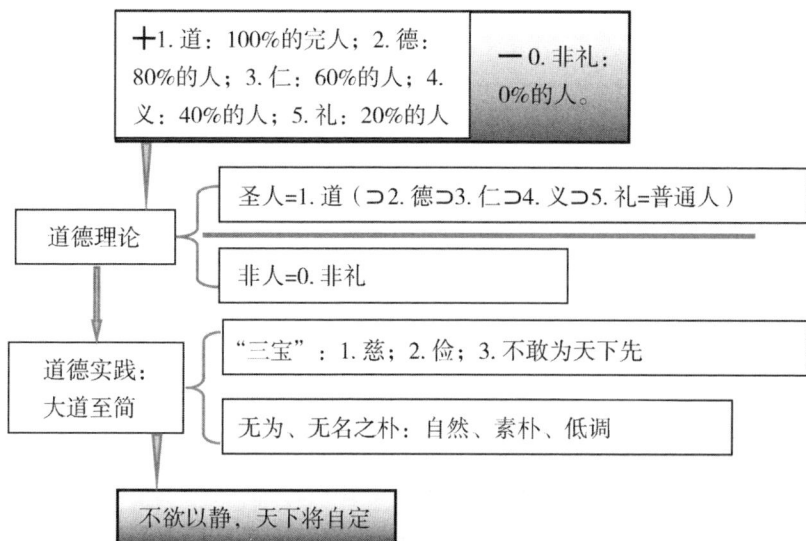

图 7　从至高无上的"道"到道德实践

七、天地万物人类生、养、形和成的本原：道

道生之，德畜（养）之，物形之，势成之。是以万物莫不遵道而贵德。道之遵，德之贵，夫莫之命（没有对万物发号施令）而常自然（自发自律，自强自立，自愿自由，自尊自爱，自主自动，自省自重，轻松自在，泰然自若，来去自如等自然律）。故道生之，德畜之，长之育之，亭之毒之（成之熟之，壮之病之），养之覆（保护或覆灭）之。生而不有，为而不恃，长而不宰，是谓"玄德"。（《老子》五十一章）

上德不德，是以有德；下德不失德，是以无德。上德无为而无以为，下德无为而有以为。（《老子》三十八章）

在老子看来，上德不故作良善，对众生一视同仁，因此是真的有德；下德貌似与人为善，实际上是伪善或不完全的善，因此是真的缺德。上德遵道

法自然，啥也没做所以没啥可以鼓吹的；下德啥也没做，却觉得自己做了很多一样。

天地万物经道生（总源头或本原），靠德养（以德性相倚靠），因物化形（以食物链相形），因势成就（天时地利人和），大都遵道贵德的缘故（如"图8"）。由此可见，人的出生、成长、相貌和走势都可归结为遵道贵德，乃至最终归结为"道"。人生于世，从出生的根本或终极原因（不断地向前追溯），到成长的道德或有德相助（如父母亲人的养育之恩等），再到外貌或形相的美丑、高矮和胖瘦，乃至一生活成的各种"模样"，都是道德"法自然"而然。

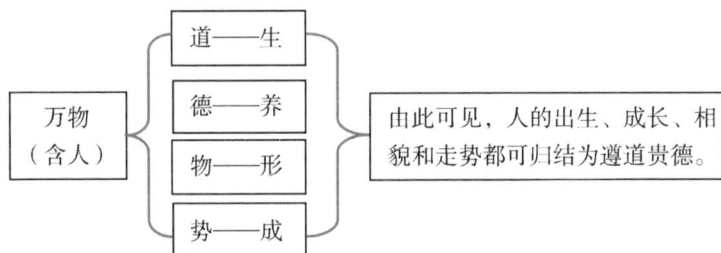

图 8　万物及人的生、养、形和成的道德之本

从遵道贵德出发，天地万物人类并没有被发号施令而自然就顺应自然规律。

因此，道是天地万物自然产生，自然加强品德修养，自然成长培育，自然壮大、生病、治疗和衰老，以及自然覆灭的根本原因或本原，如"图9"所示。

从道对天地万物的有用和无用角度而言，它生而不生，为而不为，成长而不主导，这种对天地万物的无为或自然作法（自然律）叫作"玄德"（即"上德不德"）。

上德即遵道贵德的德，即遵循自然律的德（道法自然），所以对天地万物而言，是"无为而无不为"或任"我自然"，这才是真的"有德"。下德勉强作为，有分别心，无法对万物一视同仁，所以貌似有德，实则"无德"（违背道德律或自然律）。

因此，上德无事可做，无为、无以为而无不为，而下德有为、妄为进而胜似无为。遵道贵德、玄德和上德不德，才是真的有德；下德和貌似"有德"却是真的无德。

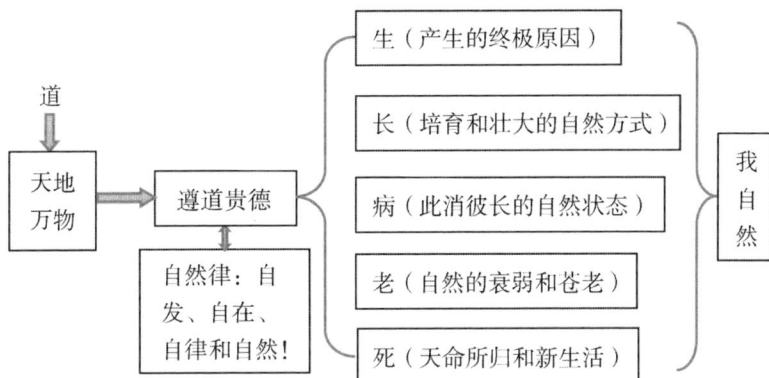

图 9 从道对天地万物的"自然律"到天地万物的"我自然"

八、"三无"圣人的庄子

无己、无功和无名的"三无"圣人，可抵达御"天地六气"的绝对独立和自由境界。

> 若夫乘天地之正，而御六气（天六气：阴、阳、风、雨、晦、明；地六气：风、火、暑、湿、燥、寒）之变，以游无穷者，彼且恶乎待哉！故曰，至人无己，神人无功，圣人无名。（《庄子·逍遥游》，17页）

一个人如果能顺应天地的自然规律或本性，能驾驭阴、阳、风、雨、明、晦（暗），风、火、暑、湿、燥、寒等"天地六气"的变化，而游荡于无穷无尽的时空，那么就啥也不用依赖和期待了，身心必然达到了绝对的独立和自由：无己，无功，无名。

庄子关于"无己""无功""无名"的"三无"层次或要求是内在一贯的："无己"才能置身事外，不被自身黏滞，即对自己"无所待"；"无功"才能置身事中，又不被外物黏滞，即对外物"无所待"；"无名"才能离开他人焦点，远离社交困扰，即对他人"无所待"。简言之，一个人不被自己"打败",超越自身心私欲;又不被外物"打败",超然于外界诱惑;还不被别人"打败",远离世中人的耳目所及,那么他就是真正的"东方不败"了,而"东方不败"才能真正自由来归!

这是庄子对"绝对自由"境界的逻辑分析,再如"图10"所示。惠子认为"实五石"的葫芦太宽大和空廓,反而没什么实际用途而击破之,庄子则别有深意地说:"今子有五石之瓠(葫芦),何不虑以为大樽而游乎江湖,而忧其瓠落(宽大空廓而没有可盛受的东西)无所容?则夫子犹有蓬之心(比喻不通达的见识)也夫!"①

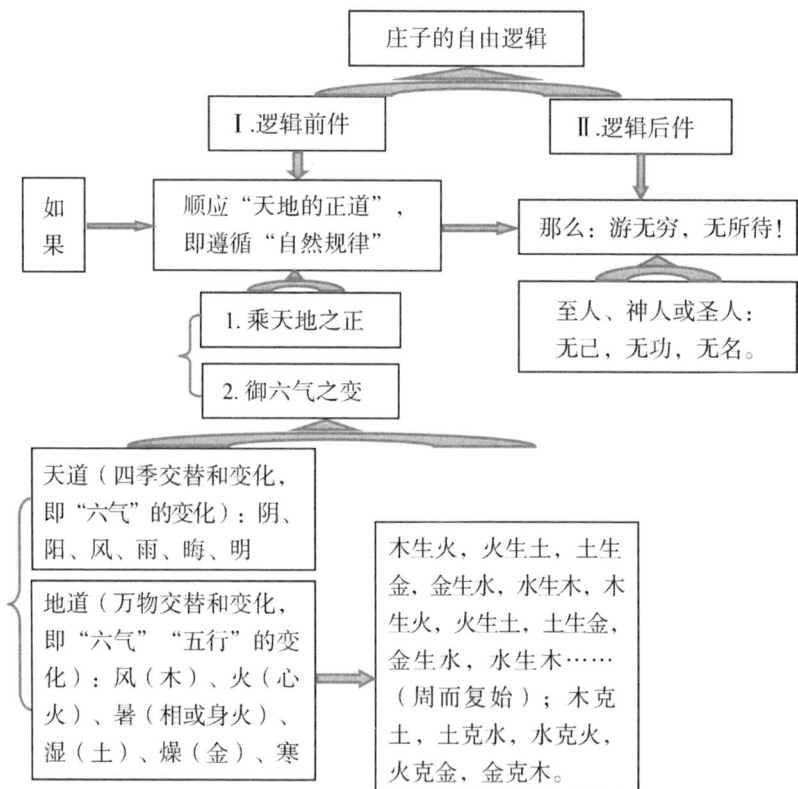

图 10　庄子"通天彻地"的自由逻辑分析

---

①温儒敏主编,教育部组织编写,《语文·选择性必修·上册》,人民教育出版社,2020年3月,48页。

九、圣人的行为标准

无为或不作才是至美和至理。

天地有大美而不言，四时有明法而不议，万物有成理而不说。圣人者，原（追溯）天地之美而达（通晓）万物之理，是故至人无为，大圣不作，观于天地之谓也。（《庄子·知北游》，569页）

叽叽喳喳说话或议论，都是俗世和俗人的情形。实际上，天地、四时和万物都有奔向大美和至理的自然规律，因此，圣人与天地、四时及万物一样，懂得参天地、法自然或任自然，即众物皆谓"我自然"而无为或不作。

十、大道与俗世（花言巧语的世界）

至言不出，俗语鼎胜。

彼亦一是非，此亦一是非。

天地一指也，万物一马也。

天地与我并生，而万物与我为一。

大道不称，大辩不言。（《庄子·齐物论》，60、64、78、81页）

是故高言不止于众人之心，至言不出，俗言胜也。（《庄子·天地》，340页）

庄子对现实社会的悲观论调如是：众人的心都是容不下高言的，所以至理之言不出（或不言），而彼此的是非扯淡却铺天盖地，正所谓俗言大兴（胜）于世也。

而所谓的"高言"或"至言"，则是天地（背景）、万物（类名）和"我"（个体）等高度融会后整体所指向的"大道"或"一"，这是一种至高无上且"整体主义的知识观"。

十一、宽宏的眼界和自由的精神

且夫水之积也不厚，则其负大舟也无力。……风之积也不厚，则其负大翼也无力。故九万里，则风斯在下矣，而后乃今培（凭、乘）风；背负青天而莫之夭阏（被阻碍和夭折）者，而后乃今将图南。（《庄子·逍遥游》，8页）

唐代诗人杜甫曾在《望岳》一诗中阐述自己宽大的眼界和胸襟，"会当凌绝顶，一览众山小"。大意是如果登上泰山之巅，就可以小看众山或人间了。这大概阐述的是一种人生观，勇攀人生高峰，从而不会被眼前的挫折和眼下的现象所阻挡。这种情况要是在庄子看来，实在不算什么，庄子的眼界，则是站在世界乃至宇宙观的高度，正所谓"天外有天""一览众天小"。庄子笔下的鲲鹏，在大风的加持下，背着"青天"而不觉得沉重和阻碍，计划由北"图南"，这怕是要将南方的黑天、灰天等其他天给置换了吧。如此宽宏的眼界，也足见道家确实高人一等，站在天外天的角度，俯视宇宙中的人类历史和永恒时空，从而产生了改天换地的宏图大志，果真是胸襟宽广宏大而无边无际啊。

鲲鹏图南壮志自然了得，但是从另一个角度看，无论鲲鹏还是斑鸠蝉虫，也不都是有所依赖或受到能力大小的左右么？所谓"小知不及大知，小年不及大年"（同上，12页），比来比去，也就是能力大小不同而已。在什么情况下，人类的绝对自由才能彻底实现！像"列子御风而行"如何，庄子说"此虽免乎行，犹有所待者也"（同上，17页）。

在庄子看来，真正的"逍遥游"啊，乃是："若夫乘天地之正，而御六气之变，以游无穷者，彼且恶乎待哉！故曰，至人无己，神人无功，圣人无名。"（《庄子·逍遥游》，17页）如果能够畅游于无穷无尽的时空，将宇宙、世界乃至天地万物人，全部归零或化无，那么才应是最为顶级的自由人格和自由精神。

从宇宙观世界观，到不断归零和化无的粒子观、虚无观，庄子终于从宽宏的眼界和气度走向了永生自由的绝对精神，从而将身心的至大与至小实现了完美的统一，可谓高瞻远瞩、精益求精，气贯天地、向死而生，从而真正蜕变成至人、神人和圣人！

十二、从世界"动力因"的探寻到人本主义和自然神性

地籁则众窍是已，人籁则比竹是已。

夫天籁者，吹万不同，而使其自己也，咸其自取，怒者其谁邪！（《庄子·齐物论》，38页）

人籁、地籁和天籁，其中只有天籁才是世界万事万物的最终的"动力因"，它使万事万物成为自己，从而也成就了万事万物的自由意志及其各种善恶对错。

如果万物都能"自己"，那不就是基于人或物本身尤其对于主体选择而言的"人本主义"社会观吗？当然，"自己"之后，就是人们自然而然的善恶选择及其是非对错了，这样就将"人本主义"进一步归结为"自然神性"了。

十三、从"主体语用学"到本然世界、人生观的明澈追求

大知闲闲，小知间间；大言炎炎，小言詹詹。（《庄子·齐物论》，46页）

故有儒墨之是非，以是其所非而非其所是。欲是其所非而非其所是，则莫若以明。（同上，56页）

方生方死，方死方生，方可方不可，方不可方可，因是因非，因非因是，是以圣人不由，而照之于天，亦因是也。（同上，60页）

天地一指也，万物一马也。（同上，64页）

无论"大知""小知""大言""小言""儒墨之是非"等，都不能代表世界的真正状态，那是因为这些语词或概念表达的不过是作为主体的人对

语言的用法罢了。

在庄子看来，与其听他们（儒墨等各家各派）各自说各自的（"是非"观念），不如以明亮通透的虚空眼界，观照或探求事物的客观性本真或本然。

而本然的世界，则是一个是非相通、万物一体的自然整体世界。

> 天地与我并生，而万物与我为一。既已为一矣，且得有言乎？既已谓之一矣，且得无言乎？一与言为二，二与一为三。（同上，78页）
> 夫大道不称，大辩不言，大仁不仁。
> 道昭而不道，言辩而不及，仁常而不周。（同上，81页）

在庄子看来，万物"一"体，自然"一"就是"言"了，而"一"与"言"毕竟难"一"，所以"一"与"言"相加是为"二"，"二"与"一"相加是为"三"。从"一"到"三"的演变，既表明了源于"一"的世界统一性，而同时又解释了世界的多样性。

再然后，从"统一"的世界观落实到具体的人生观、伦理学或社会学，那就是所谓的"大仁不仁""仁常而不周"了。

第三章　儒家哲学

本章讨论儒家哲学以"仁"或"善"为中心的"内圣外王"的伦理思想及社会实践问题。在"仁"的理论核心及其融贯性系统内，对儒家的人性论、正心修身观、管理学以及王道论等的所谓"孔孟之道"进行了较为细致和全面的阐释，同时明确了儒家"圣人"的最高理想是实现做人的随心所欲且不违良知。

第一节　儒家哲学基本范畴

古希腊麦加拉学派的创始人欧几里得认为，"善是万物永恒的本质，任何其他东西，诸如物质、运动或不断变化的感觉世界都不真正存在。因此，只存在一个德性，外在的财物不会有价值"[①]。西方哲学家所倡导的以"善"为最高理念的伦理学观点，与中国儒家学派代表孔子、孟子等人倡导的"仁"的中心理念基本一致。

儒家哲学以"仁"为导向，以里仁为真知、所善和最美，强调心身一致、知行合一，确实是一种由内圣而外王的度人"超凡入圣"的大学问和行为标准，如"图1"所示。

---

① 梯利著，伍德增补，葛力译，《西方哲学史》，商务印书馆，1995年7月，59页。

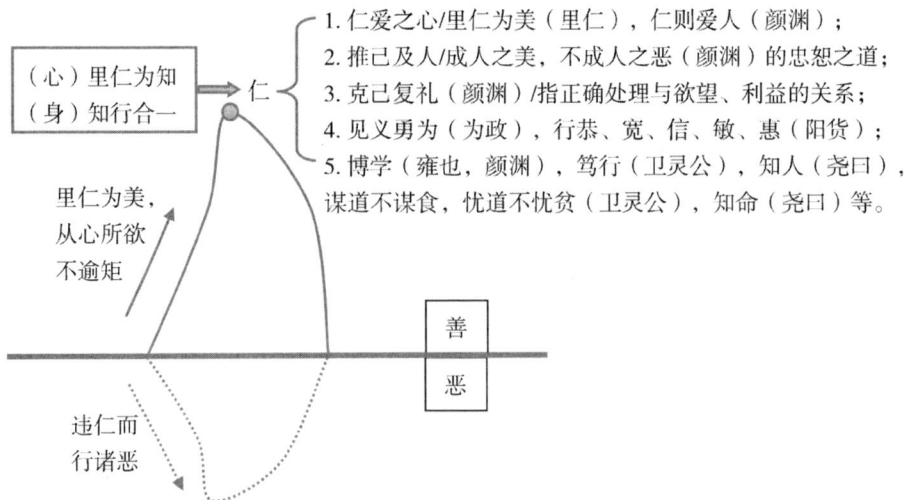

图 1　儒家哲学的基本和至高范畴

　　"仁"是儒家哲学的核心，儒家对"仁"的内涵标准阐释得相当丰富。第一，是仁爱之心，儒家讲"里仁为美"（《论语·里仁》），强调的是人内心的善良、内在美，即仁则爱人（《论语·颜渊》），没有真正爱人之心，是很难做到真"仁"的。第二，是推己及人之心和行忠恕之道。儒家讲"己所不欲，勿施于人"（《论语·颜渊》《论语·卫灵公》），是强调自己不爱的东西，不要强加给他人，这是"恕"；再讲"己欲立而立人，己欲达而达人"（《论语·雍也》），是说自己想有所成就，先要懂得成就别人，这是"忠"，忠恕之道概括起来看，就是"君子成人之美，不成人之恶"（《论语·颜渊》）。第三，是克己复礼。儒家讲"克己复礼为仁"（《论语·颜渊》），指的是在处理自己的欲望和利益的时候，要遵循礼教的约束，不要任由欲望控制身心，膨胀的欲望只会让自己走上违法和非礼的邪恶之路。第四，是见义勇为（《论语·为政》）。在他人遭受非礼和损害的时候，要勇于站出来，维护正义和公义。中国武侠小说中所倡导的"侠义精神"就是对见义勇为精神的极好诠释。最后，儒家还提到其他关于"仁"的标准，比如《论语·阳货》提到的"恭、宽、信、敏、惠"，讲诚信（信），反应敏捷（敏），多做公益（惠）等，都是抵达"仁"的有效途径。《论语·雍也》和《论语·颜渊》中多次提到的"博学"，《论语·卫灵公》里所讲的"笃行""谋道不谋食，忧道不忧贫"以及《论语·尧曰》中的"知命"等，都从不同的角度为我们抵达"仁"提供了有益的对照和参考。

　　"仁"本无真假，就是仁，但世间以"仁"的名义行事者比比皆是。是以有"真仁"一词与"假仁"相对，"假仁"几近于恶，所谓"大奸似忠"，不仁不义则是所谓的大恶。从知识论的角度看，仁就是善的知识，即良知；从社会实践角度看，仁则是为善、积德，即致良知。正如冯友兰所说："良知是知，致良知是行。"①因此，儒家对"仁"或仁者的具体规定，大体指的是一个人如果坚持仁爱之心（即里仁为美），并将之与礼教、法理和真知统一起来，则属"良知"（即仁的真理，心之所向），然后再付诸实践，所谓"致良知"（即实践仁的真理，身之所向），即"知行合一"（王阳明）②，这样便是真正抵达良知与仁行统一的"圣人"。（如"图2"所示）孔子说自己"七十而从心所欲，不逾矩"（《论语·为政》），堪称已达到儒家处世哲学即身心真正归"仁"的最高境界（即抵达一般人所谓的"不伤己，不损人，且能随心所欲"的"绝对仁爱或自由"理想层次），理应被后世尊为"至圣"（万世师表、至圣先师等）。

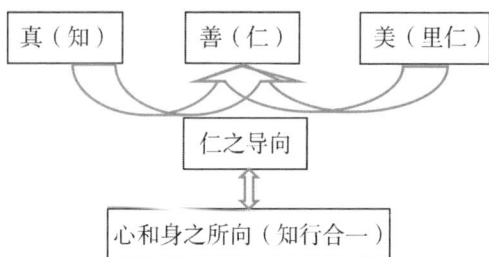

图 2　真善美归仁，身心所向亦归仁（天下归仁）

①冯友兰著，《中国哲学史（上、下卷）》，古吴轩出版社，2021年1月，325页。

②王阳明撰，于自力、孔薇、杨骅骁注译，《传习录》，中州古籍出版社，2008年1月，29—30页。

良，好心也；知，善理也。从理想境界去看，仁、善、良和好等高度一致，仁又与真和美大一统，世人皆内（心思）圣外（身体行事）王一以贯之，天下自然趋大同。孟子说："人有不为也，而后可以有为。"①（《孟子·离娄下》）为人处世恪守"良知"的标准，遵循良善的道德律，善心、真理和行动相统一，则如《孟子·告子下》中所说的"人皆可为尧舜"②，人人皆可为"圣人"。诸如"医者父母心""师者有教无类""仁者、人也"等，其中"医者""师者""仁者"等社会角色典型，就是"圣人"人格的具体表现。

苏格拉底认为伦理问题最重要的是"善的问题"，但是却"没有创立完整的有系统的人生哲学"。他的学生柏拉图则围绕这种问题继续钻研，从而确立了"理性即至善"的伦理体系和精神理想，并提出人的四种德性即"聪明、勇敢、克己和正直"来实践他的"至善"理念。柏拉图指出，"有理性的生活即有德性的生活，是至善。过这种生活，才有幸福"③。

总之，苏格拉底、柏拉图等西方哲学家提出的伦理理想，与中国儒家学派代表人物所倡导的伦理理念，其主要思想和实践途径存在很多一致之处。

表 1　中西伦理理念及实践途径比较

最终目标	理想国或大同世界：一视同仁（一眼望去，100%绅士圣人，天下归仁）			
1. 最高理念	善或仁			
2. 伦理理想	理性即至善（西方柏拉图）	里仁为美，知行合一（中国孔孟之道）		
3. 实践途径	人的四种德性及其实践	聪明	博学，知人知命等	"五常"：仁、义、礼、智、信等思想及行为规范
		勇敢	笃行等	
		克己	爱人；忠恕之道；克己复礼等	
		正直	见义勇为等	

①孟子等著，《四书五经》，中华书局，2009年1月，91页。

②同上，107页。

③梯利著，伍德增补，葛力译，《西方哲学史》，73页。

第二节　从柏拉图的"善"到儒家的"仁"

柏拉图说："善的理念是逻各斯（理性或智慧），即宇宙的目的，真正的善与真正的实在是同一的。"①在柏拉图看来，人内心"善"的思想（心），与人身体"善"的行事（身），正是"真正的善"与"真正的实在"的同一，即善心与善身的同一。

与"善"相对应的是儒家学派（或孔孟之道）的"仁"、"良"（致良知）、"好"（君子好逑）。与"善"和"仁"对立的是"恶"与邪魔歪道。实际上，人心与身的善与恶的两两相应，是存在四种情形的：一是心善身善；二是心善身恶；三是心恶身善；四是心恶身恶。其中，只有身心俱善（身心归仁），与柏拉图的"真正的善与真正的实在是同一的"一致，另外三种情形都是不同程度的"恶"或邪魔歪道（世人皆罪或皆苦）。

孔子说："参乎！吾道一以贯之。"（《论语·里仁》）在孔子看来，不管是以渐进抑或顿悟方式后身心一致归仁，即"一以贯之"而为仁，自然就是达到了儒家"圣人""仁者""君子""良人""好人"的标准，类似西方尽善尽美、全知全能的"上帝"或"至善"。可以这么说，孔子也大致七十岁才身心一起到了"仁"的最高境界，即抵达良心（里仁为美）、良知（仁的道理或大智慧）和实践（致良知，知行合一）的大一统。子曰："吾十有五而志于学，三十而立，四十而不惑，五十而知天命，六十而耳顺，七十而从心所欲，不逾矩。"（《论语·为政》）通俗地说，一个班外貌最漂亮的"班花"，以及成绩最高的"学霸"，美不过班里心地最善良的那一个，聪明也不及心地最善良的那一个。

我们之中的大部分人，也就是普通人，总是徘徊在"圣人"（或真正的

---

①梯利著，伍德增补，葛力译，《西方哲学史》，66页。

智者或好人）与坏人（或邪魔外道）之间，有时候更好一点，有时候更坏一点，好的不足以成为"圣人"，坏的不足以成为"魔鬼"，如此而已。而从坏人、普通人到"圣人"的突破，也必须是要靠"顿悟"或"渐修"，才能最终抵达良心、良知和良行即所谓真、善和美同一的最高道德或理想境界，从而脱胎换骨、超凡入圣。

西方现代哲学家维特根斯坦说："确切地理解自身是苦难的，因为一种行为对于某人来讲可能是由良好的、宽宏大量的动机所促成的，也可能是出于怯懦或者冷淡。毫无疑问，一个人能以真诚的爱的方式去行动，但同样的行动也可以出自欺诈或者一颗冷漠的心。正如不是所有的宽容都是善意的形式一样。而我恐怕只有沉浸在宗教之中，这些疑虑才会有所抑制。因为，只有宗教才有力量去摧毁虚荣心，并且渗透到所有冷僻的角落和缝隙之中。"①维特根斯坦站在"真仁"与"伪善"对比的角度，强调了"真诚的爱"只有上升到宗教或神学的层次，才能让人从"怯懦""冷漠""虚荣心"等"这些疑虑"中适当地解脱出来。

因此，我们认为，西方人眼中的"上帝"，跟中国人眼中的"圣人"，在真爱、真仁或真善的层次是一致的，都讲究要"去伪存真"，全身心真正归仁，这才是宇宙的真正目的，才是一个真正的人应该有的最高的道德素养和高尚品性。

第三节　儒学关于"仁"系统的语言融贯性解说

从儒学关于"仁"语言的表达系统来看，儒家关于"仁"的言说可以是世界观，如"仁政"和"王天下"等理论；可以是认识论，如"至善即理

---

①路德维希·维特根斯坦著，冯·赖特、海基·尼曼编，许志强译，《维特根斯坦笔记》，复旦大学出版社，2009年12月，83页。

性"和"良知"论等；可以是伦理学和人性论，如针对女子的"好述"或
"良配"论，针对男子的君子论或仁人志士论，针对所有人的"仁即人即人
心"论；还可以是实践论，如"致良知"和"知行合一"理论等。

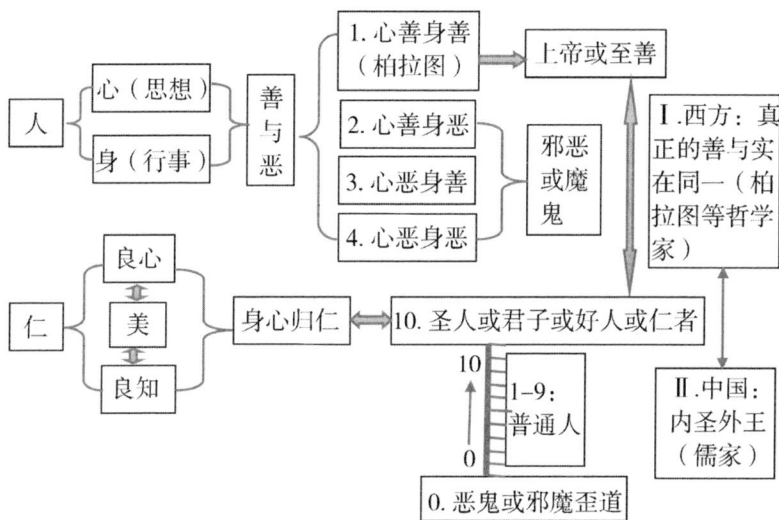

图 3　中西人性论或伦理学核心比较

　　儒家诸般关于"仁"的分说及其对应的不同"实在"，都"融贯性"地
统一于儒家关于"仁"的科学理论体系，从而用来指导人类和社会生活的方
方面面，这是一个关于"仁"的哲学理论体系，也是一个关于"仁"的语言
逻辑分析融贯系统。

　　根据苏珊·哈克、布拉德雷等人对真理理论"融贯论"的论断："实在
本质上是一个统一的、融贯的整体。"[①]而儒家关于"仁"的"内圣外王"
之道则恰是这样一个"一以贯之"的概念及理论系统，如"图4"所示，其中
"＋"代表"仁"系统内关于语言及其"实在"的融贯性，"－"代表系统对
外部语言及其实在的拒斥性。

───────────

①苏珊·哈克著，罗毅译，《逻辑哲学》，商务印书馆，2003年5月，118页。

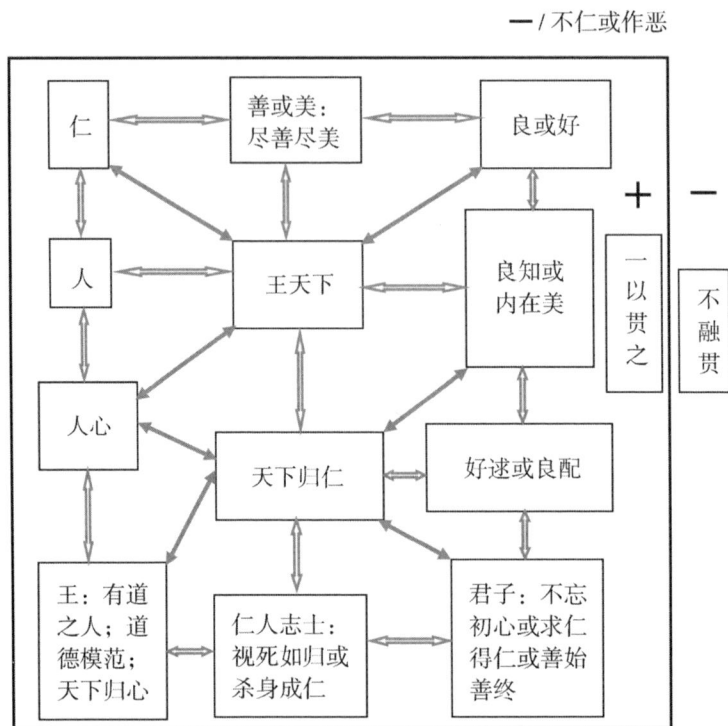

图 4　儒学关于"仁"的语言融贯论

第四节　儒家经典《四书五经》①哲学观通释

维特根斯坦说："思想并不是什么无形的过程，给予言谈以生命和意义。"②因此，可以从儒家的主要"言谈"即《四书五经》中考察其思想，从而揭示儒家思想的生命和意义所在。

维氏还说，"哲学病的一个主要原因——偏食：只用一类例子来滋养思想"。③

---

①孟子等著，《四书五经》，中华书局，2009年1月。本节页码未特别标明出处的地方，皆引用此书。

②维特根斯坦著，陈嘉映译，《哲学研究》，上海人民出版社，2005年4月，127页。

③同上，185页。

那便也进一步说明，就一类例子来看，思想是有其作用范围的。或者毋宁说，一类思想解决一类特定的世界问题，给予我们教导和启发，"哲学家诊治一个问题，就像诊治一种疾病"。①

例如《论语·学而》中，孔子说"巧言令色，鲜矣仁"。（5）孔子正是看到了"巧言"（花言巧语）和"令色"（装出和颜悦色的样子）的虚假性及社会危害，所以对其进行了哲学"诊治"即错误思想揭露和纠正，提出要以"仁"为本，而不要欺下媚上，说话和行为没有底线甚至肆无忌惮。这代表的既是一种"名实论"（名理论），也是一种人生观及伦理学。

儒家思想从"仁"出发，可通过"图5"系统阐释一下：其中"+"代表融贯性，"-"代表拒斥性。一般地，国家和社会是由各种各样的"人"组成的，大体去看，主要有两类：一是与"仁"内在一致和融贯的"君子"类，包括贤者、大人、伊人、淑女、邻人、人人、爱人者、敬人者、智者、勇者等；二是"小人"，包括多欲的人、多行不义的人等。

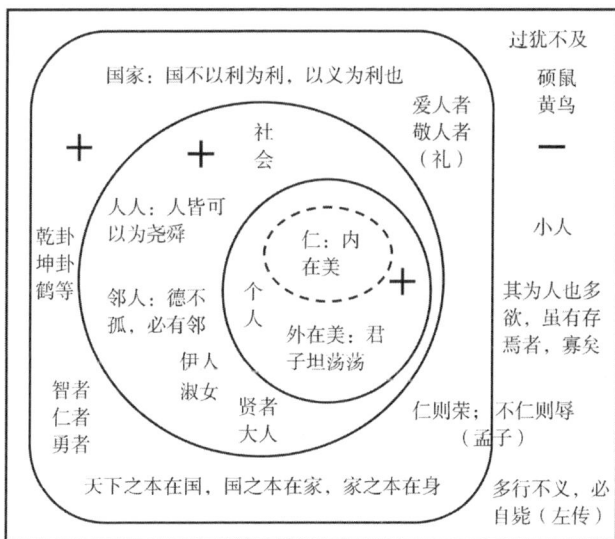

图5　儒家"仁"人与社会的融贯性分析

①维特根斯坦著，陈嘉映译，《哲学研究》，上海人民出版社，2005年4月，106页。

当然，更进一步地，如果单单从儒家《论语》经典论述（一）中的关于"君子"文化人格视角去看，"君子"所承载的角色类型（主项，个体或类型对象词）和形象特征（谓项，性质或关系描述词）（二）可大体如"图6"这样去总结分析。

一、《论语》十二章（节选）①经典阐述

1. 子曰："君子食无求饱，居无求安，敏于事而慎于言，就有道而正焉。可谓好学也已。"（《学而》）

2. 子曰："人而不仁，如礼何？人而不仁，如乐何？"（《八佾》）

3. 子曰："朝闻道，夕死可矣。"（《里仁》）

4. 子曰："君子喻于义，小人喻于利。"（《里仁》）

5. 子曰："见贤思齐焉，见不贤而内自省也。"（《里仁》）

6. 子曰："质胜文则野，文胜质则史。文质彬彬，然后君子。"（《雍也》）

7. 曾子曰："士不可以不弘毅，任重而道远。仁以为己任，不亦重乎？死而后已，不亦远乎？"（《泰伯》）

8. 子曰："譬如为山，未成一篑，止，吾止也。譬如平地。虽覆一篑，进，吾往也。"（《子罕》）

9. 子曰："知者不惑，仁者不忧，勇者不惧。"（《子罕》）

10. 颜渊问仁。子曰："克己复礼为仁。一日克己复礼，天下归仁焉。为仁由己，而由人乎哉？"颜渊曰："请问其目。"子曰："非礼勿视，非礼勿听，非礼勿言，非礼勿动。"颜渊曰："回虽不敏，请事斯语矣。"（《颜渊》）

11. 子贡问曰："有一言而可以终身行之者乎？"子曰："其'恕'乎！

①温儒敏主编，教育部组织编写，《语文·选择性必修·上册》，人民教育出版社，2020年3月，42页。

己所不欲，勿施于人。"（《卫灵公》）

12. 子曰："小子何莫学夫《诗》？《诗》可以兴，可以观，可以群，可以怨。迩之事父，远之事君。多识于鸟兽草木之名。"（《阳货》）

二、儒家"君子"的文化人格

> 一、对象（主词，角色类型，强调"应做什么人？"）：君子，人，智者，仁者，勇者（与小人对立）
> 二、性质（谓词，特征描述，强调"怎么为人处世"）：
> 　　1.饮食居住方面：温饱即可，安身即可（《学而》，"君子食无求饱，居无求安"）
> 　　2.言行方面：敏事慎言（《学而》，"敏于事而慎于言"）
> 　　3.气质外貌上：文（文采，纹饰）质（实质，内在）相佐，"文质彬彬，然后君子"（《雍也》）
> 　　4.修心正己或精神心理层面：①恪守仁义之道（《八佾》，"人即仁"，《里仁》，"君子喻于义，小人喻于利"），②"见贤思齐，见不贤而内自省"（《里仁》）
> 　　5.学习方面：向有文化的人学习、匡正自己（《学而》，"就有道而正焉，可谓好学也已"）
> 　　6.志向追求方面：①朝夕悟道（《里仁》，"朝闻道，夕死可矣"），②敢于担当（《秦伯》，"士不可以不弘毅，任重而道远"），③持之以恒（《子罕》，"譬如为山，未成一篑"）
> 　　7.对待诗礼乐等艺术和自然的态度上：①崇礼好乐（《八佾》，"人而不仁，如礼何？人而不仁，如乐何？"）②学诗与认识自然（《阳货》，"《诗》可以兴，可以观，可以群，可以怨。迩之事父，远之事君。多识于鸟兽草木之名"）
> 　　8.对待过度的欲望方面："克己复礼"，非礼而勿视、听、言、动（《颜渊》）
> 　　9.对待与别人的关系上："己所不欲，勿施于人"（《卫灵公》）

《论语》中的"君子"文化人格分析

图 6　儒家"君子"的角色类型和特征描述分析

下面我们继续分解儒家经典"言谈"，以谙其针对世界和人生诸般问题提出的决策参考及意见、智慧与哲思，进而感受儒家思想的生命及魅力。

（一）《论语》

1. 贫而乐，富而好礼。——《论语·学而》（5）

（快乐学派，贫富观，人生观，伦理学）

2. 不患人之不己知，患不知人也。——《论语·学而》（6）

（理性观，政治学）

3. 见义不为，无勇也。——《论语·为政》（7）

（义利观，伦理学，实践论）

4. 子曰："吾十有五而志于学，三十而立，四十而不惑，五十而知天命，六十而耳顺，七十而从心所欲，不逾矩。"——《论语·为政》（7）

（人生观，知识观，自然观，道德观，自由观）

5. 里仁为美。——《论语·里仁》（11）

（道德观，伦理学，心理学）

6. 德不孤，必有邻。——《论语·里仁》（12）

（道德观，社会学，正义论）

7. 志于道，据于德，依于仁，游于艺。——《论语·述而》（17）

（真理或知识论，道德观，文艺观）

8. 逝者如斯夫！不舍昼夜。——《论语·子罕》（21）

（时空及运动观，自然观，历史观）

9. 克己复礼为仁。一日克己复礼，天下归仁焉。——《论语·颜渊》（27）

（人生观，伦理学，道德观，社会历史观）

10. 子张问仁于孔子。孔子曰："能行五者于天下，为仁矣。"请问之。曰："恭、宽、信、敏、惠。恭而不侮，宽而得众，信则人任焉，敏而有功，惠则足以使人。"——《论语·阳货》（38）

（人生观，天下观，仁政学说，领导学）

11. 君子不器。——《论语·为政》（7）

（人本或人文主义，反工具论，人性观）

12. 君子欲讷于言而敏于行。——《论语·里仁》（12）

（语言观，实践观）

13. 君子坦荡荡，小人长戚戚。——《论语·述而》（18）

（伦理学，人生观）

14. 智者不惑，仁者不忧，勇者不惧。——《论语·子罕》（22）

（理性主义，道德观，实践论）

15. 君子成人之美，不成人之恶。小人反是。——《论语·颜渊》（28）

（伦理学，善恶观，君子与小人论，人生观）

16. 贤者辟世，其次辟地，其次辟色，其次辟言。——《论语·宪问》（33）

（逃避主义，出世观，伦理学，社会学）

17. 君子求诸己，小人求诸人。——《论语·卫灵公》（35）

（伦理学，社会学）

18. 君子不以言举人，不以人废言。——《论语·卫灵公》（35）

（名实或理论，语言哲学，心理学）

19. 有教无类。——《论语·卫灵公》（35）

（教育学，人本主义，人性论）

20. 君子有九思：视思明，听思聪，色思温，貌思恭，言思忠，事思敬，疑思问，忿思难，见得思义。——《论语·季氏》（37）

（认识论，道德观，伦理学）

21. 不知命，无以为君子也。不知礼，无以立也。——《论语·尧曰》（44）

（必然性及真理观，人生和社会观）

22. 知之为知之，不知为不知，是知也。——《论语·为政》（7）

（真理论，认识和知识论）

23. 兴于诗，立于礼，成于乐。——《论语·泰伯》（19）

（艺术和文化观，伦理学）

24. 过犹不及。——《论语·先进》（25）

（人生观，真理论，实践论）

（二）《大学》

1. 大学之道，在明明德，在亲民，在止于至善。（47）

（高等教育观，知识论，绝对性的真理论，群众及实践观）

2. 物有本末，事有终始，知所先后，则近道矣。（47）

（知识论，道论，历史与时空观，物体观）

3. 所谓诚其意者，毋自欺也，如恶恶臭，如好好色，此之谓自谦，故君子必慎其独也。（朱熹注："诚其意者，自修之首也。……自欺云者，知为善以去恶，而心之所发有未实也。谦，快也，足也。独者，人所不知而己所独知之地也。"①）

（自修或个体观，对己诚意论）

4. 富润屋，德润身，心广体胖，故君子必诚其意。（朱熹注："故善之实于中而形于外者如此。"②）

（身心关系论，财富论）

5. 心不在焉，视而不见，听而不闻，食而不知其味。（朱熹注："心有不存，则无以检其身，是以君子必察乎此而敬以直之，然后此心长存而身无不修也。"③）

（心本论，仁义观，身心关系观）

6. 是故君子先慎乎德。有德此有人，有人此有土，有土此有财，有财此有用。（朱熹注："德，即所谓明德。有人，谓得众。有土，谓得国。有国则不患无财用矣。"④）

（德、人、土和财的融贯论，仁义观，人生观，国家观，财富观）

---

①朱熹撰，《四书章句集注》，中华书局，2011年1月，8页。

②同上，9页。

③同上，9页。

④同上，12页。

7. 仁者以财发身，不仁者以身发财。（朱熹注："仁者散财以得民，不仁者亡身以殖货。"[1]）

（仁义观，身心与财富关系论）

8. 国不以利为利，以义为利也。（49）

（国家及社会观，人生及义利观）

（三）《中庸》

1. 天命之谓性，率性之谓道，修道之谓教。道也者，不可须臾离也，可离非道也。（53）

（天命或天性观，自然或道论，教育学）

2. 自诚明，谓之性；自明诚，谓之教。诚则明矣，明则诚矣。（56）

（以诚信而明白，这是天性；以明白而诚信，这是教化。诚信和明白应相辅相成。）

（天性观，教育观，性理学）

3. 天下之达道五，所以行之者三。曰君臣也，父子也，夫妇也，昆弟也，朋友也。五者天下之达道也。知、仁、勇三者，天下之达德也。所以行之者一（证实专一）也。（55）

（社会和伦理学，人生观）

4. 凡事豫（预）则立，不豫则废。（55）

（实践论，时空观）

5. 惟天下至圣，为能聪明睿知，足以有临也；宽裕温柔，足以有容也；发强刚毅，足以有执也；齐庄中正，足以有敬也：文理密察，足以有别也。……惟天下至诚，为能经纶天下之大经，立天下之大本，知天地之化育。夫焉有所倚？！肫肫（zhūn）其仁！（57）

（国家观，圣人论和管理学，仁德观，人性论）

---

[1]朱熹撰，《四书章句集注》，中华书局，2011年1月，13页。

（四）《孟子》

1. 五十步笑百步。——《孟子·梁惠王上》（63）

（辩证法，绝对和相对论）

2. 仁则荣，不仁则辱。——《孟子·公孙丑上》（73）

（荣辱观，道德论，人生观及伦理学）

3. 天时不如地利，地利不如人和。——《孟子·公孙丑下》（75）

（社会及历史观，自然观，伦理及和学）

4. 天下之本在国，国之本在家，家之本在身。——《孟子·离娄上》（87）

（天下观，个人、集体和社会学）

5. 大人者，言不必信，行不必果，惟义所在。——《孟子·离娄下》（91）

（名实论，大人论，伦理学）

6. 仁者爱人，有礼者敬人。爱人者人恒爱之，敬人者人恒敬之。——《孟子·离娄下》（91）

（善恶观，伦理学，社会及人际关系学）

7. 仁，人心也；义，人路也。——《孟子·告子上》（105）

（仁义观，人性和义理论）

8. 人之于身也，兼所爱。兼所爱，则兼所养也。无尺寸之肤不爱焉，则无尺寸之肤不养也……体有贵贱，有小大。无以小害大，无以贱害贵。养其小者为小人，养其大者为大人。（《孟子·告子上》，105）

（人性论，伦理学，人生观，小人与大人论）

9. 人皆可以为尧舜。——《孟子·告子下》（107）

（人性论，人生观，教育学）

10. 人之所不学而能者，其良能也；所不虑而知者，其良知也。孩提之童，无不知爱其亲者；及其长也，无不知敬其兄也。亲亲，仁也；敬长，义也。无他，达之天下也。——《孟子·尽心上》（112）

（良知或天理论，先天论，人性论，道德观，伦理学）

11. 君子之于物也，爱之而弗仁；于民也，仁之而弗亲。亲亲而仁民，仁民而爱物。——《孟子·尽心上》（114）

（物理学，道德观，伦理学）

12. 民为贵，社稷次之，君为轻。——《孟子·尽心下》（115）

（国家及社会观，领导学，民本主义）

13. 仁也者，人也。合而言之，道也。——《孟子·尽心下》（116）

（人性论，论人和论道）

14. 养心莫善于寡欲。其为人也寡欲，虽有不存焉者，寡矣；其为人也多欲，虽有存焉者，寡矣。——《孟子·尽心下》（117）

（心学，欲望论，祸福观）

15. 言近而指远者，善言也；守约而施博者，善道也。君子之言也，不下带而道存焉（带之上指目前常见至近之处也，意为举目前之近事，而至理存焉）。君子之守，修其身而天下平。——《孟子·尽心下》（117）

（道论，最简原则论，知识论，实践论，人生观，国家和社会观）

（五）《诗经》

1. 窈窕淑女，君子好逑。——《诗经·周南·关雎》（133）

（男女或情爱观，美学，婚姻观，社会学）

2. 桃之夭夭，灼灼其华。之子于归，宜其室家。——《诗经·周南·桃夭》（134）

（情爱观，家庭观，女性论，伦理学，修辞学或隐喻论）

3. 如切如磋，如琢如磨。——《诗经·卫风·淇奥》（143）

（知识论，成才观，发展观，隐喻论或修辞学）

4. 投我以木瓜，报之以琼瑶。匪报也，永以为好也。——《诗经·卫风·木瓜》（145）

（朋友观，伦理学，人本主义，反功利主义，修辞学或隐喻论）

5. 鸡栖于埘（shí，鸡舍），日之夕矣，羊牛下来。君子于役，如之何勿

思？——《诗经·王风·君子于役》（146）

（思妇役夫论，家庭观，国家和社会观，伦理学，自然观）

6. 蒹葭苍苍，白露为霜。所谓伊人，在水一方。——《诗经·秦风·蒹葭》（157）

（自然观或启示录，爱情观，伦理学）

7. 岂曰无衣？与子同袍。王于兴师，修我戈矛，与子同仇。——《诗经·秦风·无衣》（158）

（战争论，政治学，领导学）

8. 呦呦鹿鸣，食野之苹。我有嘉宾，鼓瑟吹笙。——《诗经·小雅·鹿鸣》（164）

（自然观或启示录，朋友观，伦理学，修辞学）

9. 鹤鸣于九皋，声闻于天。——《诗经·小雅·鹤鸣》（170）

（自然观，隐喻学或启示录，修辞学）

10. 它山之石，可以攻玉。——《诗经·小雅·鹤鸣》（170）

（修辞学，智慧论，社会观，伦理学）

11. 黄鸟黄鸟，无集于谷，无啄我粟。——《诗经·小雅·黄鸟》（171）

（自然观，人与自然和谐观，生活观，修辞学和隐喻观）

12. 夙夜在公，在公明明。——《诗经·鲁颂·有駜（bì）》（207）

（国家观，政治学，社会学，领导观）

（六）《尚书》

1. 知人则哲，能官人。安民则惠，黎民怀之。（222）

（政治学，用人观，伦理学，道德观）

2. 非知之艰，行之惟艰。（242）

（知识论，实践论，知行观）

（七）《礼记》

1. 故君子之接如水，小人之接如醴。君子淡以成，小人甘以坏。（435）

（"君子之交淡若水，小人之交甘若醴；君子淡以亲，小人甘以绝。"《庄子·山木》）

（伦理学，社会学，隐喻观）

2. 故言必虑其所终，而行必稽其所敝。（436）

（言实或名利论，知行观）

3. 言有物而行有格也，是以生则不可夺志，死则不可夺名。（437）

（人生观，言行观，生死观）

（八）《周易》

（象数学，隐喻论，物理学，自然观，社会学或历史观，人生观或伦理学，运动与变化观）

1. 八卦象数：乾（☰）、坤（☷）、震（☳）、巽（☴）、坎（☵）、离（☲）、艮（☶）、兑（☱）

2. 八卦象数的记诵口诀：乾三连，坤六断；震仰盂，艮覆碗。离中虚，坎中满；兑上缺，巽下断。

3. 物质世界构成的两种最基本要素：阴（--）、阳（—）；八种基本物质：天、地、山、泽、水、火、风、雷。

4. 自然世界和人类社会变化（易经：变易之学理）的原因解释：阴、阳、天和地等基本要素和物质的相互作用之理可解释世界、社会和人事的诸多变迁。

5. 从2爻、8卦到64卦的合成方式及象征隐喻：三三两两，上下交会。（如"图7"所示）

（1）☰乾（天，强健等义）。元亨，利贞。（473）

（象数学，隐喻学，世界观，人生和社会观，正义论）

（2）天行健，君子以自强不息。（473）

（自然观，宇宙观，人生观，强力或意志论）

（3）☷坤（地，广大等义）。元亨。利牝马之贞。（475）

（象数学，阴阳观，天地观，世界观）

（4）地势坤，君子以厚德载物。（475）

上卦＼下卦	乾1天	坤2地	震3雷	巽4风	坎5水	离6火	艮7山	兑8泽
乾1天	乾	泰	大壮	小畜	需	大有	大畜	夬
坤2地	否	坤	豫	观	比	晋	剥	萃
震3雷	无妄	复	震	益	屯	噬嗑	颐	随
巽4风	姤	升	恒	巽	井	鼎	蛊	大过
坎5水	讼	师	解	涣	坎	未济	蒙	困
离6火	同人	明夷	丰	家人	既济	离	贲	革
艮7山	遁	谦	小过	渐	蹇	旅	艮	咸
兑8泽	履	临	归妹	中孚	节	睽	损	兑

象征或隐喻：
① "阴阳" "八卦" 代表：世界形成和变化的几种基本要素；
② "64卦" "386爻" 代表：国家、社会和人生的诸般命运和变化路径！

图7　六十四卦的构造、象征及隐喻分析

（隐喻学，自然观，人生观，君子论）

（5）坤至柔而动也刚，至静而德方。（475）

（自然观，人生启示录，道德观，正义论，辩证法）

（6）谦（由上坤下艮构成）。亨，君子有终。（489）

（人生观，君子观）

（7）未济。……火在水上，未济。君子以慎辨物居方。（538）

（自然隐喻观，人生观，格物论，是非或明辨论）

（8）有大者不可以盈，故受之以谦。（549）

（变化与发展观，朴素的辩证法）

（9）物不可久居其所，故受之以遁（退）。（549）

（变化观，社会和历史观，人生观，价值观）

（10）天尊地卑，乾坤定矣。卑高以陈，贵贱位矣。动静有常，刚柔断矣。方以类聚，物以群分，吉凶生矣。在天成象，在地成形，变化见矣。是故刚柔相摩，八卦相荡。鼓之以雷霆，润之以风雨；日月运行，一寒一暑。乾道成男，坤道成女。乾知大始，坤作成物。（539）

（宇宙观，自然变化观，社会历史观，人性论）

（11）一阴一阳之谓道，继之者善也，成之者性也。仁者见之谓之仁，知者见之谓之知，百姓日用而不知，故君子之道鲜矣！（539）

（阴阳观，天道论，性善观，天性或人性观，仁者和知者观，君子论）

（12）乾，健也；坤，顺也；震，动也；巽，入也；坎，陷也；离，丽也；艮，止也；兑，说（喜悦）也。

乾为马，坤为牛，震为龙，巽为鸡，坎为豕（shǐ，猪），离为雉（zhì，野鸡），艮为狗，兑为羊。

乾为首，坤为腹，震为足，巽为股，坎为耳，离为目，艮为手，兑为口。（547）

（世界观，自然形成、变化和发展观，动物观，人体学）

（13）乾为天、为圆、为君、为父、为玉、为金、为寒、为冰、为大赤、为良马、为老马、为瘠马、为驳马、为木果。

坤为地、为母、为布、为釜、为吝啬、为均、为子母牛、为大舆、为文、为众、为柄。其于地也为黑。（548）

（世界观，自然隐喻和变化观，国家、社会和人事观，伦理学和道德观）

（九）《左传》

1. 多行不义，必自毙，子姑待之。（565）

（自然及社会观，道德观，伦理学）

2. 国家之立也，本大而末小，是以能固。（578）

（国家及本末论，历史及群众观，自然观，社会或治世观）

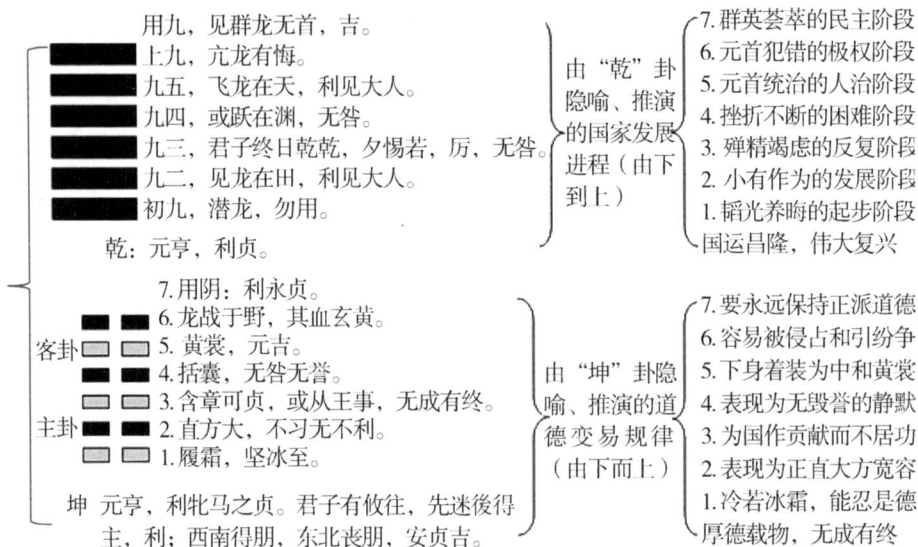

	用九，见群龙无首，吉。		7. 群英荟萃的民主阶段
	上九，亢龙有悔。		6. 元首犯错的极权阶段
	九五，飞龙在天，利见大人。	由"乾"卦隐喻、推演的国家发展进程（由下到上）	5. 元首统治的人治阶段
	九四，或跃在渊，无咎。		4. 挫折不断的困难阶段
	九三，君子终日乾乾，夕惕若，厉，无咎。		3. 殚精竭虑的反复阶段
	九二，见龙在田，利见大人。		2. 小有作为的发展阶段
	初九，潜龙，勿用。		1. 韬光养晦的起步阶段
	乾：元亨，利贞。		国运昌隆，伟大复兴

	7. 用阴：利永贞。		7. 要永远保持正派道德
客卦	6. 龙战于野，其血玄黄。		6. 容易被侵占和引纷争
	5. 黄裳，元吉。	由"坤"卦隐喻、推演的道德变易规律（由下而上）	5. 下身着装为中和黄裳
	4. 括囊，无咎无誉。		4. 表现为无毁誉的静默
主卦	3. 含章可贞，或从王事，无成有终。		3. 为国作贡献而不居功
	2. 直方大，不习无不利。		2. 表现为正直大方宽容
	1. 履霜，坚冰至。		1. 冷若冰霜，能忍是德
	坤 元亨，利牝马之贞。君子有攸往，先迷后得主，利；西南得朋，东北丧朋，安贞吉。		厚德载物，无成有终

图 8　乾卦和坤卦的隐喻象征及变化推演分析

第五节　孟子的王道论和管理学

孟子是儒家思想的集大成者，被誉为"亚圣"。早期儒家思想的核心正是"孔孟之道"，或叫"仁义之道"。《孟子》[1]与《论语》一样，以"仁"为核心，却更全方位地阐述了其仁义论、人生观、管理学和理想国等，高度融贯、思想深刻。以《孟子》思想进行做人做事的修身治世实践，必然也能走上"得道入圣"的人生正途。

一、孟子的哲学范畴及基本体系

在孟子看来，将他的各种思想贯彻到底，就是真正的"王天下"。孟子

---

[1]方勇译注，《孟子》，中华书局，2015年2月。本节未特别作脚注而仅标以页码者皆来自这一版本。

曰："不违农时，谷不可胜食也；数罟不入洿池，鱼鳖不可胜食也；斧斤以时入山林，材木不可胜用也。谷与鱼鳖不可胜食，材木不可胜用，是使民养生丧死无憾也。养生丧死无憾，王道之始也。（1. 节约民力和物力，使民养生丧死）五亩之宅，树之以桑，五十者可以衣帛矣；鸡豚狗彘之畜，无失其时，七十者可以食肉矣；百亩之田，勿夺其时，数口之家可以无饥矣；（2. 重农社会，衣食无忧）谨庠序之教，申之以孝悌之义，颁白者不负戴于道路矣。（3. 使百姓受到良好的教育、教化）七十者衣帛食肉，黎民不饥不寒，然而不王者，未之有也。狗彘食人食而不知检，涂有饿莩而不知发，人死，则曰：'非我也，岁也。'是何异于刺人而杀之，曰：'非我也，兵也。'王无罪岁，斯天下之民至焉。"（4. 政府关心民生疾苦，敢于担当责任）

由上可知，孟子的"王道论"，可集中概括为四个方面：一是节约民力和物力，使民养生丧死；二是重农社会，衣食无忧；三是使百姓受到良好的教育、教化；四是政府关心民生疾苦，敢于担当责任。从广义上看，孟子的"王天下"哲学同时也是一套精密体系的社会治理学，涉及国家、社会、个人等方方面面的常识和实践，其理论范畴宏大、融贯。

表2　孟子的哲学范畴及其体系一

孟子的仁义论、人生观、管理学和理想国	1. 仁义观	在孟子看来，仁义乃为人处世的基本出发点和根本要求。交友靠仁义，施政也讲仁义，个人荣辱乃至生死都依仁义。	有仁义而已矣。（2）舍生取义。（225）怀仁义以相接。（239）施仁政于民……仁者无敌（8）仁则荣，不仁则辱。（56）
	2. 论读书人或士或尚友	读书人或知识分子或士子，他们或许没有多少财产，不富裕，但是却有一颗执着真知和仁义的心。并且彼此能惺惺相惜和聚集抱团，这就是"尚友"。	无恒产而有恒心者，惟士为能。（13）一乡之善士，斯友一乡之善士；一国之善士，斯友一国之善士；天下之善士，斯友天下之善士……是尚友也。（209）
	3. 逍遥学	以大事小即有大能力而驾驭小事情，自然逍遥无比。	以大事小者，乐天者也。以小事大者，畏天者也。（25）

续表

孟子的仁义论、人生观、管理学和理想国	4. 王道论、忧乐观	与民同乐和同忧，就是要求统治者要从老百姓的角度出发看问题和处理政务，这样才能得到人民的认可和民意、民心，众望所归，才是真的王天下。	古之人与民偕乐，故能乐也。（3）乐民之乐者，民亦乐其乐；忧民之忧者，民亦忧其忧。乐以天下，忧以天下，然而不王者，未之有也。（27）
	5. 智慧（大人、小人）和美色论	早在《论语·阳货》云："唯女子与小人为难养也，近之则不孙（逊），远之则怨。"其实，无论女子或男子，只要执着于美色，在孟子看来就是"养其小"，即"小人"。只有执着于真知和仁义，才是"大人"。	王如好色，与百姓同之。（29）耳目之官不思，而弊于物……心之官则思，思则得之……此天之所与我者，先立乎其大者，则其小者弗能夺也。此为大人而已矣。（229）养其小者为小人，养其大者为大人。（228）
	6. 法治和责任观	无论上下，都有各自遵循的度量、规矩和法制，这是人人都应遵循的本分和担负的责任。领导也无特权和推卸责任。	王无罪岁，斯天下之民至焉。（5）上无道揆（度量）也，下无法守也……丧无日矣。（128）
	7. 理想国	孟子的理想国，就是人人懂得利用和节省民力和物力，百姓生有所养，老有所终。	不违农时，谷不可胜食……谷与鱼鳖不可胜食，材木不可胜用，是使民养生丧死无憾也。（5）

二、孟子的"小大之辩"及"儒道会通"的逍遥游

孟子说："以大事小者，乐天者也。"按照孟子的乐天观和大人与小人论的所谓"小大之辩"去看，首先，我们要努力锻造自己"最强大脑"，率先抵达智慧的顶峰，所谓"养其大者为大人"，从而按孟子所说的"先立乎其大者，则其小者弗能夺也"，即只要"大脑"智慧能干，那些"眼耳鼻舌身"即"小五官"所接触的"社会或物质表皮或现象"（如名利色等）就无法欺骗和误导自己了，而那些为"小五官"所魅惑的人则是"小人"，正如孟子所说"养其小者为小人"；其次，有了超强大脑之后，我们却也不必去找最重要和最累的岗位去做，经济社会是要讲"成本"与"效益或产能"的，岗位越重要越辛苦，自然福利待遇也就越高越好，我们自然不必奔着经济利益和最好的待遇去，要坚持孟子所说的"以大事小者，乐天者也；以小事大者，畏天者也"，换句话说，即要善于用自己的"牛刀"去杀几只"小鸡小鸭"，只有这样才能真正地对工作游刃有余，生活也就真快乐和乐逍遥。

　　有着超强大脑的"大人"，却做着人人都能胜任或不起眼的"小事"，于儒家而言，"修身正心"已达智慧极致，于道家而言，深谙"逍遥游"的自在自由之极乐，最终便是那"儒道会通"的圣人或仙君了。西方哲学家柏拉图在《理想国》中也认为理想国的"王"最适合那些最聪明的哲学家来担任，但是哲学家既然已经抵达人类智慧的极致或顶峰，又如何愿意被国家、社会或他人的俗务琐事束缚住自己自由自在的"身心逍遥之极乐"？

表3　孟子的哲学范畴及其体系二

孟子的仁义论、人生观、管理学和理想国	8.知识论	语言应该通俗易懂且道理深刻，文化知识对精神的涵养，犹如山珍海味对身体的滋补。	言近而指远者，善言也（299）理义之悦我心，犹刍豢之悦我口。（220）
	9.批判现实主义	为人处世的道理本来很简单，不过仁义（贤者）二字。但是统治者往往自己昏聩无能，却希望别人都很乖巧和"明智"，其下场必定是"自作孽而不可活"。前朝灭亡就是其榜样。	贤者以其昭昭，使人昭昭；今以其昏昏，使人昭昭。（292）道在迩而求诸远，事在易而求诸难。（138）夫人必自侮，然后人侮之……国必自伐，而后人伐之……《天甲》曰："天作孽犹可违，自作孽不可活。"此之谓也。（135）《诗》云："殷鉴不远，在夏后之世。"（130）
	10.管理学和财物观	对于掌权者而言，合理利用土地、得到民意和正确处理政务才是真正的三宝，珠宝钱财则是给自己带来灾难的不祥之物。要懂爱惜人才和远离小人。	诸侯之宝三：土地、人民、政事。宝珠玉者，殃必及身。（297）不信仁贤，则国空虚；无礼义，则上下乱；无政事，则财用不足。（289）士止于千里之外，则谗谄面谀之人至矣。（251）
	11.人道论	在孟子看来，所谓的仁即人，人道就是仁道。天子有仁则保四海，庶民有仁则保身。	仁也者，人也。合而言之，道也。（291）天子不仁，不保四海……士庶人不仁，不保四体。（131）

孟子的仁义论、人生观、管理学和理想国	12. 圣人和师说	有仁义有智慧，教书先生就是圣人了。圣人是做人的最高境界，也是世间和人们最好的老师。	学不厌，智也；教不倦，仁也。仁且智，夫子既圣矣。（50）圣人，人伦之至也。（130）圣人，百世之师也。（290）
	13. 天下家国观	修身正己，齐家治国平天下，都是一回事，即有仁而已。有仁既是个人修身根本，也是社会人心所向。	不仁而得国者，有之矣；不仁而得天下，未之有也。（289）得其民，斯得天下矣。（136）天下之本在国，国之本在家，家之本在身。（132）
	14. 天性和人性论	人的天性就是仁心，仁心都是人天赋中就有的同情心。明白和尽用自己的仁心，就是知晓天命，君子要善于涵养仁心和天地正气，小人则舍弃失掉。	人皆可以为尧舜。（235）万物皆备于我矣。（258）尽其心者，知其性也。知其性，则知天矣。（257）仁义礼智，非由外铄我也，我固有之也……求则得之，舍则失之。（218）人皆有不忍人之心。（59）我善养吾浩然之气。（49）

三、孟子的"天性论"及其眼中昏聩无能的庸官

孟子曰："人皆可以为尧舜。"又曰："尽其心者，知其性也。知其性，则知天矣。"在孟子看来，一个人尽心知性，就都是天定的"尧舜"。只有那些昏聩无能的庸官，才不知天理、人伦和国宝，妄想"以其昏昏，使人昭昭"，真是愚不可及。

一个人内在的同情心、爱心以及与此相应的仁义之道就是天理、人伦和国宝，有了它们就是"善养吾浩然之气"，也才会进一步有人民的追随、政通人和和广袤无比的土地与国度。那些昏聩无比的庸官，嘴巴上吃着山珍海味，肚子里却没有"理义之悦我心"，实在都是人面兽心的强盗和祸首，他们最终身死国灭，正是"自作孽不可活"啊！

四、孟子的"四端论"及其理想中的世道人心

孟子曰："无恻隐之心，非人也；无羞恶之心，非人也；无辞让之心，非人也；无是非之心，非人也。恻隐之心，仁之端也；羞恶之心，义之端

也；辞让之心，礼之端也；是非之心，智之端也。人之有是四端也，犹其有四体也。"（《孟子·公孙丑上》）在孟子看来，人体有四肢，人心就应该有"四端"或"四心"：一是仁心，恻隐之心；二是义心，羞恶之心；三是辞让之心，礼心；四是智心，是非之心。没有这"四心"，就不是真的"人"。而一个人只要将这"四端""扩而充之"到社会生活的方方面面，则"若火之始然，泉之始达"，正所谓星星之火，可以燎原，泉源之水，通达四方，也便足以"事父母""保四海"，即能"齐家治国平天下"。

简言之，人类社会有了人心的"四端"，世道天下也就真的太平了。

第六节　儒家人性思想流变

人性即人的本性，关于人的本性的认识即人性论。伦理学是处理人与人之间关系的学问，人与人之间关系的科学认识首要在于对人的本性的基本性认识。儒家人性论思想由来已久、根基深厚，且经过上千年的阐释演变，其理论已基本成熟和形成体系。

具体来看，早期儒家代表人物孔子及其嫡传弟子的人性论可归纳为：好色而求仁。这正如孔子在《论语·子罕》中所说的"吾未见好德如好色者也"。在孔子看来，人出于脱离于自然的身体即动物本能的需求，或许都爱好美色，但仁却是各人的主要需求和核心归宿。

孟子的人性论主要表现为性善论。孟子在《孟子·告子上》中论及"人皆有恻隐之心"，又于《孟子·尽心上》中强调"万物皆备于我"，可见孟子认为人的善心已经牢固地内化在人的灵魂之中。也正因为人的本性是善的，所以如果人们在后继社会中不误入歧途，并继续凭借这种"万物皆备于我"的信念和行动加持，就可以进而全方面地超凡入圣了。

荀子、告子等人的食色性、性无善无不善和性恶说等。例如《孟子·告子上》中记载告子所说"食色，性也"，"性犹湍水也，决诸东方则东流，决诸西方则西流。人性之无分于善不善也，犹水之无分于东西也。"其中，食色，大概是一切生物的本性。北宋王安石、近代康有为等人比较赞同告子的"性无善无不善"说。王安石认为"性生情"，情"当于理"，则善，情"不当于理"，则恶。①康有为说，"凡论性之说，皆告子是而孟子非"，"性者，生之质也，未有善恶"。②《荀子》二十三篇记载荀子所主张"人之性恶"。荀子认为，"人之所生而有"的自然本性就是与生俱来的感性欲望"目好色，耳好声，口好味，心好利，骨体肤理好愉佚"。③在儒家的这些代表人物看来，人的初心本性或许是无善无不善、食色或恶性，但仍可经过自我的心理矫正、后期修身和社会实践而得到不断完善。

儒学后继集大成的一派"陆王心学"则认为人性论的内涵是：以良心为中心和出发点，即心即性即理即事，最后良知和良行合一。其中，即心即性即理即事的大致意思可简单概括为"好心就是大道理就是一切"，这方面的观点可见诸王阳明在《传习录·陆澄录》第十八节中所说的"心即性，性即理；恶人之心，失其本体"。"陆王心学"实质上是一种关于良善的心理学，即主张心外无理无事和主观唯心主义。另外，王阳明所强调的"知行合一"则又是一种践仁的社会实践论。

儒学后继集大成的另一派"程朱理学"则认为人性论的内涵是：以道理为中心和出发点，即理即礼即心即道德，这大致意思可归结为：讲道理就是好心。朱熹认为，"理"是人性道德的核心，"礼即理也"，"自修则人不得以非理相加"。"程朱理学"跟"陆王心学"比较一下看，它们刚好把"理"和"心"的核心位置做了调换，这就好像程朱时代的哲学家们接触的都是一些不讲理的人，而他们正好拨乱反正，实质上这是一种唯理论，即道

---

①王安石著，《原性》，转引自张岱年主编，《中国哲学大辞典》，上海辞书出版社，2014年5月，95页。

②康有为著，《万木草堂口说》，转引自《中国哲学大辞典》，95页。

③荀子著，《荀子·性恶》，转引自《中国哲学大辞典》，98页。

理与道德融而为一的道德哲学，属于客观唯心主义。也可以说是一种按理执行的实用主义。

总而言之，儒家人性论以"仁"为核心，强调正心和修身的重要性在于去恶存善，社会实践的核心在于知行合一、果敢践仁。

表 4　儒家代表人性思想的流变

儒家仁学	人性论	经典论述	哲学观或理论分野
孔子思想（《论语》）	好色而求仁	吾未见好德如好色者也（《论语·子罕》）	人或许都好色，但仁是各人的核心归宿
孟子思想（《孟子》）	性善论	人皆有恻隐之心（《孟子·告子上》）；万物皆备于我（《孟子·尽心上》）	人的初心、终极是善，中间可能误入歧途
荀子、告子等人	食色性；性无善无不善；性恶说	食色，性也；人性之无分于善不善（《孟子·告子上》）；人之性恶（《荀子》二十三篇）	人的初心本性是食色、无善无不善或恶，可经修身完善
陆王心学	即心即性即理即事（好心即本性即道理和事理）；良知与行为合一	心即性，性即理；恶人之心，失其本体（王阳明《传习录·陆澄录》十八节，67页）	心理学（心外无理无事，主观唯心主义）；实践（践仁）论
程朱理学	即礼即理即心即道德（遵礼和讲道理就是好心和有德）	礼即理也；自修则人不得以非理相加（朱熹）	唯理论（道理与道德融而为一的道德哲学，客观唯心主义）；实用主义
结论	一个人或一小撮人向善或许是偶然，但大部人向善则是必然（天下归仁）。孟子曰："仁也者，人也。合而言之，道也。"（《孟子·尽心下》）又曰："仁，人心也。"（《孟子·告子上》）对儒家而言，正所谓"仁"就是"人"，"人"就是"仁"；至人、圣人或神人，则是完美与至善的神明或上帝，或叫真正得道之人。你可以说人们"向善"或"求仁"是出自人心、本性（先天性的人性论，陆王心学），也可以说这是天理、天道（先天性的知识论，程朱理学）；更进一步地，前者本性又可归结为后者天理（道）或天命所归。因此，一个人作恶，则既是与自己的善良本性为敌，又更与全天下乃至宇宙目的或理性为敌。而恶无不是由人的欲望导致，因此孟子说："养心莫善于寡欲。其为人也寡欲，虽有不存焉者，寡矣；其为人也多欲，虽有存焉者，寡矣。"（《孟子·尽心下》）一言以蔽之，清心寡欲、追求至善才是于人于己长治久安的孔孟之道。		

第四章　佛家哲学

本章讨论佛家哲学的基本思想和重要范畴。全面阐释了佛家津津乐道的"空""清净心""佛""如来"（本来清净，返还自心本性即是如来）等重要理念，对《心经》《坛经》等佛学经典所涉的"无十八界""无十二因缘"和绝对的"虚无主义"思想做了较为系统的总结和分析，在中外哲学范畴的框架下梳理了佛家所揭示的所谓"真相"即"空相""真理"即"无理"等核心思想或理论。

第一节　佛家哲学基本范畴

佛学教人以回归本来清净的自性或本性为目标，以渐修和顿悟为手段，破除来自物质世界的声色诱惑、污垢侵蚀和各种人行邪道，最后"还得本心""行即清净"，抵达本元如来境界，终成佛道，如"图1"所示。据说地藏王菩萨曾多次发宏愿"地狱不空，誓不成佛"，"我不入地狱，谁入地狱"等，足见其对众生的舍己为人、广泛覆盖和普度决心。

何谓"佛"？为什么要"成佛"？把这两个问题做一解，就是"佛"实在太好了，如此人人才向往"成佛"。第一，佛好在"清净心"。一个人要是有了清净心，哪里又有所谓的烦恼可言。第二，佛好在"无所从来，亦无所去"。正因为佛不从哪里来，也不向哪里去，所以才真正地来去自如，毫无牵挂阻滞。第三，佛好在"自性""本元"。佛不外求，所以他是任何人本应就有的自性和本性，从这个角度看，人人都可成佛道。第四，佛好在

佛 {
1. 若见诸相非相，即见如来；（《金刚经》）
2. 本来清净，但用此心，直了成佛；（《坛经》）
3. 如来者，无所从来，亦无所去；（《金刚经》）
4. 本元自性清净，若识自心见性，皆成佛道；（《坛经》）
5. 空同一相，体性无为，神虚一体，法同法性。（《梵网经》）
}

成佛的途径有二：
1. 顿悟："即时豁然，还得本心。"（《坛经》）
2. 渐修："去心垢染，行即清净。"（《四十二章经》

空界
色界

"若以色见我，以音声求我，是人行邪道，不能见如来。"（《金刚经》）

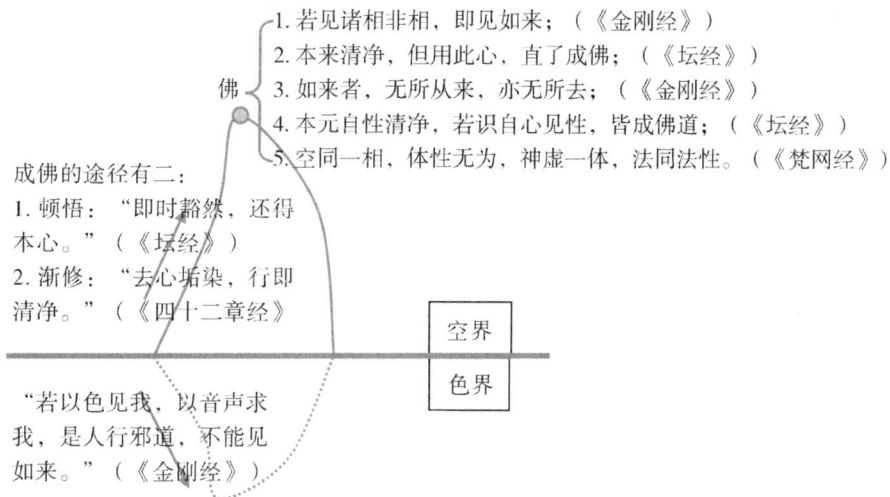

图 1　佛家哲学的基本和绝对范畴

"见诸相非相"。正因为佛见诸相非相，所以佛无所不见，无所不晓，无所不能。第五，佛好在"如来"。《梵网经》曰："空同一相，体性无为，神虚一体，法同法性，故名如来。"即从相面角度看，佛相和万物一样都是空相；从体质角度看，本体性质是无所作为；从精神角度看，心性都是虚空或空性；从作法角度看，万法皆是无法。这便是"如来"之名。

佛家所说的形相即音色等有形的感觉材料，这些感觉材料，实为万物向"四大"（地、水、火和风）假借而来，正因为是"假借"，足谓"诸相非相"。只有超脱和觉悟了这些形相，才能回复人的本心，达到自性清净，成为佛道。世间诸相构成色界，佛家一生所求则是超越色界，是以《金刚经》有云："若以色见我，以音声求我，是人行邪道，不能见如来。"

总之，道家划分正、邪（反）两界，儒家划分善、恶两界，佛家划分空、色（诸相）两界，正、善和空在上界，邪、恶和色在下界。上界教人言行堪谦谦君子、思为看破红尘名利场；下界遵循人自由意志，以致声色沉迷、自作孽作死，而最后也将一概堕入物、人与事三绝，魂游太虚，九九归一（空或无）。

第二节　《坛经》的"无神论"思想分析

六祖惠能是广东新兴县人，被尊为中国禅宗杰出大师，也是中国僧人作家中被列入"佛教十三经"之一的《坛经》①的著作权人。《坛经》是一部代表禅宗哲学思想的著作，也是一部饱含诗意的岭南文化诗歌选粹，其中载有的大量诗偈，或称偈诗、偈颂、偈子、唱诗等，堪称中国哲诗的典范，本文即从其诗歌鉴赏的角度，细细品读和一探究竟其哲学思想。

那些诗偈，贯穿《坛经》始末，揭示了一条世中人如何修身、觉悟及开展社会实践的标示禅宗哲学思想的中心线索，充斥了大量的有关"现代人本主义"和"科学无神论"重要思想的人文社会领域的智慧论断。首先，它是关于"人"的身心自修和提升智慧的即以"人学"理论及实践为研究对象的一种科学探索（第一部分）；其次，禅宗指出的所谓的人学归根结底是关于人的"生命独立和身心自由"的"自性"复苏之学（第二部分）；再次，要实现这种纯粹人性和绝对自性的复苏，就要否定所谓的"庸俗身心论"（第三部分）、各种各样的"有神和鬼怪论"（第四部分）及其二者基础上形成的所有的片面性知识和独断论（第五部分）；最后，再通过否定之否定建立绝对谦卑和无上正觉的关于人的"自性"的知识论和真理观（第六部分），并强调在日常生活中不断地自我觉醒和反复实践（第七部分）。

一、人生渐悟和修身论

无论是禅宗的渐修（北宗神秀偈诗："一切佛法，自心本有；将心外求，舍父逃走。"）还是顿悟（南宗惠能），两者的目标都在于修身以及成佛，其中修身贵渐，成佛讲悟，两者看似方法不同，而实质则是相辅相成。修身不悟，犹如孔门所说的"学而不思"，虽费力不少，实在却劳而无功；

①惠能著，《佛教十三经·坛经》，中华书局，2010年11月。

悟而不修，则如孔门所言的"思而不学"，所谓好高骛远，实在则没有多少真材实料。只有修和悟结合，才能一方面务实进取，集腋成裘；另一方面高瞻远瞩，目光犀利，从而最后成就无比明澈、绝对通透的人生自性。

（一）从外部影响角度的自我检修论

身是菩提树，心如明镜台。

时时勤拂拭，勿使惹尘埃。（96）

诗歌大意为：为人做事应身心健朗明澈，光明正大，还要学会不断纠正自己的过失！

代表一种渐修论，指通过不断的身心自查和检点抵达人生的最高境界——成佛。这揭示的是人世间大部分凡夫俗子的成佛得道之路，可操作性强。

当然，这也不是一般的凡夫俗子可比，拿"身是菩提树，心如明镜台"来说，此君亦当是光明磊落和独立自主之辈，身子高大挺拔，心中坦荡洁净，这种人即便是犯点小错，也当是可以改正得了的。若换的是那些自私自利之徒或大奸大恶之人，恐怕就不只是"拂拭"身心的"尘埃"这么简单了，靠渐修成佛来完成生命的蜕化成蝶，必然也就漫长曲折。

（二）从内部作用角度的觉悟本来论

菩提本无树，明镜亦非台。

本来无一物，何处惹尘埃？（97）

诗歌大意为：人的本心或本来就健朗明澈，无尘可染，所以，为人处世只要能觉悟本来、本心或本性即可！

提出了一种绝对的自性观和空无论。自性清净、虚无，自然一尘不染；反之，如果自性被蒙蔽不见，那么也得靠自己慢慢修炼和觉悟，由此，渐修和顿悟也便殊途同归。

二、生命独立和自性论

禅宗的"自性论"归根结底是人的生命独立和身心自由论。禅宗所探讨的人的自性或本性的性质和规律包括清净、不生灭（永恒）、完满（完美）、无动摇（恒定）和无所不能（能生万法）等。自性或本性的实质在于生命独立和绝对自由。

（一）自我生命的完备性

何期自性，本自清净；

何期自性，本不生灭；

何期自性，本自具足；

何期自性，本无动摇；

何期自性，能生万法。（97）

诗歌大意为：人的本来或自性，清净虚无，无生灭变化，圆满安定，且无所不能，所以，为人处世不需使用任何伎俩甚至也不需存有任何念想！

从这里可以看出，人的生命自性，充满了无比完备的"神性"：清净、永恒、完美、固定和万能。此处极易被人误会为"有神论"或宗教意识，其实，在人类亘古的历史长河中，以上这些属于人性的万古不灭的东西，也不过就是那几种特性而已。

自我完备才能独立，能觉悟到这个层次，那么无论外在世界的诸多变换，还是内心世界的翻江倒海，都不再是能影响到自己修身立命的因素和障碍。

（二）自性之本在于心地的坚硬和纯粹

心地无非自性成，心地无痴自性慧，

心地无乱自性定，不增不减自金刚，

身去身来本三昧。（117）

诗歌大意为：人的心地没有非分之想，没有愚昧的见识，没有乱七八糟的念头，没有患得患失的心绪，洞悉无所从来无所从去的真如本性，是为戒定慧，从而金刚不坏!

人的心地，如果没有非分之想（戒），那么就是人性或本性的成功；如果没有痴呆，那么，就是人性的智慧（慧）；如果没有杂乱的东西，那么就是定性（定）；如果没有增删的变化，那么就是金刚不坏的宝体；总的来说，人的身体一举一动都隐藏着戒定慧。

维特根斯坦曾把"思想的本质，即逻辑"比作是"最纯粹的晶体"和"世界上最坚实的东西"，[①]而禅宗哲学家所说的"自性"，则似乎有过之而无不及。在他们看来，只有智慧无人能及，心地无比纯粹的那一个东西，才能永久地保持自己无比坚硬和恒定不变的质地，从而永葆自我和自性"英雄"本色!

三、拒斥庸俗的身心和性情论

禅宗的"庸俗身心论"揭露了人在外部世界和自我身心所受的种种束缚。所谓"有情来下种"，这是强调从源头"有情"的角度探讨人类性情变化和衰老生死的规律。真正的身心是自性，有情导致因缘果报，无情、无念才能体会自性的圆满自足和超脱生死境界。

（一）情根深种的众生

有情来下种，因地果还生。

无情来下种，无性亦无生。（97）

诗歌大意为：有情种生诸般因缘果报，无情种性情不生。

众生情根深中，因地生果。所谓因果，根源在于有情。只有以无情为根源，才能洞悟自性的寂无与不堕生死轮回之本性。

---

①维特根斯坦著，陈嘉映译，《哲学研究》，上海人民出版社，2005年4月，51页。

（二）杂念缠绕的凡夫俗子

悟无念法者，万法尽通；

悟无念法者，见诸佛境界；

悟无念法者，至佛地位。（102）

诗歌大意为：只有悟"无念"法者，才能洞彻万法变化的本质，才能抵达如来自由的境界和做人的最高"天花板"。

为什么要强调无念？那是因为凡夫俗子实在杂念太多。没有杂念，才能找到个体生命或生活的诸多路径即"万法尽通"，才能回复各自的真如本来，即"诸佛境界"，才能奠定自我在社会历史长河中至高无上的独立和尊崇的地位，即"至佛地位"。

（三）性内身外的自我阻断与熔情法门

性在身心存，性去身心坏。

佛向性中作，莫向身外求。（104）

诗歌大意为：人的身心因本性而在，如果本性没有了，身心也就堕落腐朽，所以一个人要在恢复自己的本性上下功夫，千万不要向身外物上去求得正果。

自性不是性，身心俱空寂。没有了自性，就会看重身外之物，也就成不了佛了。

从身心的各种人性来看，可谓善恶并存，而人性或身心的中心，还有一个百毒不侵、洁净纯粹的自性或佛缘，这是"佛向性中作，莫向身外求"的根本原因。

四、彻头彻尾的无神论

禅宗的"无神论"是对"有神"（指高不可攀的神）和妖魔鬼怪而言的。

众生与佛的区别与联系不在于有神论，也不在于一般人所说的"无神论"。众生如果慈悲、大方（喜舍）、清净、公平直率（平直）等便都是有神论，而这不过是人性罢了，当然对佛而言则都是无神论，因为人性从始至终都盖过了神性。佛家所谓的"真如自性""慧定双修""诸物不忧"等，既解决了人生来处及其本心智慧问题，又解决了人生、智慧的终极与归宿问题，可谓对生命的来处去处皆了然。

（一）世间无"神"，万物众生、佛和菩萨等都是人或物或妖

自性迷即是众生，自性觉即是佛。慈悲即是观音，喜舍名为势至。能净即释迦，平直即弥陀。

人我是须弥（山名），邪心是海水，烦恼是波浪，毒害是恶龙，虚妄是鬼神，尘劳是鱼鳖，贪嗔是地狱，愚痴是畜生。（104）

诗歌大意为：众生都是因执迷而不悟自性的，只有觉悟了自性才能成为佛道。自性以下，还有慈悲心、施舍心、洁净心和正直心等人性操守，如果把自我放在第一位，那么就是执念的须弥山，紧接着就会有邪心、烦恼、毒害、操劳、贪嗔和愚痴相伴，从而变成洪水、猛兽、鬼怪、鱼鳖之辈，陷入地狱深渊，难逃成为畜生的下场。

自性是人的本性，迷失本性是众生的特征，只有觉悟了自性的人才是佛，因此，自性是人与生俱来的固有的佛性或神性，其实人佛并无二异。至于其他人性范畴，还有慈悲称观音，喜舍称势至，能净称释迦，平直称弥陀。简言之，这个世界哪有什么佛或菩萨啊，只不过就是人性的各种范畴罢了，这便恰似活脱脱的无神论了。

众生虽然迷失自性，但还是众生，诸如慈悲、喜舍、能净、平直等，就是标示众生的诸人性范畴。如果连这些人性也迷失了，那就不再是人了，而是固执的须弥山，邪心的海水，烦恼的波浪，毒害的恶龙，虚妄的鬼神，尘劳的鱼鳖，贪嗔的地狱，愚痴的畜生！

众生皆有灵，其中觉悟到自性的是佛，再依次是观音、势至、罗汉、释

迦、弥陀、须弥山（人）、海水、波浪、恶龙、鬼神、鱼鳖、地狱、畜生等等诸如此类！

（二）慧心和佛定，指的是人的"双修"，而不代表神的智慧和存在

即心名慧，即佛乃定；定慧等持，意中清净。

悟此法门，由汝习性；用本无生，双修是正。（109）

诗歌大意为：人的慧心和定性，清净无比，本来所有，双修返正。

人心就是智慧，自性就是如来不动的佛性。定慧双修，就能回到人的本来自性。简言之，人的"双修"就是按"无神论"的要求让自己踏上慧心和禅定之路，最后成为"真人"！

（三）不懂"无神论"的人终将沦为"自屈"的诸物

即心元是佛，不悟而自屈；

我知定慧因，双修离诸物。（109）

诗歌大意为：慧心和定性正是人们通过修炼内心用来脱离外物掌控的因缘，没有这种自我觉悟，人难免屈从乃至沦为身体与外界的附庸和工具，真是丧本和自作死啊！

一个人不觉悟，就只能委屈自己，屈尊降贵地沦为堕落身心的附庸。唯有定慧双修，才能抛开委屈自己的诸物和外部世界的地狱囚笼。

五、绝对的悬搁和虚无主义

禅宗的"悬搁判断"和"虚无主义"是针对社会上到处流行的各种形形色色的片面知识和独断论而言的，后者正如维特根斯坦所说的"偏食：只用一类例子来滋养思想"[1]。

---

[1] 维特根斯坦著，陈嘉映译，《哲学研究》，上海人民出版社，2005年4月，185页。

希腊怀疑主义代表皮浪、卡尔尼阿德等人主张"悬搁对事物的判断"，"无所肯定"，即不作任何决定，从而能让内心永远保持镇定自若的姿态，史称"悬搁主义"（或皮浪主义）。[①]而禅宗哲学家较之似乎想更进一步，即除了倡导"定"字诀外，还从根源上主张无论从个人的身、心，抑或物体和世界何种角度去看的无念、无碍和不、无等的修炼途径和方法论概念，从而走向绝对的虚无主义。

（一）从悬隔到虚无的从外向内修炼法门

兀兀不修善，腾腾不造恶，寂寂断见闻，荡荡心无著。（124）

诗歌大意为：无论善恶都是人有意为之，只有灭绝所有见闻，才能从人心上让自己真正活得坦坦荡荡，无牵无挂，无染半点纤尘。

"悬隔主义"最简单的落实方式就是"不动心"，只要心不动，那么就没有善恶之造，没有见闻和世界的沾染。由此可见，人的"心"才是破解世界万物表象、处理社会人伦关系和进行自我救赎的终极之道。

（二）所谓的"有"不过是人的鬼迷心窍、糊涂不明和百般邪念，"无有"乃至最终的"无无"才是人们最终的康庄大道和奔赴方向

心迷法华转，心悟转法华。

诵经久不明，与义作仇家。

无念念即正，有念念成邪。

有无俱不计，长御白牛车（指大乘佛法）。（110）

诗歌大意为：人心若是着迷，就陷入花花世界的规则、摆布和轮回里去了，只有真正觉悟，才会知道大千世界不断运转的真正原因——"心之

[①]参见梯利著，伍德增补，葛力译，《西方哲学史》，商务印书馆，1995年7月，126页。

造"。长期读着经书却不谙其中真意，不知"无念"和"有念"及其"一'正'一'邪'"的道理，不知自身愚昧而与经义作仇家和觉悟大乘佛法而自由自在之间的天壤之别。

人一旦对花花世界入迷，那也就跟真正的法华和经义成为仇家了。只有回到无念即不动心的状态，才能改邪归正，倘若能更进一步，连"无念"也不计了，即真正地抵达"无无"，那就抵达绝对的"虚无主义境界"了。

（三）智慧、虚无、自性和洁净高度融贯和一致

三身元我体，四智本心明；

身智融无碍，应物任随形。

起修皆妄动，守住匪真精；

妙旨因师晓，终亡染污名。（111）

诗歌大意为：觉悟了本体和自性的三身四智，就能随着万物的变化和周转而自由自在地赋形穿梭——"逍遥游"，所谓的"起修""守住"等修炼基础也都不需要了，只要能跟随祖师觉悟，所有"假名"的"染污"都将清除得一干二净。

其中，"三身"指法身、报身和化身：清净法身，即性；圆满报身，即智；千百亿化身，即行。"四智"指处事圆融、待人平等、观察细致和所作皆成：大圆镜智、平等性智、妙观察智、成所作智等。

三身四智都在人的本心和本体之中，所谓的修身、守节等外力都是累赘多余的，简言之，人的自性本心原本就"无污可染"，洁净圆融。

六、无比谦卑的知识和无知论

禅宗认为真正的知识是关于"无知"和"自性"的知识。

苏格拉底曾自诉其最大的知识就是其无知，这与禅宗哲学的知识观基本一致。一方面，人类的知识就是自知无知，即自我认识到主体与自身对知识的"错认"，这是强调人类应该从自身寻找"错认"的原因；另一方面，人

类还应自知非知，即"自知非"，这是在强调人类应该从自己的对立面即客体或世界寻找"错认"的原因。

一句话，知识自身的谦卑与否定使知识、自知和无知融为高度一致。

（一）佛法"是又不是"的"真正的知识"

不见一法存无见，大似浮云遮日面。

不知一法守空知，还如太虚生闪电。

此之知见瞥然兴，错认何曾解方便。

汝当一念自知非，自己灵光常显现。（112）

诗歌大意为：不能"无见"或"空知"，所以要学法和知法；也不能自认为瞥到了"知见"，而要懂最高或真正知识的方便之门。总之，无论"有知"还是"无知"，最终都是"非""念"，掌握真正知识的方便之门在于不断地觉悟和突破，犹如"灵光"常现。

佛法犹如知见或知识，这是做人大智慧的语言表现。但是即便是知见也容易引起误会和执念，而唯有破除一切法，包括佛法本身，即明白佛法既肯定自己科学又否定执着自己即"是又不是"的两面性，才能让自己灵光闪闪，不断觉悟生命真谛。

（二）人类知识的类型：关于自性的觉悟与本原的知识，以及关于无端（主观认识）、著相（客观认识）和情欲（情绪认识）等方面的知识

无端起知见，著相求菩提，情存一念悟，宁越昔时迷。

自性觉源体，随照枉迁流，不入祖师室，茫然趣两头（"两头"，指存无见和守空知）。（112）

诗歌大意为：世间的知识大都起于无端、著相，都不是永恒和真正的知识，不如早点觉悟，超越过去的意乱情迷。只要觉悟了自性的光源本体，就能随随便便照亮自己的进修之路了，何不尽快跟随祖师学习，早点脱离"无

知"和"空见"的愚昧与片面认识。

早在古希腊时期的苏格拉底就认为"我们有许多从来未加考查的未经消化的意见、许多以信仰为基础而接受的偏见"，①这与禅宗对一般性现世知识的认识基本一致。的确，我们生活中存在的很多"知见"实际就是某一方面的知识，如果偏执起来则属"存无见""守空知"，比如有的见识起于无端（未加详查考证），有的骑驴找驴（离开主体基础），有的存旧情（感情方面的羁绊），有的迷恋过往（回忆性的知识），等等。只有不断地引导、教育和学习，使之觉悟自性和本元，才能从各种各样的片面认识或独断论中走出来。

此诗的"自性觉源体，随照枉迁流"，说明了关于"自性"的觉悟或本源的真理性认识自己照亮自己、光明随处可见的基本特征。

（三）离开真如自性，身心及其一切法就都变成了虚幻

五蕴（色、受、想、行和识蕴）幻身，幻何究竟？

回趣（离开）真如，法还不净。（一切世间法都没有绝对价值）（117）

诗歌大意为：所谓内涵及外在的知识，不过就是关于颜色、感受、思想、行动和意识等方面的虚幻认识的化身，离开了"真如"自性的至上和真理知识，世间法也就堕落成各种肮脏不堪的雕虫小技了。

世间的东西，无论外部世界、人的身心还是所谓的智识，都是变幻莫测的。这就是离开真如本性，便不能成为绝对知识的道理。也可以大致这么认为，最高的绝对知识就是人要不断和充分地意识到自己的无知和自性，才不会堕入世俗轮回的幻境、幻知。

七、自然、方便和教育观

禅宗知识或理论的实践方法很简单，只要做到三点就行：一是跟随祖师

---

① 梯利著，伍德增补，葛力译，《西方哲学史》，商务印书馆，1995年7月，52页。

和佛学经典接受"高等"教育；二是在日常生活中大开方便之门，强调知识要深入到"粗糙的地面"，接受生活、生产实践的反复检验；三是追求无知而知和自然而然的结果。

佛性即自性，佛学即回复人的自性的哲学。此节进一步探讨关于自性哲学的个人生活和社会实践问题。惠能说的方便法门（没伎俩）强调因境生心，在日常生活与自然生命中修得佛性与自性，这也是"佛"和"教"所倡导的学习、活动与教育三者相互结合的实践方式。

（一）从日常见闻与凡俗人生中超然入圣

自性具三身，发明成四智。

不离见闻缘，超然登佛地。

吾今为汝说，谛信永无迷。

莫学驰求者，终日说菩提。（111）

诗歌大意为：自性具备三身四智，但终究是人的本来和本性，所以并没有离开人的日常生活和普通见闻，只是能够于此保持超然心态而已。切不可急功近利，为成佛而佛，而要从日常见闻的修行和觉悟中超凡入圣，抵达自性圆融的真谛。

现实生活来日方长，只需做好个人的本分，于日常见闻中加强自修和超然心态，才能抵达自性即佛的境地；千万不可急功近利，为佛而佛，应该由日常见闻而自然成佛。

（二）从日常的思想和环境中觉悟自性的虚无与解脱特征

惠能没伎俩，不断百思想；

对境心数起，菩提作么长？（116）

诗歌大意为：惠能祖师在日常生活中没有各种雕虫小技，也不需要特地去剪断各种心思杂念，面对各种自然环境想起什么就是什么，从而让心中的菩提树越长越大。

日常生活难免伎俩、思想复杂，但如果没有伎俩、没有思想，那就什么也不用特地去做了。在日常环境中，该想什么想什么，该做什么做什么，想完做完也就都了啦！这是告诉我们在社会生活中要随遇而安，不可执念执作。

（三）从日积月累、平庸日常和师道教育中为佛性大开方便之门

因守无常心，佛说有常性；不知方便者，犹春池拾砾。

我今不施功，佛性而现前；非师相授与，我亦无所得。（118）

诗歌大意为：佛说，生活无常而身心有常，身心有常而生活无常，身心就是在这种不断变化的庸常和方便中觉悟自性和佛性。不知道这种成佛的方便之门，就犹如在春意盎然中拾取破碎瓦砾，这就是所谓的不施功而入佛道，好好听从祖师的教诲啊。

人生无常，方便即修。为而不为，不知而知。

在日常自修的同时，禅宗哲学家也强调师道教育的重要性，"非师相授与，我亦无所得""不入祖师室，茫然趣两头"等，说明只有跟着祖师一起学习和参悟，才能有所收获和尽快觉解，早日脱离愚钝和无知的樊笼。

（四）从自身的努力学习和不断觉悟中摘得自然天成的自性之果

吾本来兹土，传法救迷情；一华开五叶，结果自然成。（122）

诗歌大意为：祖师来此地传法，就是为了拯救意乱情迷的众生，这犹如一朵花开出了五片花瓣，并自然长出了丰硕的果实，功到自然成啊。

心地含诸种，普雨悉皆萌，顿悟华情已，菩提果自成。（122）

诗歌大意为：普通人的心地都很软，包含了各种的情种，只要遇到普惠的大雨，就都能生根发芽，直至长成参天大树，只有努力和顿悟了一切盛

情及繁华都是"镜花水月""梦幻泡影"，才能成就菩提自性，抵达真如佛性。

以上两诗旨意差不多，都是强调人们要在各自的努力中，自然而然而成，遵守彼此因缘果报，最后由自己破迷开悟，渡人自渡。这也是自我"教育"的本质。人心有各种的种子，只要有机缘巧合，便都会生根发芽、枝叶繁茂，而只有穿透这花繁叶茂的情感迷雾，才能最终证得菩提果，得无上智慧和大知正觉。

八、小结

下面通过"图2：《坛经》哲学理论的一贯性分析"来总结本文的基本内容架构：

佛学经典之一的《坛经》，

（一）以科学的4."无神论"为中枢思想（基本结论）；

（二）从修身觉悟角度历陈社会和人生走向"无神"的途径，即通过（理论前提）1.渐修和觉悟，抵达2.自性，拒斥3.身心诱惑；

（三）抵达"无神"之后，再用（实践方式）绝对的5.虚无主义，来抵制妄念、邪理和从而抵达无比谦卑的6.知识和无知论，最后大开7.方便、教育和自然法门，供人们在日常生活和社会境遇中慢慢琢磨、体会和实践。

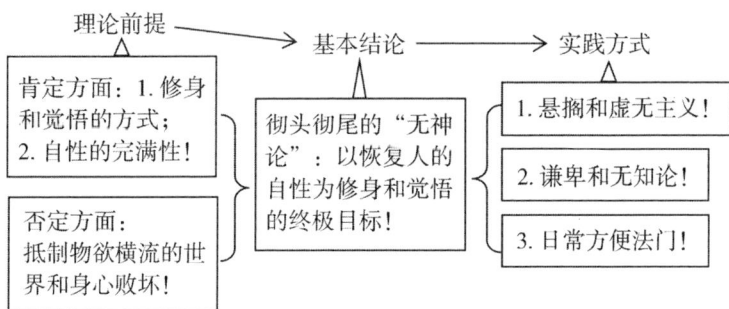

图2 《坛经》哲学理论的一贯性分析

第三节 《心经》新解：从"六根"清净到部分成"佛"

"心"的束缚无非来自客观的物质对象和主观的精神对象两个方面。

客观的物质对象构成客观世界，客观世界主要由人和物质对象组成。构成人的物质对象表现为"六根"：眼、耳、鼻、舌、身和意（大脑），有了这六根，一个人就有了基本的物质结构基础，是一个健全的人。

构成物质世界的物质对象表现为"六尘"：色、声、香、味、触和法（物质结构和运动的规则），有了"六尘"，物质世界对人的诱惑就有了可靠的物质内容基础，可以给人造成实实在在的物质阻碍和有形束缚。当然，人也是物质世界的一部分。

主观的精神对象指的是人的"六识"：眼识、耳识、鼻识、舌识、身识和意识。"六识"构成人的主观世界，成为"心"之束缚的精神和心理方面的主观障碍。"六识"源于"六根"，碍于"六尘"，止于人的"主观印象"。

追求"成佛"的人，也就是追求清净心者，就是要破除"六根""六尘""六识"的束缚，六根清净，六尘清净，乃至六识清净，即十八种物质和精神对象的逐渐清除或涤尽，最后得证佛道。

有人说，十八种物质和精神对象都没了，那么世界也就彻底消亡了，再来谈人的意义也就毫无意义。实际上，这十八种物质或精神对象在人心上逐渐淡化乃至消失的过程，对人的意义才特别有意义，什么生老病死、爱恨情仇、喜怒哀乐愁等，随着这十八种对象的远去，所谓的众生皆苦，也就苦尽甘来了，因为少一分束缚，也便多一分清净，何乐而不为呢？

无十八种物质和精神对象，也就有了十八种本来清净心。即便一生十八种束缚无法一一和全部解除，但凡解除多少分束缚，也便有多少分佛性与清净。无论如何，"部分成佛"总好过于"苦海无涯"。那些追求"部分成佛"的人，但若死时只余身体之牵绊，那么死后也便与成佛无异了，真真当得起万家香火供奉和善男信女膜拜！

第四节 佛家的世界观及理论体系

佛学思想流传甚广。佛家的心思在于其眼中的世界和人生的真相及真理观。佛经是佛学的媒介和佛家所著的经典，下面从佛教经典语录或论据出发，简陈佛学或佛家的世界、社会和人生诸观及其真相视域。

第一，从世界观的角度来看，佛家认为实有世界由微粒构成，微粒经过无穷分解后为虚无，因此，世界为空。空的世界乃是人心所造，人的本心本来是如来清净，清净住持之所以造世界诸相，无心才是世界本性，世界本来就是空荡荡的。佛语云，"兀兀不修善，腾腾不造恶，寂寂断见闻，荡荡心无著"，即做人要呆瓜笨枣而不表面伪善，气势强大而不制造恶业，安安静静而不闻窗外事，空空荡荡而心无所挂碍，这才是真正的人或如来。人们有了这样的觉悟，就能"即时豁然，还得本心"。

第二，从知识论的角度看，佛家把知识分为两大门类：一类是愚著，即一般人或知识精英们所著的各种五花八门的书籍以及一些专业性的知识，其中自然充满了各种偏见甚至错误认识，佛家把这些作品归结为"断见""诸恶作法""凡庸所作"；二是佛法，即可用来修炼自身的佛经或佛偈之类的真言，人们可依据这些真言所示修身正心。佛家又认为，"觉了一切法，犹如梦幻响"，因此所有的知识最终都归结无法和梦幻。

第三，从生命或身心观的角度看，佛家认为世界的四大基本物质"地""水""火""风"是由"微尘"构成的，进一步地，人的身体则是"假借四大以为身"。人们心中的各种幻觉则是因假借的身体和社会前境的"实有"而生出的各种喜乐悲苦。只有无心、无身、无各种前境因缘，才能返回清净本心和自性。

第四，从人生或情爱观的角度看，佛家认为人生的各种际遇、聚散和情分，都来源于身心所造的各种因缘和果报。因果循环造就个体人生的各种机遇或恶业。鉴于此，人与人之间都是平等的，概莫能外，人生和社会也充满了各种颠倒愚蠢。表面上看，佛家并不反对人生因缘聚散和彼此生情，而是反对由情欲带来的各种颠倒、有病和愚蠢，甚至使某些人的权利凌驾于他人之上，而应该恪守众生平等并一视同仁。

第五，从社会历史观角度看，社会由每一个个体组成，个体的身心和人生都是因缘和颠倒造就的，社会历史变化和发展亦然如此。社会、众生因果轮回，古今当下莫不如此。有常而无常，必然又偶然，罪福如幻生灭不定。佛家一方面强调社会历史就是"前因后果"，众生"生死轮回"世间，另一方面又说人生"前境无生"，历史"罪福如幻"，社会"无常"瞎折腾，可谓将因缘论、轮回观和虚无主义贯彻始终。

第六，从理想主义视角来看，佛家认为在罪福如幻的社会历史、人生尘世喧嚣之上，必然有一个永恒、超脱、纯净、无差别和无上快乐的佛国或理想国或彼岸世界存在。在这个理想国度，一切尽显完美、极致和超拔。佛家在《金光明经》所描述的"佛国净土"，就是那超拔一切、无差别和最平等，以及无上快乐的所在。

第七，从物质世界或社会财物观的角度来看，物质和财物是人类的附属品，而从天地人万物的空性根本上讲，不仅人类的心内无物，心外也当无物。至于那些暂存的物质或财物，都是镜花水月和虚假妄念执持，它们在众生之间流转，在历史长河中演变，留不住要不得，却又是人人生活所需，因此，要懂得看淡、舍弃和相互施受。佛家讲究"身施、口施、意施、财施、法施"，就是要大家把财物看虚轻淡，然后能"以施心被一切众生"。

佛家常以"三种境界"来揭示做人所经历的几个步骤：一是"看山是山，看水是水"。意为不打诳语，不说假话，看到什么就说是什么。二是

"看山不是山，看水不是水"。意为已经注意到"身心"二元关系的存在，尤其是凸显了意识或心里对身体感觉器官和外部世界的重要性乃至决定作用。前述的"真话"在"心里"面前，变得真假难辨了，甚至"真话"就当由"心里"来决定，即只要"心里"认定一个东西不真，那就"看山不是山，看水不是水"了。三是"看山还是山，看水还是水"。意为已经把"身心"的二元矛盾得到了彻底的解决，无论眼前的山水，还是心里的山水，都已经高度地融合了。眼前的山水就是心中的山水，心中的山水就是眼前的山水，正所谓"色即是空，空即是色"，眼前和心里，都在绝对的空或"如来"那里高度统一了。正如《金刚经》所云："若见诸相非相，即见如来。"

第五节　佛学与西方哲学范畴通释

佛学谈论的本体论范围，我把它称为佛学的第一概念范畴，佛学要谈论这些本体的第一概念，自然需要一些描述它们的概念，即从属于第一概念的较次级或第二概念，这些描述本体的第二概念，自然不能随便与本体匹配，它们和本体一起构成一些基本语句或命题。

本体的第一概念，描述本体概念的第二概念，统称为佛学常用的基本概念范畴。两者结合组合成语句和命题，佛家用这些语句构成佛偈、经典，启迪世人，觉悟自身，立身处世，与人打交道和参加社会活动。

佛学的这些基本概念范畴，从各个角度回答了人生和社会的各方面基本问题，这些基本问题，也是哲学家和哲学常关注的一般性问题。以下表格从一般性哲学问题角度，历述了佛学对人生和社会各方面问题的基本认识。

表 1　佛学与西方哲学范畴的映射对比

	唯名论	认识论	现象学	客体论	唯实论	因果律	伦理学	诗学
基本范畴	词汇不过表达形式名相而已	五官和大脑是认识产生基础	感觉材料是世界的第一材料	世界万物众生微尘都是客体	实在是构成世界的基本元素	历史、生活就是前因后果律	明辨善恶、罪福、忧怖的道德学说	隐喻方式帮助洞悉世界本质
主词（个体或类）	色，相，象，名	受、想、行、识；见闻；智，愚	声、香、味、触、法	世界，众生，微尘	地，水，火，风，身，境，心	过去现在未来；前世今生来世	善，恶，情，性，诽谤，罪福，魔，爱欲忧怖	所有，一切；佛，道，如来
描述词（性质或关系）	虚妄，非，无	无知，无为，般若，断见，愚著	住，著，远离，坚执持；本来	差别，希有，微妙；同类，一体	空，假借，生灭，病，清净，自性	因果报应；无常；轮回	兀兀不修善；腾腾不造恶；远色离爱去忧怖	梦幻泡影；露；电；日，月，大海无量

佛学基本范畴与西方哲学各角度或领域的唯名论、认识论等有着深度的思想互鉴和共同表述的基本内容，下面对此继续解释和阐明一下：

一是西人"唯名论"之"名"，实际乃各种词汇的别称，与佛学的各种"相"概念及符号对应；

二是"认识论"对应佛学的五官感觉及第六识所得，从知识层面看自然是真伪参半；

三是"现象学"所强调的第一感官材料，在佛学层次则归结为声、香、味、触、法等可感知层面的东西，因其变幻莫测，所以坚持即偏执；

四是从"客体"或"本原"角度看的构成世界的根本元素——微尘；

五是从"唯实论"或可证实的角度观察到的构成世界的主要对象，如地水火风等；

六是从世界运行规律角度归纳出的"因果律"，报应与轮回观念，解释了事物之间相互转化的基本规律；

七是从人性、社会学角度的"伦理学"观念，道德及善恶观念等，解释了人的喜怒哀乐忧怖等个体情绪的来源；

　　八是从语言表达与修辞角度看，隐喻方式揭示了中西哲学惯用的"诗学"表述传统。

第五章　儒家后继心学和理学

本章讨论儒家后继学者在孔孟之道基础上创立的两大哲学新体系：心学和理学。儒家哲学在宋元明时期得到了长足的发展和进步，重点在于儒家后继者创立了较以前更明晰的充分反映其"理论自觉"的心学和理学的理论体系。在过去儒家"孔孟之道"或"仁义之道"的光照下，心学和理学分别从人的"本心"和人们所遵循的"道理"两个层次挖掘了儒家"仁"或"善"的哲学赖以存在和延续的两个先天性因素，前者代表"天性"，后者代表"天理"，都是所谓的天命所归或上天所趋，从而在先天基础上确立了儒家哲学的关于"仁"或"善"的整体融贯和高度一致性的道德理论及其实践体系。

第一节　儒家后继新体系：心学和理学

对儒家而言，"仁"到底指的是一颗不忍人的同情之心，还是格人格物所致知而产生的仁的道理或善的行为规范。如果指的是前者，那就是仁心良心；如果指的是后者，那便是身体方面的仁伦和善行，即好的行为规范和身体实践。这种关于人的"心""身"的"二元"分别，便从根本上孕育和造成了儒学后继的陆王心学和程朱理学的分野。（如"图1"）

陆王心学指的是南宋陆九渊和明王守仁心学的代表性理论。陆九渊说，"盖心，一心也，理，一理也，至当归之，精义无二；此心此理，实不容有二"（《与曾宅之》），又言及"人心本善"（《语录上》），而为学只要

"发明本心"（《陆九渊年谱》），足见陆九渊"心即理""心本善"的理论主旨。[1]王阳明在《传习录·答陆原静书（二）》说："性无不善，故知无不良。""体即良知之体，用即良知之用，宁复有超然于体用之外者乎？"[2]在王阳明看来，心的本体就是性善、就是良知，因此，心与良知乃同一本体。心之用即良知之用，有良知之用才有诸物理和天下事理。体用之外，就再也没有别的事物和事情存在了。

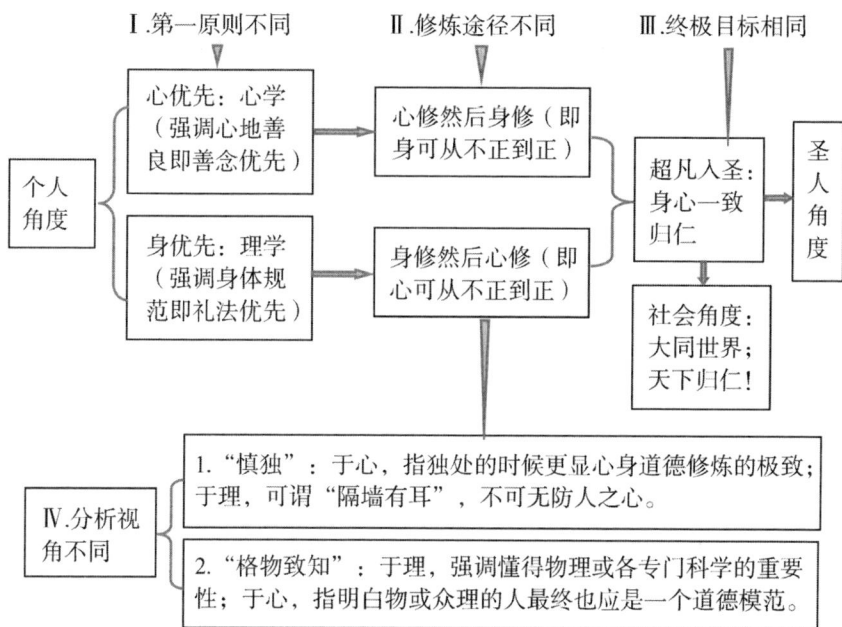

图1　儒家心学和理学的分野与合流

　　程朱理学指的是以宋儒二程（程颢、程颐）和朱熹为代表的理本学说。二程认为，"万物皆只有一个天理"（《遗书》卷二上），"有理而后有象、有象而后有数"（《粹言》卷一）。朱熹也说，"理也者，形而上之道

---

[1]参见张岱年主编，《中国哲学大辞典》，上海辞书出版社，2014年5月，173页。

[2]王阳明撰，于自力等注译，《传习录》，中州古籍出版社，2008年1月，216页。

也，生物之本也，气也者，形而下之器也，生物之具也"（《晦庵文集·答黄道夫》）。总之，在程朱学派看来，万物都以"理"为先，为根本。[1]《中庸·哀公问政》记载："仁者，人也，亲亲为大。义者，宜也，尊贤为大。亲亲之杀（差），尊贤之等，礼所生也。"[2]大仁大义的实现方式就在于亲亲、尊贤之礼，礼是仁的理论实践和证明方式，仁并不是一颗抽象的善心，而是具体可行的礼。程朱学派也强调"理者，礼之谓也"，这也就是说，礼即理，这就把理学与封建礼教统一了起来。

从这个意义上看，儒家后继程朱理学与西方实用主义哲学的信念"有用就是真理"是内在一致的。从《礼记·中庸》篇哲学思想出发，自然就过渡到朱熹注释的"礼即理也"。

《中庸·自诚明》云："自诚明，谓之性；自明诚，谓之教。诚则明矣，明则诚矣。"[3]诚意与明理之间，性善与礼教之间，相互通达，心与理相应，善心、良知、行为高度一致，自然就能将儒家"仁"的学说贯彻到底。

表1　儒家后继心学和理学的比较

新体系	出发点	决定论	与仁比较	核心理论	理论渊源	目的论
陆王心学	即心即身即事（摸不着的心理）	心决定一切	真的好心；真心（对自己而言）与好心（对别人而言）融合为一	万事万物离不开一颗真的好心（区别各种别有用心的借口和托辞）	里仁为美，仁则爱人（心外无物和无事）	仁心真心；（良）知行（动）合一的内圣外王的大圣人
程朱理学	即理即身即事（看得见的身理）	理决定一切	按规矩或道理或真理而来的礼法与仁术乃至好心	万事万物逃不过一个"理"字；道理和真理至上	礼（仁义礼智信）即理；按理恪守规矩	礼仪法度和道德善心合而为一的完人、神人或圣人

---

①参见张岱年主编，《中国哲学大辞典》，173页。

②孔子著，辜鸿铭译注，《论语 大学 中庸》，天津社会科学院出版社，2015年12月，263页。

③同上，274页。

第二节　儒家心学之思——王阳明《传习录》^①选读和集解

心学大师王阳明认为，"欲'修身'，便是要目非礼勿视，耳非礼勿听，口非礼勿言，四肢非礼勿动"。而要让身体遵礼守法，却不能在身体上"用得功夫"，而应在"正本心"上有所作为。所谓"心者身之主宰，目虽视而所以视者心也，耳虽听而所以听者心也，口与四肢虽言、动，而所以言、动者心也"。（382）这就是说，我们只要从始至终坚持从"心体"或"本心"这根"定海神针"（生活向下一插到底、理想向上一柱擎天）出发，那么就能身心一致做个"廓然大公，无有些子不正处"的尽善尽美的本人或完人或圣人。

我们之中的大部分人，常游离于善与恶的边界，其实就是不同程度地作恶了，当然，也可以大度地认为是在不同程度地作善（伪善），而离本心则相去甚远。（"图2"说明："+"代表融贯性，"-"代表拒斥性）

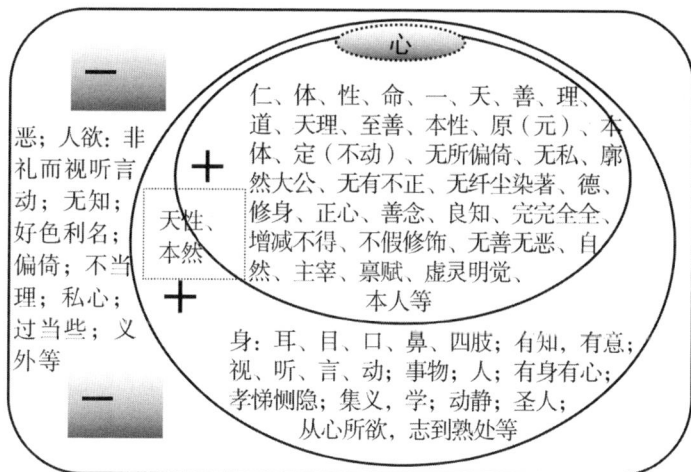

恶；人欲：非礼而视听言动；无知；好色利名；偏倚；不当理；私心；过当些；义外等

心

仁、体、性、命、一、天、善、理、道、天理、至善、本性、原（元）、本体、定（不动）、无所倚偏、无私、廓然大公、无有不正、无纤尘染著、德、修身、正心、善念、良知、完完全全、增减不得、不假修饰、无善无恶、自然、主宰、禀赋、虚灵明觉、本人等

天性、本然

身：耳、目、口、鼻、四肢；有知，有意；视、听、言、动；事物；人；有身有心；孝悌恻隐；集义、学；动静；圣人；从心所欲，志到熟处等

图 2　儒家心学关于善与恶的边界

①王阳明撰，于自力等注译，《传习录》，中州古籍出版社，2008年1月。本节未特别作脚注而仅标以页码者皆来自这一版本。

一、心或至善论

至善从本心而发，不能从身体、物质出发；立志就是长立善念；至善就是不动气！

心的本体就是至善，至善即道德的极致。至善在事物的心内，乃天理之极，于极致处无善无恶即不动于气而静笃。

1. 于事事物物上求至善，却是义外也。至善是心之本体，只是"明明德"到至精至一处便是，然也未尝离却事物。（25）

2. 至善只是此心纯乎天理之极便是，更于事物上怎生求？（28）

3. 善念存时，即是天理。此念即善，更思何善？此念非恶，更去何恶？此念如树之根芽。立志者长立此善念而已。"从心所欲不逾矩"，只是志到熟处。（83）

4. 无善无恶者理之静，有善有恶者气之动。不动于气即无善无恶，是谓至善。（117）

二、心性或心理学

儒家所有经书或大道理不过就是为善心拍"写真集"，写真传神咏物记事。

人心就是天理，当天理即为公心，不当理就是私心，万事万物都从人心这个天理出发。

5. 心即理也，天下又有心外之事、心外之理乎？（25）

6. 人心天理浑然，圣贤笔之书，如写真传神，不过示人以形状大略，使之因此而讨好其真耳。（56）

7. 心外无物。如吾心发一念孝亲，即孝亲便是物。（101）

8. 心即理也。无私心即是当理，未当理便是私心。（107）

三、天性或自然论

尽心就是尽天性、知自然，就是自知孝悌恻隐和自发良知。

心性就是天性，良知关乎自然。天性与生俱来、自然而然，尽人心就是尽天性。

9. 性是心之体，天是性之原，尽心即是尽性。（33）

10. 知是心之本体，心自然会知。见父自然知孝，见兄自然知弟，见孺子入井自然知恻隐。此便是良知，不假外求。若良知之发，更无私念障碍，即所谓"充其恻隐之心，而仁不可胜用（取之不尽，用之不竭）矣"。（34）

11. 圣人心体自然如此。（85）

12. 夫心之体，性也；性之原，天也。能尽其心，是能尽其性矣。《中庸》云："惟天下至诚为能尽其性。"（164）

四、道或本体论

道即心体，心体明则道明，明道就是复善念、回本心，本心回则性命完美如一。

心的本体就是道，四书五经都围绕心体即道明理，道就是天和一。去恶从善便是回复心的本体，就是向道归一。道的特征是完全、不增不减和素朴。

13. 盖四书、五经不过说这心体，这心体即所谓"道"，心体明即是道明，更无二。（66）

14. 心也，性也，天也，一也。（277）

15. 既去恶念，便是善念，便复心之本体矣。（319）

16. 道即性即命。本是完完全全，增减不得，不假修饰的。（147）

五、动静或运动论

心本如天理坚定、无私和干净，动静集义则是指适时地去人欲、定本心。

心的本体、天理以静待时而动。动则去人欲、识天理，不偏不倚，无纤尘染著，全体高光明镜透彻。

17. 定者，心之本体，天理也。动静，所遇之时也。（73）

18. 何者为天理？去得人欲，便识天理。天理何以谓之"中"？无所偏倚。无所偏倚是何等气象？如明镜然，全体莹彻，略无纤尘染著。偏倚是有所染著，如著在好色、好利、好名等项上，方见得偏倚。（97）

19. 心之本体，原自不动。心之本体即是性，性即是理。性元不动，理元不动。集义是复其心之本体。（101）

六、人欲或恶论

失了心体就是恶人，学习和向善就是以自正、先觉来克治人欲和过当行为。

人欲是恶人之心，遗失了心的本体，实际上只要在本体上过当了些就是恶了。学习和成长就是要学怎么去人欲、存天理，就是要在正觉、古训、思辨和克治等上面下足功夫。

20. 圣人述《六经》，只是要正人心，只是要存天理、去人欲。（45）

21. 恶人之心，失其本体。（67）

22. "学"是学去人欲、存天理。从事于去人欲、存天理，则自正诸先觉，考诸古训，自下许多问辨、思索、存省、克治功夫。（127）

23. 至善者，心之本体。本体上才过当些子，便是恶了。不是有一个善，却又有一个恶来相对也。（312）

七、知识或良知论

心灵就是良知、善性，心动就是善心感动或有意，善性和良知为人人所共有。

良知是道理的灵魂，由心主宰，秉性如一。心的特征是虚空和灵明觉，受感而动，有知即是有意，人心的本性没有不善良、大公无私和寂静不动的，人人皆同此心。

24. 知是理之灵处。就其主宰处说便谓之心，就其禀赋处说便谓之性。（135）

25. 心者，身之主也，而心之虚灵明觉，即所谓本然之良知也。其虚灵明觉之良知应感而动者，谓之意。有知而后有意，无知则无意矣。（174）

26. 性无不善，故知无不良。良知即是未发之中，即是廓然大公、寂然不动之本体，人人之所同具者也。（216）

八、身心关系论

有心就是有良心，有良心就是有耳、目、口、鼻和四肢等"好"身体，就能身心一致及"无有不正"地遵礼守法。

心身一体，修身即是正心，正心则非礼而耳、目、口、鼻或四肢等勿视、听、言和动。

27. 耳、目、口、鼻、四肢，身也，非心安能视、听、言、动？心欲视、听、言、动，无耳、目、口、鼻、四肢亦不能。故无心则无身，无身则无心。（290）

28. 《大学》之所谓"身"，即耳、目、口、鼻、四肢是也。欲"修身"，便是要目非礼勿视，耳非礼勿听，口非礼勿言，四肢非礼勿动。要修这个身，身上如何用得功夫？心者身之主宰，目虽视而所以视者心也，耳虽听而所以听者心也，口与四肢虽言、动，而所以言、动者心也。故欲"修身"，在于体当自家心体，常令廓然大公，无有些子不正处。主宰一正，则发窍于目自无非礼之视，发窍于耳自无非礼之听，发窍于口与四肢自无非礼之言、动，此便是"修身"在正其心。（382）

第三节　儒家理学之思——朱熹《四书章句集注》①速读

儒家朱子理学的根本要点在于：一是将抽象的心性和德性归结为人类和万事万物随处和随时存在的道理（"理"的具体和抽象所指）；二是归纳出了万事万物的道理（尤指天理）的两个根本特征：1. 始终、内外和上下的

①朱熹撰，《四书章句集注》，中华书局，2011年1月。本节未特别作脚注而仅标以页码者皆来自这一版本。

一贯性或融贯性（即前后的一致性和不矛盾性）；2. 先天性（即上天赋予性）。（如"图3"所示）拿王阳明的心学与朱子理学进行比较，根本不同点主要在于：王学以心先而心不能乱动（即心体和善心优先）；朱学以理先而身体不能乱动（即行为合理优先，心则似可异动）。根本相同点则在于：无论心先还是理先，都要求万事万物务必要将善知识一以贯之、尽善尽美。

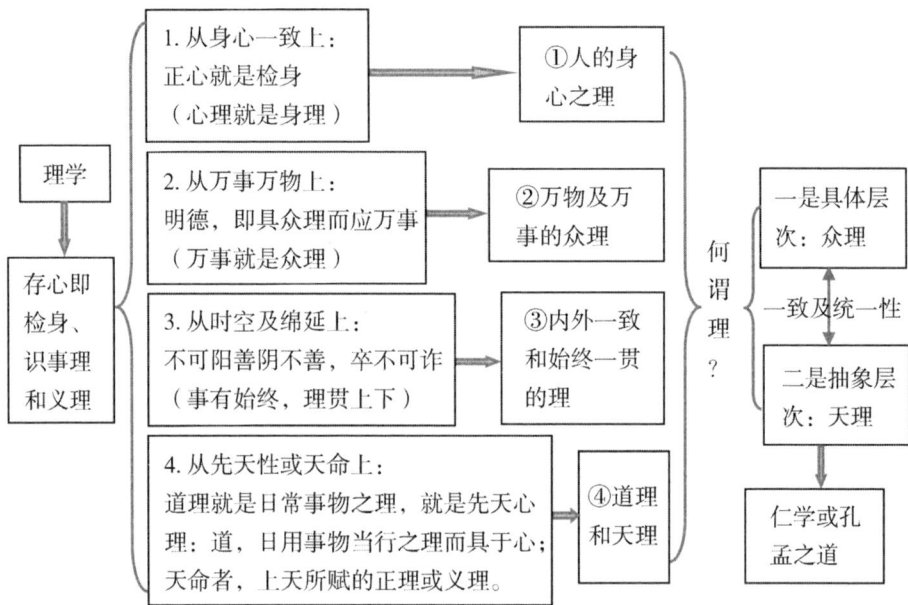

图 3　儒家关于"理"学的基本论断

一、理的所指：身体、万物和万事之理（包括天理）

理的所指大致可分为两个层次：一是从具体层面看，指的是人类、万物和万事的常理，这是万物各自存在和延续的一般性道理，有一定的普遍性和融贯性；二是从抽象层次看，指的是天地万物共同遵循的天理、善性，有绝对的普遍性、融贯性和强制性。

（一）正心就是身修之理：将心中的理归结为有形的身体和行动之理

1. 心有不存，则无以检其身，是以君子必察乎此而敬以直之，然后此心常存而身无不修也。此谓修身在正其心。（9）

此处揭示修身与正心的一致性关系：身体守的规矩比心严格，即身体的规范强于心里的规范；修身在于检身，检身在于正理，正理方可正心，因此，修身即为正心。

2. 君子宁亡己之财，而不忍伤民之力；故宁有盗臣，而不畜聚敛之臣。（13）

正确处理修身与财物的先后关系：财乃身外物，仁乃身内心，伤民之力乃是伤心，所以君子宁伤财而不伤身心；小人则以敛财为乐，所以聚敛之臣尤其小人。

3. 中者，不偏不倚、无过不及之名。庸，平常也。（19）

修身即行中庸之道：无过无不及之名即为中，此乃常理。

4. 若以人治人，则所以为人之道，各在当人之身，初无彼此之别。故君子之治人也，即以其人之道，还治其人之身。其人能改，即止于治。（25）

修身与治人同一的关系：治人即修人之身，其身不正，是以修之，改正才算完。

5. 民之于水火，所赖以生，不可一日无。其于仁也亦然。但水火外物，而仁在己。无水火，不过害人之身，而不仁则失其心。是仁有甚于水火，而尤不可以一日无也。况水火或有时而杀人，仁则未尝杀人，亦何惮而不为哉？（157）

水火之理与仁义之理的区别，以及仁义之道对正心和修身的重要性：水火等外物之理并非人的身心之理，人的身心之理在于仁义之道。

（二）明德就是明确众理应万事：将看不见的德性归结为随处可见的做人、万物和万事的众理

1. 明德者，人之所得乎天，而虚灵不昧，以具众理而应万事者也。（4）

人的德性与天地万物道理的一致性关系：人的德性与人应具备的万物万事的众理是一致的，明理的人才能真正明德。

2. 至善，则事理当然之极也。（4）

至善与至理的一致关系：尽善就是尽当然的事理，真理和道德是一

致的。

3. 物格者，物理之极处无不到也。知至者，吾心之所知无不尽也。知既尽，则意可得而实矣；意既实，则心可得而正矣。修身以上，明明德之事也，齐家以下，新民之事也。（5）

名理与实事的符合论、极致性真理论：正心修身的人事、齐家治国平天下的民事，都是名与实、理与实相符的正理和社会实践的高度统一。

4. 辞，取达意而止，不以富丽为工。（158）

日常语言的使用之理：言辞达意即可，不可花言巧语骗人。

5. 仁主于爱，而爱莫切于事亲；义主于敬，而敬莫先于从兄。故仁义之道，其用甚广，而其实不越于事亲从兄之间。盖良心之发，最为切近而精实者。（268）

仁义之道适用广泛，就切近和精实而言，则不过事亲从兄之理：仁义之道为人的身心所把握，那么就能切近事亲从兄；切远天下太平。

二、理的特征：融贯性、普遍性和先天性

天理或善性最具一般性、融贯性和先天强制性，为天赋公理，万物都应遵循；而人类和事物各自之理则各有所限，但在一定范围内也是既普遍又融贯。

（一）理的根本特性之一：理是始终、内外和上下融贯的，在时空和绵延上是始终一贯的

1. 小人阴为不善，而阳欲掩之……然欲掩其恶而卒不可掩，欲诈为善而卒不可诈，则亦何益之有哉！此君子所以重以为戒，而必慎其独也。（8）

善性或天理的内外和始卒一致性：人身心的内外和始终应该如一，所以无论何时何地都要为善或求仁，善无内外、始卒的分别，即为至善或公理。

2. 上好仁以爱其下，则下好义以忠其上；所以事必有终，而府库之财无悖出之患也。（13）

善性的上下及始终的一致性：上下级之间、事情的始末，都应遵循仁义

之道。

3. 庶而不富，则民生不遂，故制田里、薄赋敛以富之。……富而不教，则近于禽兽。故必立学校、明礼义以教之。（135）

民与官之理的贫富关系论和一致性：由贫致富，礼教树人，应先解决民生和共富问题，再解决礼义教化问题。

4. 上不知礼，则无以教民；下不知学，则易与为乱。（258）

礼教和学理的上下一致性：礼教和知学应该并重。

5. 明足以灼理，故不惑；理足以胜私，故不忧；气足以配道义，故不惧。此学之序也。（110）

学习的进程就是将明理一以贯之：明理则首先不惑，然后不忧和最后不惧。

（二）理的根本特征之二：天赋之理，即先天性赋予的万事万物的常理

1.道者，日用事物当行之理，皆性之德而具于心，无物不有，无时不然，所以不可须臾离也。（20）

理的普遍性：道理就是事物的本性或德性，是无心不具、无物不有之理。

2. 性者，人所受之天理；天道者，天理自然之本体，其实一理也。（77）

理的先天性：人性、天理和天道都是先天赋予人类的同样的道理。

3. 天命者，天所赋之正理也。……不知天命，故不识义理，而无所忌惮如此。（161）

正义之理的天赋性：正理的天命和先天赋予性。

4. 仁义根于人心之固有，天理之公也。利心生于物我之相形，人欲之私也。循天理，则不求利而自无不利；殉人欲，则求利未得而害己随之。所谓毫厘之差，千里之缪。（188）

仁义之道的先天性、固有性和强制性：天理与私欲的本质区别在于是否

仁义之道，是否趋自无不利而避求利害己。

5. 性者，人之所禀于天以生之理也，浑然至善，未尝有恶。人与尧、舜初无少异，但众人汩于私欲而失之，尧、舜则无私欲之蔽，而能充其性尔。……时人不知性之本善，而以圣贤为不可企及。（234）

善性与私欲的对立性：性善、人生与天生之理是一致和统一的；而私欲是其对立面。

第六章　中华文化的儒道佛精神

本章讨论儒道佛哲学对中华传统文化诸多领域的精神渗透和干预问题。中华优秀文化源远流长、博大精深，而儒道佛哲学精神融汇其中，成为中华民族祖先最为深沉的思想探索和刻骨铭心的"精气神"。所谓《大学》之道，给"高等"教育启示的正是"超凡入圣之路"；中国知识分子的精神人格，既出世（心），又入世（身），最后再成长为"大宗师"或圣人。我们知道，"中国是诗的国度"，如《诗经》、唐诗宋词等是永恒不灭的"东方明珠"，这些"东方明珠"无不闪耀着儒道佛哲学的精华，从而使中华儿女既得以插上诗意的想象翅膀，又拥有着无穷无尽的精神宝藏。

第一节　《大学》之道：超凡入圣之路

儒家经典之一的《大学》所说，乃高等教育的大学生的成才之路，也是一般学者的超凡入圣之道。《大学·经一章》云："大学之道，在明明德，在亲民，在止于至善。"

又云："古之欲明明德于天下者，先治其国；欲治其国者，先齐其家；欲齐其家者，先修其身；欲修其身者，先正其心；欲正其心者，先诚其意；欲诚其意者，先致其知；致知在格物。物格而后知至，知至而后意诚，意诚而后心正，心正而后身修，身修而后家齐，家齐而后国治，国治而后天下平。自天子以至于庶人，壹是皆以修身为本。"①

"明明德"，即明智慧，讲道德。"明明德于天下"，也就是向天下人表明自己的智慧和品德。什么人才有向天下人表明自己的智慧和品德的需要呢？一是教师，教书育人，桃李满天下；二是公务员，国家社会治理者，一举一动牵动天下人的心理、利益和趋向。

为了明明德于天下，于是格物致知，诚意正心修身，齐家治国，这是他们落实到自身的行动了。冯友兰援引王阳明评价"朱子所谓格物云者，在即物而穷其理也，即物穷理，是就事事物物上求其所谓定理者也"，② 通过分析万事万物的道理和规律得到真理性的知识，叫作格物致知；通过诚实地面对自己的真实意图，了解自己的真正心理，扬弃、矫正和培养自己正直和中庸的人格，叫作诚意正心，所谓"吾心之良知，即所谓天理也"③；然后一言一行一举一动，有理有据有节制有仁心公德正义，是为修身；善于处理家庭内部关系，使各方利益得到平衡，正所谓家和万事兴，这是齐家；如果还担有治理一地一省乃至一国的重任，施仁政于万民，使百姓各乐其业，各有所养和善终，那就是治国了。由此可见，一个人的一生，首先负有掌握物理和事理知识的重任，这是最起码的做人的起点：格物致知。然后负有认识和矫正自己的心理、品德和言行的责任，使自己心灵健康，言行举止合乎道理、道德，所谓诚意正心修身。最后负有使家人和睦，社会和谐的齐家治国的能力和水平。如此，教养自己也教化别人，才可以真正地不负众望，天下归心。

大学，是一个学习物理知识和学做人的地方，是一个学习修身、齐家

---

①孔子著，辜鸿铭译注，徐昌强、欧阳瑾译，《论语 大学 中庸》，天津社会科学院出版社，2015年12月，227页。

②冯友兰著，《中国哲学史（上、下卷）》，古吴轩出版社，2021年1月，326页。

③同上，326页。

和治国理论及实践的平台，好好利用这样的学习和实践的机会，就能掌握真理、人道（明明德），能够对老百姓有真正作用（亲民），从而塑造自己完美的人格和成就大宗师、大圣人的梦想（至善）。

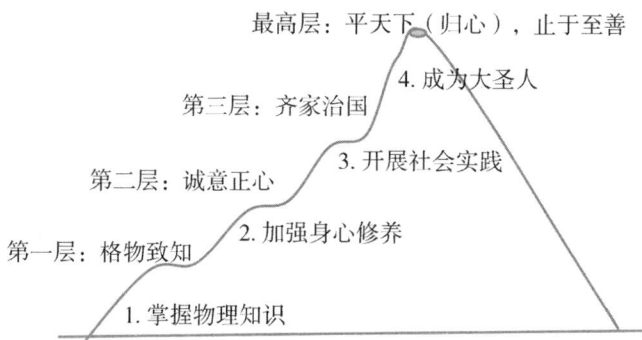

图1　"大学"思想人格的完善路径

第二节　以出世之心，做入世之人

冯友兰曾从哲学"用世"视角将中国哲学划分为两个大类，即"'出世'的哲学"和"'入世'的哲学"。①入世安天下，出世安身心，自己天下俱安，为人处世也就没什么麻烦了。

"出世"的哲学，譬如佛家释迦牟尼认为的"人生就是苦难的根源"，柏拉图的"身体是灵魂的监狱"，以及道家的"生命是个赘疣，是个瘤，死亡是除掉那个瘤"等。冯友兰说："所有这些看法都主张人应该从被物质败坏了的世界中解脱出来，一个圣人要想取得最高的成就，必须抛弃社会，甚至抛弃生命，唯有这样，才能得到最后的解脱。"

"入世"的哲学，则"强调社会中的人际关系和人事"。冯友兰指出：

①参见冯友兰著，赵复兰译，《中国哲学简史》，天津社会科学院出版社，2007年10月，7—8页。

"这种哲学只谈道德价值，因此对于超越道德的价值觉得无从谈起，也不愿去探讨。"诸如《孟子·离娄章句上》孟子所说的"圣人，人伦之至也"（圣人是道德完美之人），《论语》中"子路问孔子'敢问死？'孔子回答说'未知生，焉知死'"等，而"生"指懂得入世做人。

《孟子·尽心上》曰："穷不失义，故士得己焉；达不离道，故民不失望焉。古之人，得志，泽加于民；不得志，修身见于世。穷则独善其身，达则兼济天下。"①而要"善其身"，则"道""佛"都可以用来正心修身，可谓"穷不失义"，知识分子"不得志"时对人对己的"大义"，不外乎"出世后的强大心神"；至于"济天下"，则进可"拜相封侯，位极人臣"，"先天下之忧而忧，后天下之乐而乐"，可谓"入世中的治国平天下"。

由此可见，中国知识分子的文化或精神人格，简言之，就是：以出世之心，做入世之人！这恰恰统一了中华优秀文化对哲学"用世"的两种不同态度，或者毋宁说这两种态度虽表面上看是相反的，但是其内在和实质则正相互一致。

冯友兰认为中国哲学是"既入世，又出世"的哲学，"中国哲学讨论的问题就是内圣外王之道；这里的'道'是指道路，或基本原理"。"内圣外王"的圣人，自然也如柏拉图所说最适合成为"理想国"的国王，但是对于他抵达的"永恒理念世界"而言，他却又不应做这样的"自我牺牲"。当然，这只是中西文化和哲学巅峰对"圣人"的定义，至于普通的知识分子则正可融而贯之，既（心）"出世"，又（身）"入世"。

具体来说，入世就是进入社会，出世就是隐逸生活。从两种不同的对待社会或生活的心态、主张和事实来看，入世者常常积极地加入社会生活和勇于实践，出世者则常常对社会和他人抱有回避和逃避的态度及行为。实际上，社会是很难逃避的，我们的吃穿住用行都离不开他人和社会的供给；而

①孟子等著，《四书五经》，中华书局，2009年1月，111页。

且，社会和他人又不会无限制地或如你所愿地满足你的所有需求，因此每一个人都难免抱有对现实无所谓或释然的心态。就此而言，人人既不得不入世地现实地生活着，又不得不出世地进行自我调节和安慰。

当然，入世有入世的现实标准和作为，出世也有出世的思想追求和境界，儒家、道家、佛家三家圣人或大宗师，自然也都是些把入世和出世都"玩转"的非常成功之人。

表1　儒道佛哲学出世与入世思想比较

	境界与修为		儒家	道家	佛家
出世（心）	做人做事的最高标准	超凡入圣	知行合一的真"仁"：1. 心性；2. 道理；3. 行为	1. 无己（忘我）；2. 无功（不居功）；3. 无名（不留名）	佛；如来（本来）：清净心
入世（人）	做人做事的最佳行为实践	修身齐家治国安天下	1. 格物致知（悟物理事理）；2. 成人之美，不成人之恶（知人伦关系，推己及人、己欲立而立人）	1. 无不为而无为（为而不争，我自然）；2. 有知而无知（无知之知）	1.四大皆空（世界镜花水月）；2.见诸相非相（意识无坚执持）；3.去心垢染，行即清净

第三节　《诗经》中的赤心与"真仁"

《诗经》是中国的第一部诗歌总集，相传为孔子编订，西汉时又被尊为儒家经典。儒家的核心思想在于真"仁"，《诗经》中的作品，大都写出了古代人们的赤子之心，子曰："诗三百，一言以蔽之，曰'思无邪'。"[1]在孔子看来，《诗经》作品都是"思无邪"，因此也自然不违反儒家所倡导的仁德、良知或善理。反之，在"真情"与"良心"面前表现虚情假意、玩弄机巧手段，却委实等同于丑恶与无耻至极，从而与儒家"真仁"相悖。

---

[1]孟子等著，《四书五经》，中华书局，2009年1月，7页。

真仁之一　不求回报的真朋友：《卫风·木瓜》

投我以木瓜，报之以琼琚。

匪报也，永以为好也！

投我以木桃，报之以琼瑶。

匪报也，永以为好也！

投我以木李，报之以琼玖。

匪报也，永以为好也！

朋友交好，最忌假仁假义和相互利用，即便有礼物往来，也只是单纯表达对对方的心意而已，而不是为了求取回报。这是古代诗人对"真朋友"的定义，从反实用主义角度看，只有对彼此"真正无用"的朋友，才是真心实意的好朋友。

真仁之二　不事技巧的真爱情：《郑风·狡童》

彼狡童兮，不与我言兮。

维子之故，使我不能餐兮。

彼狡童兮，不与我食兮。

维子之故，使我不能息兮。

男女之情，重在交心坦诚，不可欺骗和玩弄对方，此诗中"狡童"对"我"，先前应该是机关算尽，如花言巧语、同餐约会等，如今一反常态，彰显"始乱终弃"真面目。

真爱也许可以被辜负，但是终究不可以被玩弄或戏耍，切记不要玩弄一个人内心深处的东西（比如真情、隐私、自卑等）。

真仁之三　两情相悦的真美好：《召南·野有死麕》

野有死麕，白茅包之。

有女怀春，吉士诱之。

林有朴樕，野有死鹿。

白茅纯束，有女如玉。

"舒而脱脱兮，

无感我帨兮，

无使尨也吠。"

男女之爱，贵在郎才女貌、两情相悦，这样对彼此便都是真的美好和享受。

细品此诗，其表面情景貌似与封建礼法有违：这对帅哥美女，为何要如此这般偷偷摸摸相会？而深究起来，却恰恰代表着青年男女热恋中的真性情，纵使有百般束缚在双方身心，怎抵得住这干柴烈火烧出来的荡漾春心与情欲！

真仁之四　两情相悦也要考虑家人和人伦：《郑风·将仲子》

将仲子兮，无逾我里，无折我树杞。

岂敢爱之？畏我父母。

仲可怀也，父母之言亦可畏也。

将仲子兮，无逾我墙，无折我树桑。

岂敢爱之？畏我诸兄。

仲可怀也，诸兄之言亦可畏也。

将仲子兮，无逾我园，无折我树檀。

岂敢爱之？畏人之多言。

仲可怀也，人之多言亦可畏也。

男女两情相悦，也要考虑周围人的议论和看法，要征询父母兄弟的意见，取得他们的支持，遵礼合法交往，这样双方才能真的幸福美满。而这对于一个在封建社会中与男子地位不均等且弱势群体的女子来说，则尤其如此啊！

真仁之五　真爱必然相思成瘾，要善待爱人：《王风·采葛》

彼采葛兮，

一日不见，

如三月兮！

彼采萧兮，

一日不见，

如三秋兮！

彼采艾兮，

一日不见，

如三岁兮！

相爱相思真美好，善待爱人是真仁。

真仁之六　爱而不得而永怀和永伤，切记不可玩弄感情：《周南·卷耳》

采采卷耳（植物名），

不盈顷筐（斜口的箩筐）。

嗟我怀人，

寘（zhì，置）彼周行（háng，大道）。

陟（zhì）彼崔嵬（wéi，山高不平），

我马虺隤（huī tuí，疲极而病）。

我姑酌彼金罍（léi，青铜做的盛酒器），

维以不永怀。

陟彼高冈，

我马玄黄（病久而出现黄斑）。

我姑酌彼兕觥（sì gōng，野牛角制的盛酒器），

维以不永伤。

陟彼砠（jū，山中险阻之地）矣，

我马瘏（tú，疲病不能前行）矣，

我仆痡（pū，过劳不能走路）矣，

云何（奈之何）吁矣。

《周南·卷耳》常被解读为两个截然不同的场景：第一段是思妇怀夫，后三段是思夫怀妇。因此解极为普遍，便不再赘叙，有兴趣的读者可自行释义。

本文按时间和事件的因果逻辑，提供另一个亦极为融贯而全新的解释：

从本诗的第一段来看，诗歌中的男女主角应该是"青梅竹马"，他们在采"卷耳"的时候相识、恋爱，甚至彼此私定终身，其中"采采卷耳，不盈顷筐"的心不在焉，"嗟我怀人，寘彼周行"的翘首期待对方的真情怀远等场景可谓依稀可见。

诗歌的第二、三段笔锋急转直下，不知是否经年情变或其他什么缘由，当年的男主角如今已是疲惫不堪、失意落魄，借酒浇愁、愁肠百结，而最为思念的"心上人"也变成了伤害自己最深和最永的那一个人，"维以不永怀""维以不永伤"。

诗歌第四段作结，依旧是崎岖不平的山路，依旧是爬坡登高，我、马和老仆三人却都已疲病交加，再也无法继续赶路，委婉地传达了男主人公极度

绝望和无可奈何的悲情。

"维以不永怀""维以不永伤"，这是多么可怕的"深情总被多情（或无情）伤"的情感体验：永远怀念和铭记的那一个人，也是永远伤害自己最深的那一个人。

真爱一个人而不得，怎么能够不永远怀念、不永远被伤害呢？也难怪诗中男主角"借酒浇愁愁更愁"啊！仁而爱人，切记不可玩弄别人的真感情，要懂得尊重和善待他人！

真仁之七　做人绝对不能太无耻：《鄘风·相鼠》

相鼠有皮，人而无仪！

人而无仪，不死何为？

相鼠有齿，人而无止！

人而无止，不死何俟？

相鼠有体，人而无礼！

人而无礼，胡不遄死？

不要脸的渣男坏女人遍地都是，他们当然都是虚伪无耻之徒，实在该死至极！

真仁之八　人生失意才是真绝望：《小雅·采薇》

昔我往矣，

杨柳依依。

今我来思，

雨雪霏霏。

行道迟迟，

载渴载饥。

我心伤悲，

莫知我哀。

人生失意莫过于无脸回家面见"江东父老"，在于上了年纪仍颠沛流离、居无定所、食不果腹。一个好的政府和良性世界，就应该满足老百姓的这些基本需求。

真仁之九 旺夫教子宜家才是好女人：《周南·桃夭》

桃之夭夭，灼灼其华。

之子于归，宜其室家。

桃之夭夭，有蕡其实。

之子于归，宜其家室。

桃之夭夭，其叶蓁蓁。

之子于归，宜其家人。

在古人看来，女子出嫁是人生大事，自然对其寄予无限厚望。对夫家而言，女子一旦嫁入，就成了自家人，自然所思所想、所作所为就应该是相夫、教子和顾家。这才是一个好女人、好妻子的标准。

真仁之十 统治者不要做一味剥削的大老鼠：《魏风·硕鼠》

硕鼠硕鼠，无食我黍！

三岁贯女，莫我肯顾。

逝将去女，适彼乐土。

乐土乐土，爱得我所。

硕鼠硕鼠，无食我麦！

三岁贯女，莫我肯德。

逝将去女，适彼乐国。

乐国乐国，爱得我直？

硕鼠硕鼠，无食我苗！

三岁贯女，莫我肯劳。

逝将去女，适彼乐郊。

乐郊乐郊，谁之永号？

人民当家作主对老百姓而言是真仁，对统治者而言也是真仁。老百姓纳税养活政府公务人员，本来天经地义，但是统治者不劳而获，一味剥削，不施仁政，不体民情，将老百姓逼得无家可归、无路可走，最后自然也把自己赶上了灭亡之道。

第四节　中国诗歌的哲学精神

中国哲学尤其儒道佛哲学代表着中华传统文化的灵魂和核心，是中国艺术、文学和诗歌的内涵与精神。儒家哲学的基本范畴，是仁心德行的做人基础，修身齐家治国的社会实践以及天下归心而趋太平的最终目标。道家哲学的基本范畴，是天地人万物的自然之道，遵道而行的几近于道以及绝对完美的终极大道。佛家哲学的基本范畴，是心灵的虚空，诸相、万物和世界的虚空，以及自由自在、清净静默的如来境界。

简而言之，儒家范畴即人、社会和天下归心；道家范畴即自然、遵道而行和绝对真理；佛家范畴即心灵、众相及世界的虚空、自由自在的清净心和成如来佛。由儒道佛的这些基本范畴和精神来看，中国诗歌的精神和核心，正在于儒道佛哲学融会贯通的灵魂之中。

一、陶渊明的诗：法自然、归自在的道家精神

道家坚持"法自然"，以"自然"为参照对象，现实就是"尘网"和"樊笼"，人们进入现实中就是"羁鸟""池鱼"，迎合现实行事就是"适俗韵"、处理"尘杂"，脱离社会现实、走向山野田园、追求闲适生活和身

心自由自在，就是"爱丘山""守拙""返自然"。

（一）《归园田居·其一》

少无适俗韵，性本爱丘山。

误落尘网中，一去三十年。

羁鸟恋旧林，池鱼思故渊。

开荒南野际，守拙归园田。

方宅十余亩，草屋八九间。

榆柳荫后檐，桃李罗堂前。

暧暧远人村，依依墟里烟。

狗吠深巷中，鸡鸣桑树颠。

户庭无尘杂，虚室有余闲。

久在樊笼里，复得返自然。

佛家辟地守拙、守本性清净心；道家爱自然，追求闲适自在；儒家陷落尘网樊笼打滚，实为现实生计使然，难免作茧自缚。

表 2　《归园田居》的儒道佛哲学视角

儒家	道家	佛家
池鱼，羁鸟	性本爱丘山	远人村
尘网，樊笼	守拙归园田	无尘杂
适俗韵，一去三十年	复得返自然	虚室

表面上看，儒道佛三家思想各有侧重，对人生和生活的理解各有千秋：

（1）儒家读书人明知世间艰难困苦，但为民请命，不得已而与世俗周旋、抗争；

（2）道家本性淳朴、良善，不愿与世俗同流及至合污，而甘愿与山丘、园田等自然为伴，在自食其力、山水闲适之间徜徉和流连；

（3）佛家视世俗为羁绊、牢笼和红尘，远离世俗生活而开辟净土，终得清净与虚空。

实际上，三家都洞悉了社会现实和物质生活的不幸和艰辛，进则为生活奔波，忧黎民生计而请命，退则与大自然为伍甚至更遥远地进到净土彼岸；而精神境界则可能并无高下，尤其在诸圣贤处而皆已登峰造极。（如"图2"所示）

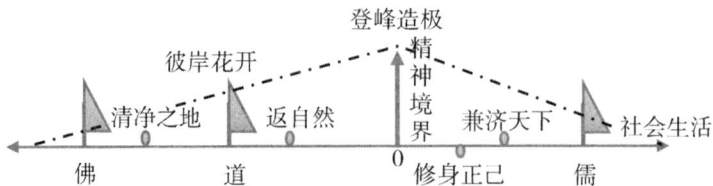

图 2　儒道佛哲学关于生活与精神的规划图

（二）《归园田居·其三》

种豆南山下，草盛豆苗稀。

晨兴理荒秽，带月荷锄归。

道狭草木长，夕露沾我衣。

衣沾不足惜，但使愿无违。

佛家心相一体，心愿即行实；道家回归自然田园，日出而作、日落而息；儒家荒秽难除，世道狭窄湿衣，难免堕入与现实同流合污之境地，遭无妄或莫须有之人祸。

陶渊明种豆南山下，早出晚归，勤劳耕耘，深知农家生活的艰辛，但是比起倾轧的官场和黑暗的世道，其归隐田园的心愿与意志自然更加坚定，"衣沾不足惜，但使愿无违"。在陶氏的眼中，官场、社会就是一个违背自然之道的罪恶巢穴。

二、王维的诗：佛、道会通的闲适和寂空世界

道家追求返璞归真、回归大自然，实质所爱乃是远离世俗的闲适生活，与自然同住、身心归寂，抵达山空（夜静春山空；空翠）、心空（人闲；洞户寂无人）、自知（胜事空自知；深林人不知，明月来相照）和万事任自然

（随意春芳歇；偶然值林叟，谈笑无还期）的空虚和自然境界。

（一）《终南别业》

中岁颇好道，晚家南山陲。

兴来每独往，胜事空自知。

行到水穷处，坐看云起时。

偶然值林叟，谈笑无还期。

道家亲近自然，与山林为伴；佛家胜事一空，以虚心看云卷云舒；儒家孜孜以求，直至山穷水尽。

（二）《山居秋暝》

空山新雨后，天气晚来秋。

明月松间照，清泉石上流。

竹喧归浣女，莲动下渔舟。

随意春芳歇，王孙自可留。

新雨、晚秋，明月松涛、清泉映石，自然胜景何其妙哉，人的五官觉察及界域，足显道家风采也！儒者，关系社会民生之事，其间王侯将相蝇营狗苟于官场社会，浣女、渔民为生计辛苦奔波。佛家有云，所谓人事、天道，都逃不过一个随意、机缘和偶然。

（三）《鸟鸣涧》

人闲桂花落，夜静春山空。

月出惊山鸟，时鸣春涧中。

佛家清幽而境空；道家人闲而自然；儒家辗转求存，为民生计，难免心惊胆战行惧。

（四）《画》

远看山有色，近听水无声。

春去花还在，人来鸟不惊。

佛家有色而无色，无声而有声，这是有无之道、空相之理；道家春去花在，自然轮转，生生不息；儒家索群而居，人际来往，相成社会。

（五）《鹿柴》

空山不见人，但闻人语响。

返景入深林，复照青苔上。

佛家空亦不空，是以空山人语；道家回光返照，自然生息；儒家众声喧哗，施仁天下。

（六）《竹里馆》

独坐幽篁里，弹琴复长啸。

深林人不知，明月来相照。

佛家独坐以净心；道家清幽返自然；儒家弹琴复长啸，为社会人生苍茫岁月而歌。

（七）《辛夷坞》

木末芙蓉花，山中发红萼。

涧户寂无人，纷纷开且落。

佛家寂寂无人事；道家山中任荣枯；儒家木末人出头，为生民奔波请命。

（八）《山中》

荆溪白石出，天寒红叶稀。

山路元无雨，空翠湿人衣。

佛家无雨而有湿，有绿而空翠；道家山水溪石相激，树叶红稀转换，这些都是自然之理；儒家常在社会、人际中辗转，岂能独善其身和清者自清，是以空翠遭湿身。

表 3　王维诗歌的儒道佛哲学视角

范畴 题名	儒 人与社会生活	道 自然风光与隐逸情怀	佛 空灵、清净和随缘境界
终南别业	中岁，行到水穷处	家南山，兴来独往	好道，空自知，偶然

续表

范畴 题名	儒 人与社会生活	道 自然风光与隐逸情怀	佛 空灵、清净和随缘境界
山居秋暝	竹喧归浣女，莲动下渔舟，王孙	天气晚来秋，明月松间照，清泉石上流	空山，随意春芳歇
鸟鸣涧	惊山鸟，时鸣	人闲，月出	桂花落，夜静春山空
画	山有色，人来	春去花还在	画，水无声，鸟不惊
鹿柴	人语响	不见人，深林，青苔	空山，返景，复照
竹里馆	弹琴，长啸	幽篁里，明月来相照	独坐，深林人不知
辛夷坞	木末芙蓉花	山中发红萼	涧户寂无人，纷纷开且落
山中	天寒，湿人衣	荆溪白石出，山路	红叶稀，元无雨，空翠

三、苏轼的诗词：人生如梦、得道飞仙的豁达生活

江山如画，豪杰亦如画如歌，三国时期公瑾少年及其"英发"事，俱在"遥想"和如烟往事里，人生真是如梦如醉啊。这正如佛家所云"一切有为法，皆梦幻泡影，如露亦如电"。洞悉了"人生如梦"这般道理，外加"天然去雕饰"的自然之理，所谓的"西湖"和"西子"，都当"淡妆浓抹总相宜"了，至于庐山怎么"横看成岭侧成峰"，就都不需要仔细计较了，世人也都是仅"缘""在此山中"而已。

苏轼在《水调歌头·明月几时有》中，既谈到了"人有悲欢离合，月有阴晴圆缺"，再又说到"把酒问""天上宫阙"，"又恐琼楼玉宇，高处不胜寒"。

在苏轼看来，社会人事和自然天道的更迭与兴衰变化，说明了人与天运行中的生息相通和同理关系。另外，苏轼本人之才华横溢，逸思遄飞，也使其宛如仙人般，翱翔于天宫玉楼，其天才想象和非凡心境高处横生，仙气逼人而又自然清新。

（一）《念奴娇·赤壁怀古》

大江东去，浪淘尽，千古风流人物。故垒西边，人道是，三国周郎赤壁。乱石穿空，惊涛拍岸，卷起千堆雪。江山如画，一时多少豪杰。

遥想公瑾当年，小乔初嫁了，雄姿英发。羽扇纶巾，谈笑间，樯橹灰飞烟灭。故国神游，多情应笑我，早生华发。人生如梦，一樽还酹江月。

道家大江东去，惊涛拍岸，自然江山如画；佛家人生如梦，多情应笑我，神游故国；儒家江山如此多娇，公瑾雄姿英发，豪杰依次出场，英雄人物千古流传。

（二）《题西林壁》

横看成岭侧成峰，远近高低各不同。

不识庐山真面目，只缘身在此山中。

道家强调身在山中，一切随性、本来和任自然；佛家强调识破庐山真面目，不同亦是大同；儒家强调万物人生各异，成岭成峰远近高低不同。

（三）《饮湖上初晴后雨二首·其二》

水光潋滟晴方好，山色空蒙雨亦奇。

欲把西湖比西子，淡妆浓抹总相宜。

道家任自然，自然淡妆浓抹总相宜；佛家山色空蒙，一切随缘任性；儒家晴好雨奇，正是人间好风景，恰到男儿建功时。

（四）《水调歌头·明月几时有》

明月几时有？把酒问青天。不知天上宫阙，今夕是何年。我欲乘风归去，又恐琼楼玉宇，高处不胜寒。

起舞弄清影，何似在人间。转朱阁，低绮户，照无眠。不应有恨，何事长向别时圆？人有悲欢离合，月有阴晴圆缺，此事古难全。但愿人长久，千里共婵娟。

道家飘逸成仙，人天一体同乐；佛家高处不胜寒，世间福祸无常；儒家强调人伦悲欢离合，要把长情留人间。

四、李白的诗：有用即天才的逸仙境界

在李白看来，"天生我材必有用"，有用之人，俱来源于天造地设，所以，俱可称"天材"。明白了这个道理，人人只需尽好人事、做好自己分内事，反正终究都是有用武之地的。人生得失尚且能想得通、看得透彻，金钱财物往来、得失就更在情理之中了，所谓"千金散尽还复来"。这不正是自然而来去的道理。

以上所说正是知识分子积极、乐观的人生和财物观。至于老百姓的用途，则更为巨大了，"万人凿盘石，无由达江浒"，人民群众是历史的创造者，改天换地，而大创造也蕴含了大悲苦。谁能让老百姓过上好日子，劳有所获，笑逐颜开，谁就是真正的大仁大义。

当然，有用还得尽欢、还得喝酒，命运得失、钱财转换是自然之理，利用自己的劳动所得换取别人的劳动创造，也是天经地义和顺应自然之理。

（一）《将进酒·君不见》

君不见，黄河之水天上来，奔流到海不复回。

君不见，高堂明镜悲白发，朝如青丝暮成雪。

人生得意须尽欢，莫使金樽空对月。

天生我材必有用，千金散尽还复来。

烹羊宰牛且为乐，会须一饮三百杯。

岑夫子，丹丘生，将进酒，杯莫停。

与君歌一曲，请君为我倾耳听。

钟鼓馔玉不足贵，但愿长醉不复醒。

古来圣贤皆寂寞，惟有饮者留其名。

陈王昔时宴平乐，斗酒十千恣欢谑。

主人何为言少钱，径须沽取对君酌。

五花马，千金裘，呼儿将出换美酒，与尔同销万古愁。

佛家朝青丝暮白雪，人生无常；道家的五花马、千金裘的得失常理，千金散尽又自复来的自然坦荡；儒家天生我材必有用的自信用世，得意尽欢，愁来酒销，长醉不醒。

（二）《丁都护歌》

云阳上征去，两岸饶商贾。

吴牛喘月时，拖船一何苦。

水浊不可饮，壶浆半成土。

一唱都护歌，心摧泪如雨。

万人凿盘石，无由达江浒。

君看石芒砀，掩泪悲千古。

佛家大慈大悲；道家无为轻役，珍惜民力；儒家商贾云集，万人齐作。

（三）《早发白帝城》

朝辞白帝彩云间，千里江陵一日还。

两岸猿声啼不住，轻舟已过万重山。

佛家以轻御重，远近瞬间永恒一体；道家千里轻舟，来去自如；儒家进发千里江陵、万重山，攻坚克难。

（四）《望庐山瀑布》

日照香炉生紫烟，遥看瀑布挂前川。

飞流直下三千尺，疑是银河落九天。

佛家香炉紫烟，人间宛如天上与梦幻；道家山水接天，天人合一，悠远思绪达银河、九天；儒家飞流直下、气吞山河，眼界高瞻远瞩。

诗仙李白，有道家的洒脱风韵，是以抬头即见"日照香炉生紫烟"，出门即觉"朝辞白帝彩云间"，行路则"轻舟已过万重山"，真性情或直肠则"飞流直下三千尺"云云。李氏参天阄、朝帝阙、落银河、日行千里，云雾紫烟环绕，真世间得道高人也。

五、杜甫的诗：儒道佛融通、现实通天然的诗圣

道家老子认为，"水利万物而不争"，这是水的自然之理。杜甫的《春夜喜雨》，具体揭示了春天的好雨发生、入夜和滋润万物的自然进程。儒术应用于止天下之兵、使百姓心悦诚服，而不单单在个人的"谋身"，这才是"天下太平"的道理。俗语有云："当官不为民作主，不如回家卖红薯。"

在杜氏看来，当官者陷落于官场政治旋涡和辗转于不良人情关系，自然"被微官缚"即被各种无奈痛苦深深束缚，甚至做出一些违背良心的事情，从而失去儒家真仁、良善品性和道家的顺自然禀赋，既对不起无辜的老百姓，也不如那些种地者更自在自然，这就是杜氏"低头愧野人"的主要原因。

（一）《春夜喜雨》

好雨知时节，当春乃发生。

随风潜入夜，润物细无声。

野径云俱黑，江船火独明。

晓看红湿处，花重锦官城。

佛家润物无声，无即是有；道家顺应自然、春时好雨，走向自然、独明照野径；儒家大爱无声，仁者无敌，城中人际万花争妍。

（二）《独酌成诗》

灯花何太喜，酒绿正相亲。

醉里从为客，诗成觉有神。

兵戈犹在眼，儒术岂谋身。

共被微官缚，低头愧野人。

佛家觉悟成诗神；道家挣脱微官缚，不忘野人之志；儒家成家立业，以儒术兼济天下。

（三）《绝句》

两个黄鹂鸣翠柳，一行白鹭上青天。

窗含西岭千秋雪，门泊东吴万里船。

佛家一窗一门俱含千秋万里远景胜事，以小见大、见微知著；道家黄鹂相鸣，白鹭对晴天，自然美景在望；儒家琴瑟和鸣，人间青天，身修家齐功业就。

杜甫的《绝句》所写，宛如王维的题《画》"远看山有色，近听水无声。春去花还在，人来鸟不惊"，都是"诗中有画"的杰作。人生如画，人生才能如梦。

六、李商隐的诗：春梦无边、惘然转蓬的情场官隐人生

李商隐"迷蝴蝶"恰如庄子做白日梦，是以亦称作"庄生晓梦"，李氏春梦无边，自然伤害和情伤无边，这是情缘，也是孽债。在官怨官，在官向隐，这是热衷自然使然；在官怨忙碌，在官思春心，这是顺应人缘和情缘之理。

（一）《锦瑟》

锦瑟无端五十弦，一弦一柱思华年。

庄生晓梦迷蝴蝶，望帝春心托杜鹃。

沧海月明珠有泪，蓝田日暖玉生烟。

此情可待成追忆，只是当时已惘然。

佛家春梦执迷，情深成惘；道家沧海桑田，万物盛衰人间悲喜自然变换；儒家华年中岁，各有所求所得所悟。

（二）《无题·相见时难别亦难》

相见时难别亦难，东风无力百花残。

春蚕到死丝方尽，蜡炬成灰泪始干。

晓镜但愁云鬓改，夜吟应觉月光寒。

蓬山此去无多路，青鸟殷勤为探看。

佛家蓬山不远心意亲近；道家蚕死丝尽，自然盛衰、生死；儒家身不由己，世事艰辛。

（三）《无题·昨夜星辰昨夜风》

昨夜星辰昨夜风，画楼西畔桂堂东。

身无彩凤双飞翼，心有灵犀一点通。

隔座送钩春酒暖，分曹射覆蜡灯红。

嗟余听鼓应官去，走马兰台类转蓬。

佛家即心即相，心灵相通则相知相合；道家向往自然自由；儒家听鼓应官，鞍前马后忙碌、转蓬。

（四）《无题·来是空言去绝踪》

来是空言去绝踪，月斜楼上五更钟。

梦为远别啼难唤，书被催成墨未浓。

蜡照半笼金翡翠，麝熏微度绣芙蓉。

刘郎已恨蓬山远，更隔蓬山一万重！

佛家空言、绝踪，来去两空；道家远别难唤，催墨不浓，这是违背自然使然；儒家离别在即，蓬山万重阻隔，现实无奈至极。

　　李商隐堪称诗人才子中的"情圣"，用情至性至上，爱得刻骨铭心，一则情思不休，"春蚕到死丝方尽，蜡炬成灰泪始干"；二则心灵相通，"身无彩凤双飞翼，心有灵犀一点通"；三则跨越千山万水的距离，"刘郎已恨蓬山远，更隔蓬山一万重"，"蓬山此去无多路，青鸟殷勤为探看"。

　　爱得如此情深义重，重情必然多情，多情必然有别和伤情。情的法理，由一个"迷"字开端，到一个"惘然"用词的多余，再到一个"空"和"梦"字的觉悟，李氏终于达到了用情而非情，诸相而非相的禅思佛境，最后得彻底解脱。

表 4　李商隐诗歌的儒道佛哲学视角

题名 范畴	锦瑟	无题·相见时难 别亦难	无题·昨夜星辰 昨夜风	无题·来是空言 去绝踪
儒	五十弦，华年	相见时难别亦难	走马兰台类转蓬	远别，催成，更隔 蓬山一万重
	由青春年华到半百的 社会生活	现实无奈的情感生活	忙碌的官场社会	忙碌无奈、急于求 成的现实生活
道	蓝田日暖玉生烟	青鸟殷勤为探看	星辰，风	月斜楼上五更钟
	烟雾缥缈，化外之境	青鸟飞翔的自然场景	自然风物	五更时的月夜风景
佛	无端，迷蝴蝶	东风无力百花残	心有灵犀一点通	来空言，去绝踪， 梦为
	世俗即为迷情	衰飒破落之绝境	即心即人即事	来去皆空绝，为梦

儒道佛融通，正是中国诗人和诗歌的精神和灵魂。

结　语

　　儒家以仁心（善心）贯穿内圣外王之道，道家以大道为绝对参照提出"几近于道"的人生正道或社会正解，佛家以清净心为本性倡导一切皆空、即心即佛。正所谓大儒入圣（尽善尽美），修道成仙（时空无限），清净即佛（自心见性），堪称"标杆"，儒道佛学识与心身修炼的极致，不过如此。

　　追本穷极地看，绝对的"仁"，绝对的"道"，以及绝对的"如来"，在生命极致处是相互融贯和一致的，不动邪念，虚心其腹，顺自然而无挂碍，无因缘亦无果报，身心束缚皆空则根本来去自如。无独有三，儒道佛哲人们几乎同时看到了邪恶、食色和名利的危害，所以提出相应的身心规范及至解放超脱的办法来控制以至逾越它们，最终使自身与他人、社会和谐共处。（如"图1"所示）

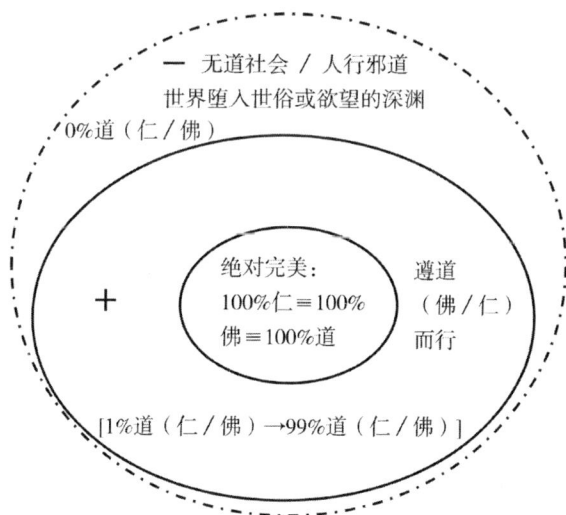

图 1　儒道佛的绝对完美、融贯性（＋）和拒斥的（－）世界

儒家以仁为首，利用仁、义、礼、智、信等诸实质及方式来正心修身，构建人类仁德与真知兼具的完美身心大厦。并在人类完善和健康身心的基础上，进一步提出齐家、治国，天下归仁、归心和太平的社会治理实践理想。儒家哲学既有系统科学的人文和社会理论作为精神支柱，又有切实可用的治家和理国实践为示范基地，堪称德技兼修、理实融合、形神一体。

道家以绝对完美的道为最高圭臬和标准，为人处世参照自然万物中的杰出典型，既有形而上之理想为追求目标，又有形而下之自然为行为实践。得道者，向上与大道合一，向下与优秀自然看齐，以"几近于道"的人生正道和社会正题为标准，遵道贵德，积极进取，通天彻地，无不为而无为，功成身退，最终超凡入圣成为大宗师或与仙道同列，融入无穷无尽的时空。

佛家以本来或如来境界为最终目标，强调人类应挣脱物质和现实世界的捆绑，应剪断世俗欲望、俗胎凡心和一切心之烦恼丝，达到自身的社会与身心束缚的彻底解放和消除（即无"五蕴"，无"十八界"，无"十二因缘"，无"四圣谛"等一切来自物质、身和心的束缚），还得人类自性清净心的本来面目，进入超越现实的喜怒哀乐愁、生老病死等的理想彼岸、佛国和涅槃成佛。

儒、道和佛哲学家所追求的关于人类的极致思想和行为境界，为中国人文社会科学树立起一座座超凡入圣的"无上标杆"和"绝对丰碑"，在平凡与可能中蕴藏着非凡与神圣，供中华民族子孙后代永远效仿与追溯。

儒道佛三家哲学，三类思想家和以身证道的圣人，其实都很赞赏以绝对真理的至善、上德和清净的出世之心，入世做一个真正的志士仁人和有大智慧的"完人"，无为而无不为，有知而无知，从而成为中华文化之精华和灵魂，进而影响到人们的社会生活、精神文化的方方面面，历久弥深。

最后，我们再强调指出（如"图2"），儒道佛哲学在"超凡世界"和"禁区"（即对恶、歪门邪道和欲望的统一拒斥态度）来看，应该是大体一致的，其中"绝对层面"均超凡入圣；在"世俗世界"的"相对层面"来看，三家则是各有各的道理和路径，体现了世俗生活的丰富性和多样性。

一言以蔽之，儒道佛哲学的合流与一致，即它们不厌其烦地教导我们的处世之道：与人为善，终入圣贤！

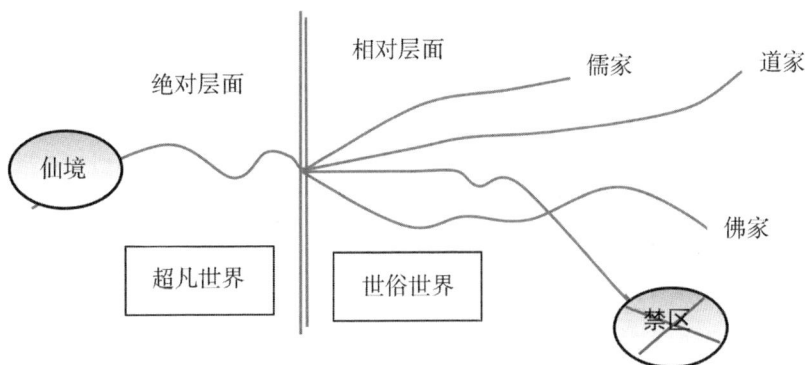

图 2 儒道佛哲学世界观分野与合流

以诗再结：悟道者和宇宙

悟道者

把天地万物四分五裂

一分再分

直至无分微尘

然后发现微尘是空性的，真正了无痕迹

悟道者并不甘心

又用这空性的微粒和绝对的虚无

拼凑起万千世界，无限时空

悟道者终于觉悟

所谓锦绣江山，无数生灵

不过海市蜃楼，南柯一梦

这身心所及的江湖、人事，连同自己

都是无谓黏滞和沉迷堕落

实际上一概

空无

悟道者回望这万千灵异

个个皆心存善念

至恶者也有一丝丝怜悯或温暖

悟道者将这集聚起来的众生善性

归结为天命所趋

天性使然

天理制定

悟道者了然

所谓天下大同

这大"同"的当是这万众一心

先天

"善性或善理"

未来人类人人所趋

悟道者渴望地久天长

时空无限

渴望绝对自在和自由

身无处不在

心无时不安

永远清静和青春永驻

无限者，自由者，清静者，永动者

不正是自己一生所求与奉献之大

道

真正无所渴求才能踏上的康庄福地

悟道者心胸开阔

万千世界尽囊其中

而宛然寂静虚无

悟道者身系自由

自由驰骋天下而绝无黏滞

悟道者不是悟道者

宇宙也不是宇宙

参考资料

1. 冯友兰著，赵复兰译，《中国哲学简史》，天津社会科学院出版社，2007年10月。

2. 冯友兰著，《中国哲学史（上、下卷）》，古吴轩出版社，2021年1月。

3. 孟子等著，《四书五经》，中华书局，2009年1月。

4. 黄根生著，《文化与超越（上、下卷）》，汕头大学出版社，2020年12月。

5. 孔子著，辜鸿铭译注，徐昌强、欧阳瑾译，《论语 大学 中庸》，天津社会科学院出版社，2015年12月。

6. 饶尚宽译注，《老子》，中华书局，2015年1月。

7. 陈鼓应注译，《庄子今注今译》，中华书局，2016年9月。

8. 鸠摩罗什等著，《佛教十三经》，中华书局，2010年11月。

9. 王阳明撰，于自力、孔薇、杨骅骁注译，《传习录》，中州古籍出版社，2008年1月。

10. 朱熹撰，《四书章句集注》，中华书局，2011年1月。

11. 方勇译注，《孟子》，中华书局，2015年2月。

12. 张岱年主编，《中国哲学大辞典》，上海辞书出版社，2014年5月。

13. 梯利著，伍德增补，葛力译，《西方哲学史》，商务印书馆，1995年7月。

14. 马丁·奥利弗著，王宏印译，《哲学的历史》，希望出版社，2003年8月。

15. 维特根斯坦著，陈嘉映译，《哲学研究》，上海人民出版社，2005年4月。

16. 苏珊·哈克著，罗毅译，《逻辑哲学》，商务印书馆，2003年5月。

17. 伯特兰·罗素著，文利编译，《西方哲学简史》，陕西师范大学出版社，2010年12月。

18. 北京大学哲学系外国哲学史教研室编译，《西方哲学原著选读（上、下卷）》，商务印书馆，1981年6月。

19. 罗素著，何兆武、李约瑟译，《西方哲学史（上、下卷）》，商务印书馆，1963年9月。

20. 路德维希·维特根斯坦著，冯·赖特、海基·尼曼编，许志强译，《维特根斯坦笔记》，复旦大学出版社，2009年12月。

下 篇

西方哲学分析和综合传统的
千年绵延与现代改造

第一章　西方哲学史①或知识范畴分析——西方哲学原著选读②和思想精释

导言：哲学是什么

什么是哲学？什么样的人被称为哲学家？什么样的行为或调查被称为哲学研究？这几个问题汇集在一起，就是哲学真正是什么，其研究对象及内容几何，只有从事如此这般讲话或思辨的行为才是哲学研究或思考。（此节问题回答还可参见上篇"导言"第四节相关内容）

按照罗素等人的看法，西方哲学发展大致经历三个阶段：一是古代哲学阶段，即古希腊罗马哲学，产生于大约公元前600—前260年，指苏格拉底、柏拉图和亚里士多德等"古希腊三贤"及其前后的哲学；二是中世纪哲学，即天主教哲学或神学，产生和盛行于大约公元400年至1400年间；三是欧美近、现代哲学，肇始于欧洲文艺复兴而发展至今。

---

① 罗素著，何兆武、李约瑟译，《西方哲学史（上、下卷）》，商务印书馆，1963年9月。

② 北京大学哲学系、外国哲学史教研室编译，《西方哲学原著选读（上、下卷）》，商务印书馆，1981年6月。

第一节　自然：古希腊或古代哲学的架构

一、米利都学派的本原论和自然哲学

米利都学派泰勒斯（约前624—约前546）、阿那克西曼德（约前610—约前545）、阿那克西美尼（约前588—约前524）等早期哲学家的自然哲学开启了西方哲学的自主发展之路，哲学研究的主要对象之一是对人类赖以存在和发展的世界或自然的认识问题。自然的来处和归途始终如一，本体或本原就亘古不变。该派的主要观点有：1. 对万物的本体或实体进行了定义或规定；2. 把自然中比较基础的元素如水、气、火等看作实体；3. 对无限和变化的概念作了相应探究。

一样东西，万物都是由它构成，即从它产生，最后又化为它，这样东西就叫实体或本体。它始终不变，只是变化它的形态，因而是万物的元素、万物的本原。（15）

本体可能只有一个，也可能不止一个。万物的本原是水，地浮在水上。（16）——泰勒斯（引自亚里士多德《形而上学》）

万物的本原是无限者，因为一切都生自无限者，一切都灭入无限者。（16）——阿那克西曼德（引自艾修斯《学述》）

无限者是气。

它很稀的时候，就形成火；浓的时候，就形成风，然后形成云，再浓，就形成水、土和石头。（17）——阿那克西美尼（引自辛普里丘《亚里士多德物理学注》）

二、毕达哥拉斯学派的数本原论

毕达哥拉斯（约前580—约前490）学派的数论开启了数学角度研究自然或世界的抽象构造及比例规律问题的先河。数目的和谐与比例为自然特性提供范型。该派的主要观点有：1.将数目描述为世界或万物的本原；2.用抽象的数目关系来探讨万物构造的科学比例及规律；3.从数目的和谐也启发了人际和社会关系的和谐。

数目的某一特性是正义，另一种是灵魂和理性，另一种是机会，其他一切也无不如此；由于他们在数目中间见到了各种各类和谐的特性与比例，而一切其他事物就其整个本性来说都是以数目为范型的，数目本身则先于自然中的一切其他事物。

数目是世界的本原，是存在物的质料因，描写存在物的性质和状态。（19）——毕达哥拉斯学派（引自亚里士多德《形而上学》）

万物的本原是一。从一产生出二，二是从属于一的不定的质料，一则是原因。从完满的一与不定的二中产生出各种数目；从数产生出点；从点产生出线；从线产生出面；从面产生出体；从体产生出感觉所及的一切形体，产生出四种元素：水、火、土、气。（20）——毕达哥拉斯学派（引自第欧根尼·拉尔修《著名哲学家的生命和学说》）

三、赫拉克利特的火本原论

赫拉克利特（约前544—前483）一方面倡导火本原论，一方面强调自然的相互转化规律。这是自然观和辩证法的有机结合研究。

这个世界，它过去、现在、未来永远是一团永恒的活火，在一定的分寸上燃烧，在一定的分寸上熄灭。

一切转为火，火又转为一切。火生于土之死，气生于火之死，水生于气之死，土生于水之死。（21）——赫拉克利特著作残篇

四、巴门尼德的思想和存在论

埃利亚学派的巴门尼德（约前515—前5世纪中叶以后）从思想及所指的角度研究表达问题，堪称西方哲学较早开启语言及实在问题研究的先驱。

可以被思想的东西和思想的目标是同一的；因为你找不到一个思想是没有它所表达的存在物的。存在者之外，决没有、也决不会有任何别的东西。（33）——巴门尼德著作残篇

五、阿那克萨哥拉的心学

阿那克萨哥拉（前500—前428）对心、精神或灵魂的研究有一定的启示意义，心对外物的独立使人的精神和肉体二元对立并联系起来。

别的事物都具有每件事物的一部分，而心是无限的、自主的，不与任何事物混合，是单独的、独立的。

凡是混合的、分开的、分离的东西，全部被心所认识。（39）——阿那克萨哥拉著作残篇

六、恩培多克勒的四元素和爱憎论

恩培多克勒（约前493—约前432）的自然观对早期自然哲学有总结意义，且将社会和伦理学领域的"爱""憎"观念也联系了起来。

元素有四种：火、水、土以及那崇高的气，此外还有那破坏性的"憎"，在每件东西上都有同样的分量，以及元素中间的"爱"，它的长度和宽度是相等的。（43）

从这些元素中生出过去、现在、未来的一切事物，生出树木和男人女人，飞禽走兽和水里的鱼，以至常生不死的尊神。（44）——恩培多克勒著作残篇

七、原子论者

原子和虚空，物质和运动，在原子论者那里不就是物理科学吗。

宇宙是无限的，其中一部分是充满的，一部分是空虚的，这充满和空

虚，就是元素。（45）——留基波（约前 500—约前440）（引自第欧根尼·拉尔修《著名哲学家的生命和学说》）

原子的实质是致密的、充满的，称之为存在者；原子在虚空中运动，虚空称为不存在者。而存在者并不比不存在者更实在，它们是同样实在。（47）——留基波（引自辛普里丘《亚里士多德〈物理学〉注》）

一切事物的本原是原子和虚空，别的说法都只是意见。

原子在大小和数量上都是无限的，它们在宇宙中处于涡旋运动之中，因此形成各种复合物：火、水、气、土。各种性质都是约定的，只有原子和虚空是自然的。（47）——德谟克里特（前460—前370）（引自第欧根尼·拉尔修《著名哲学家的生命和学说》）

八、普罗泰戈拉的人本主义

"人是万物的尺度"，这是西方早期人本主义的响亮宣言。对比自然哲学，普罗泰戈拉（约前485—约前410）引导人们从自然及客观视角转向对人的主体和主观的重视与考察。唯有人的尺度才是自然与社会变革和发展的智力支撑和精神主导。

人是万物的尺度，是存在者存在的尺度，也是不存在者不存在的尺度。（54）

至于神，我既不能说他们存在，也不能说他们不存在，因为阻碍我认识这一点的事情很多，例如问题晦涩，人寿短促。（55）——普罗泰戈拉（引自第欧根尼·拉尔修《著名哲学家的生命和学说》）

九、伊壁鸠鲁的感觉主义

伊壁鸠鲁（前341—前270）的感觉主义为他的快乐和幸福哲学奠定了牢固的基础。趋利避害是人的本性，感觉和直觉则是趋利避害的内部根据。

永远要以感觉以及感触作根据，因为这样你将会获得最可靠的确信的根

据。（168）

如果对象是一般的，我们就应该注意一般的内部感触和外部感觉，如果对象是特殊的，我们就应该注意特殊的内部的感触和外部的感觉，我们还应该按照每一个判断标准来注意每一个直接的直觉。（174）——伊壁鸠鲁（引自第欧根尼·拉尔修《著名哲学家的生命和学说》）

十、怀疑主义

怀疑派皮罗（约前365—前270）看到了西方哲学"公说公有理，婆说婆有理"的独断特性，而如果不判断，自然就不必承受"妄言"的指摘。

万物一致而不可分别。因此，我既不能从我们的感觉也不能从我们的意见来说事物是真的或假的。所以我们不应当相信它们，而应当毫不动摇地坚持不发表任何意见，不作任何判断，对任何一件事情都说，它既不不存在，也不存在，或者说，它既不存在而也存在，或者说，它既不存在，也不不存在。

最高的善就是不作任何判断，随着这种态度而来的就是灵魂的安宁，就像影子随着形体一样。（177）——皮罗（引自内斯特勒编辑《苏格拉底以后哲学家》）

十一、斯多葛派的哲学观

斯多葛派总结和明确了哲学的各门分支，且作了比较研究。塞内卡（约前4—65）的幸福论代表着一种既有智慧又有节制的自主生活。

（斯多葛派）把哲学比作一个动物，把逻辑学比作骨骼与腱，自然哲学比作有肉的部分，伦理哲学比作灵魂。他们还把哲学比作鸡蛋，称逻辑学为蛋壳，伦理学为蛋白，自然哲学为蛋黄。也拿肥沃的田地作比，逻辑学是围绕田地的篱笆，伦理学是果实，自然哲学则是土壤或果树。他们还把哲学比作有城墙防守的城市，为理性所管理；并且，像他们之中一些人所说，任何一部分也不被认为比另一部分优越，它们乃是联结着并且不可分地统一在一起，因此他们把这三部分全部结合起来讨论。但是另外一些人则把逻辑学放在第一位，自然哲学第二位，伦理学第三位。（178-179）——斯多葛派（引自第欧根尼·拉尔修《著名哲学家的生命和学说》）

幸福的生活，就是符合自己的本性的生活；但是要做到这一点，必须精神健全，而且要经常保持健全；它必须坚强刚毅，有良好教养，坚定不拔，必须能够适应情况，必须考虑到身体的需要，却又不为担心身体而过分忧虑。总之，它必须注意一切属于身体方面的事情，却并不给予任何事情以过大的价值；它应当享受幸运的恩赐，却不为此当奴隶。

要知道，一切漫无约束的东西都是软弱的标志。（190）——塞内卡《论幸福的生活》

十二、"古希腊三贤"苏格拉底、柏拉图和亚里士多德的哲学

"古希腊三贤"苏格拉底（前469—前399）、柏拉图（前427—前347）和亚里士多德（前384—前322）是古希腊哲学的开拓者和集大成者，一方面三人师生关系，使其思想前后联系，比如伦理学领域；另一方面三人主要思想和关注领域各有千秋。此三人的思想对西方世界的影响极为深广，值得细品玩味。

1. 苏格拉底的方法论和伦理学

在考察辩论主题的时候，他从一些公认为真理的命题出发，认为这样就为他的推理打下扎实的基础了。因此，每当说话的时候，就我所知，他是最容易说服听众同意他的论点的。他常说，荷马认为奥德寿具有优秀演说家的品质，因为他能根据全人类公认的观点作出自己的推理。（59）

金钱并不能带来美德，美德却可以给人带来金钱，以及个人和国家的其他一切好事。（60）——苏格拉底（引自克塞诺封《回忆录》）

2. 柏拉图的理念论和理想国

正义、智慧以及灵魂所珍视的一切（指人通过理性所认识的理念），在它们的地上摹本中是暗淡无光的，只有少数人才通过昏花的感官，艰难地端详着这些摹本，从其中认出原本（本体）来。（75）——柏拉图：《斐德罗》

除非是哲学家当上了王，或者是那些号称君主的人像真正的哲学家一样研究哲学，集权力和智慧于一身，让现在的那些只搞政治不研究哲学或者只研究哲学不搞政治的庸才统统靠边站，否则国家是永无宁日的，人类是永无宁日的。（118）——柏拉图《国家》

3. 亚里士多德的实体论、目的论、逻辑学和中等阶级主导的国家观

既然有三种实体，两种是物理的（可感、可毁灭的动植物，可感、不可毁灭的天体），一种是不动的，对于后者，我们就必须断定：必然要一个永恒的不动实体。因为实体是存在物的基础，如果实体是全都可以毁灭的，所有的东西就都可以毁灭了。（143）——亚里士多德《形而上学》

以为我们既然看不见作用者在思考，那就并无目的存在，这种想法是荒谬的。技艺也并不思考。如果造船术是在木材里面的话，它就会由于自然而产生同样的结果。由此可见，如果在技艺中有目的存在，那么在自然中也有目的存在。最好的例子是医生给自己治病，自然就是像那样。

所以很明显，自然是一种原因，一种为了一个目的而活动的原因。（149）——亚里士多德《物理学》

谓词一共有十类：本质，数量，性质，关系，地点，时间，姿势，状态，活动，遭受。因为任何一件东西的偶性、种、特性、定义总要落在这些范畴之一里面；一切由这些范畴形成的命题，都是要么表示某物的本质，要么表示它的性质、数量或其他各类型的谓词之一。（153）——亚里士多德《范畴》

过度和不足是恶行的特性，而适中则是美德的特性；因为人们为善只有

一途，为恶的道路则有多条。（156）——亚里士多德《尼各马可伦理学》

在任何国家中，总有三种成分：一个阶级十分富有，另一个十分贫穷，第三个则居于中间。既然已经认为居中适度是最好的，所以很显然，拥有适度的财产是最好的；因为，在那种生活状况中，人们最容易遵循合理的原则。

中产阶级最不会逃避治国工作，也最不会对它抱有过分的野心；这两者对于国家都是有害的。（157）

所以很显然，最好的政治社会是由中等阶级的公民组成的。这样的国家很有希望能治理得很好：即在其中中等阶级人数很多，并且在可能时还比其他两个阶级合起来更强，或者至少比两者中的任何一个都更强；因为中等阶级加入某一边，就会使势力发生变化，这样就能阻止两个极端阶级之一占统治地位。（158）

民主的国家比寡头的国家安全而持久，因为民主国家有一个人数比较多、参与政府工作也比较多的中等阶级。最好的立法者都是中等阶级的人，这一事实就是中等阶级优越的证明。（159）——亚里士多德《政治学》

第二节　人：近现代哲学的理论体系与架构

大多数的文明人是不择手段的利己主义者。（罗素《西方哲学简史》，266）——马基雅维利

知识就是力量。（罗素《西方哲学简史》，283）——弗朗西斯·培根

（唯名论）名目之外别无普遍属性，真假都是语言的属性，没有语言就没有真假。（罗素《西方哲学简史》，288）——霍布斯

客观的原则这一理念，就它对意志有强制性而言，称作理性的命令，而命令的程式叫令式。有两种令式：说"如果你想要达到如此这般的目的，就必须这样那样地做"，是假言令式；说某种行动与任何目的无关，总是客

观必然的，是定言令式。定言令式是综合的和先天的。（罗素《西方哲学史·下卷》，254）——康德

一、爱拉斯谟的金钱和智慧论

爱拉斯谟（1466—1536）揭露了金钱与真正智慧的矛盾。基本表达了读书人或聪明人在知识领域的信念与庸俗的物质之间面临的两难选择。

金钱在教皇们、君主们、长官们、法官们、友人们、敌人们、高贵的人或低贱的人中间，都会说话；由于聪明人鄙视金钱，所以金钱也就小心地避开他们。（315）——爱拉斯谟《愚神颂》

二、培根的知识论和归纳逻辑

弗兰西斯·培根（1561—1626）的科学贡献主要来源两方面：一是对归纳逻辑方法的总结和重视；二是明确了科技知识对经济社会发展的推动力量。

赤裸裸的手和无依无靠的理智，都是不能有多大能为的。手需要工具和帮助，理智也是一样，有了才能做成工作。正如手的工具产生运动或指导运动一样，心的工具向理智提供指点或提供警告。

人的知识和力量合而为一，因为只要不知道原因，就不能产生结果。要命令自然就必须服从自然。在思考中作为原因的，就是在行动中当作规则的。（345）

扰乱人心的假相有四种。为了分别起见，我给这些假相取了名字，称第一种为"种族假相"（来自天性和种族的偏见），第二种为"洞穴假相"（来自自身经验和知识局限的偏见），第三种为"市场假相"（来自别人和世俗一致的偏见），第四种为"剧场假相"（来自执着信念和理论教条的偏见）。（349-351）

从特殊的事例上升到较低的公理，然后上升到一个比一个高的中间公理，最后上升到最普遍的公理，我们才可能对科学抱着好的希望。

在确立公理的时候，必须制定一种与一向所用的不同的归纳形式；这种形式不仅是要用来证明和发现（所谓）第一原理，并且也要用来证明和发现较低的公理、中间的公理，也就是说，要用来证明和发现一切公理。（360）——弗兰西斯·培根《新工具》

三、笛卡儿的新方法论

笛卡儿（1596—1650）的新方法论有理论原则（"四条规则"）也有实践操作，是哲学家自我意识觉醒和独立思考能力的集中体现，"我思故我在"成为西方世界普遍的信条。笛卡儿被称为西方近代唯理论的开创者。

我相信，不要那些数目很多的构成逻辑的规则，单有以下四条，只要我立下坚定持久的决心，决不要在任何时刻不去遵守它们，那就已经足够了。

第一条是：决不把任何我没有明确地认识其为真的东西当作真的加以接受，也就是说，小心避免仓促的判断和偏见，只把那些十分清楚明白地呈现在我的心智之前，使我根本无法怀疑的东西放进我的判断之中。

第二条是：把我所考察的每一个难题，都尽可能地分成细小的部分，直到可以而且适于加以圆满解决的程度为止。

第三条是：按照次序引导我的思想，以便从最简单、最容易认识的对象开始，一点一点上升到对复杂的对象的认识，即便是那些彼此间并没有自然的先后次序的对象，我也给它们设定一个次序。

最后一条是：把一切情形尽量完全地列举出来，尽量普遍地加以审视，使我确信毫无遗漏。（364）——笛卡儿《谈方法》

四、霍布斯的公权论

霍布斯（1588—1679）对公共权力的建立方式和巨大作用有一定的预见。但是，如何把大家的意志和一个人的意志真正统一起来，也堪称世界政治难题。

建立公共权力的唯一方法，就是把他们所有的权力与力量交付给一个人或者由一些人组成的会议，根据多数赞成，把他们大家的意志变为一个人的意志。这就等于说，指定一个人或者由一些人组成的会议担当起他们的人格，这个担当起他们的人格的人在公共和平与安全的事务方面所作的或指使人作的事，每个人都是有份的，都承认自己是它们的主人。这就使他们各自的意志服从他的意志，使他们各自的判断服从他的判断。（400）——霍布斯《利维坦》

五、斯宾诺莎的真观念论

斯宾诺莎（1632—1677）的"真观念"与掌握知识、社会生活联系在一起，大意就是要我们坚持真理，不讲假话。

真观念——因为我们具有真观念——与它的对象不相同；譬如一个圆形与一个圆形的观念便不相同。圆形的观念是没有圆周和圆心的，而圆形则有。

只就一个观念的形式本质来说，它就可以作为另一个客观本质的对象。（410）

确定性不是别的，不过是一件事物自身的客观本质而已，换言之，我们认识一个事物的形式本质的方式就是确定性本身。因此我们更可以明白见到，除了我们具有真观念以外，更不用别的迹象来证明真理的确定性。因为如我所指出的，我并不用知道我知道我知道，由此更可以明白，除非具有正确的观念或认识一件事物的客观本质，是没有人能够知道最高的确定性是什么的；因为确定性与客观本质是同一的。（411）——斯宾诺莎《理智改进论》

六、洛克的经验主义

经验论者洛克（1632—1704）把观察、感觉和心理活动发现的东西作为我们的理智和思维的材料，并将其视为知识的源泉和全部观念的基础。最初的心灵犹如"白板"或"白纸"，而感知觉的内外部经验则在上面绘制了人类所有观念和理智知识的版图。洛克被誉为西方经验主义的始祖和英国古典经验主义者的第一人。

我们的全部知识是建立在经验上面的；知识归根到底都是导源于经验的。我们对于外界可感物的观察，或者对于我们自己知觉到、反省到的我们心灵的内部活动的观察，就是供给我们的理智以全部思维材料的东西。这两者乃是知识的源泉，从其中涌出我们所具有的或者能够自然地具有的全部观念。（450）——洛克《人类理智论》

七、莱布尼茨的推理原则

莱布尼茨（1646—1716）的推理原则昭示了人们揭示谬误的方法（矛盾原则）和证实真陈述的手段（充足理由律）。

我们的推理是建立在两个大原则上，即是：（1）矛盾原则，凭着这个原则，我们判定包含矛盾者为假，与假的相对立或相矛盾者为真。

以及：（2）充足理由原则，我们认为：任何一件事如果是真实的或实在的，任何一个陈述如果是真的，就必须有一个为什么这样而不那样的充足理由，虽然这些理由常常总是不能为我们所知道的。（482）——莱布尼茨《单子论》

八、巴克莱的唯心主义

巴克莱（1685—1753）的名言是"存在就在于被感知"。巴克莱跟笛卡儿的"我思故我在"的区别，在于他把"我思"扩大到全部外在世界，世界仅仅存在于"这样一个能感知的主动主体"，即"我所谓的心灵、精神、灵魂或自我"之中。

显然，除了"精神"或感知者以外，再也没有任何别的"实体"。

因此，颜色、形状以及类似的性质在哪一个东西中存在，那一个东西就必须感知它们。所以，显然那些观念不能有不思维的实体或基质。
（505）——巴克莱《人类知识原理》

九、拉美特里的机器造人论

拉美特里（1709—1751）认为人是彻头彻尾的"机器"，人的运动、感觉、思维和道德行动等都是生命体造就的，一切都以身体这个组织或机器为依据或基础。

心灵的一切作用既然这样依赖脑子和整个身体的组织，那就很显然，这些作用不是别的，就是这个组织本身：这是一台多么聪明的机器！

组织足以说明一切。（122）

因此心灵只是一个毫无意义的空洞名词，一个思想谨严的人使用这个名词时，只是指我们身体里那个思维的部分。只要假定一点运动的始基，生命体便会具有它所必需的一切，来运动、感觉、思维和羞恶痛悔，总之，来作一切身体活动以及以身体为依据的道德行动。（123）

我们并不是生就做学者的，而且说不定正是我们器官机能的一种滥用，才使我们变成了学者；这一点国家是应该负责的，国家豢养了一批四体不勤的人，而虚荣又美其名为哲学家。（117）——拉美特里《人是机器》

十、休谟的怀疑主义

休谟（1711—1776）的怀疑主义使因果定律遭遇前所未有的冲击，如果一个事物不能成为其他事物的因或果，那又如何解释事物之间的相互作用和先后关系。

当我观察我们周围的外在事物，考察原因的作用时，我们根本不能在个别的实例中发现任何"力量"或"必然联系"，不能发现任何一种性质将原因与结果结合起来，使这一个成为另一个的必然结果。（528—529）

实际上，任何一部分物质都不能靠它的可以感觉的性质揭示出任何

"力量"或"能力",或者使我们有理由想象它可以产生出任何东西,或者有任何我们可以称之为结果的其他的东西随之而来。体积、广袤、运动等性质都是自身完备的,根本不能指出任何其他事件可以由它们产生出来。(529)——休谟《人类理智研究》

十一、卢梭的反强权和社会契约论

卢梭(1712—1778)认为由强力产生的政治权力只会让强权者最终遭到反噬,可谓"其兴也勃焉,其亡也忽焉"(出自《左传》)。只有人民与当权者以"双方当事人"的身份,以双方约定的"基本法"为社会关系纽带,才能保证各自的个人安全并享受所得。

就算我们假设的确有所谓的强者权,但这样做的结果毫无意义。因为强力可以生权力,由于结果随着原因而变,所以一旦更大的强力产生,那么它又可以夺取权力了。人们一旦有机会可以做到不受损伤地强力,那么不服从的行为即有了合法性。[①](5)

社会契约中的每个成员均有双重身份:个人角度上的主权体与主权体角度上的国家成员。(7)

将设立政治体的行为当作人民与其首领之间的真正契约:双方当事人的结合,以约定遵守协定的法律为纽带。在社会关系方面,既然所有的人民意志都已经合为一个意志,那么出自这个意志的条文,都是基本法,国家全体成员无一例外地受它约束。(60)

官吏们有权按照委托人的意向行使其权力,维护个人安全并享受所得。同时,官吏无论在任何情况下都必须把公共利益置于个人利益之上。(61)——卢梭《社会契约论》

---

① 让·雅克·卢梭著,星汉译,《卢梭:孤独,是与生俱来的幸福·社会契约论》,吉林出版集团股份有限公司,2018年8月。以下同。

十二、康德的知识观、唯心主义和理智论

康德（1724—1804）的哲学理论比较艰深晦涩。简单来看，康德的知识观主要研究存在哪些种类的陈述句或判断句，以及这些句子所承载的科学理论知识；康德把空间和时间看作先天的纯直观和感性的纯粹形式，解释了人之所以经验到外部世界的深刻内因；康德的"范畴表"提示了一般陈述或命题的逻辑构造以及部分模态的概念。需要特别提示的是，康德的"先天"是相对超越经验而言的，"先天命题"则是超越经验的判断，好像来自上天的安排；"分析"和"综合"是就命题内部"主词（主项）"和"谓词（谓项）"的概念关系来说的，分析是谓项的概念包含在主项内，综合是谓项的概念超出主项以外。

1. 康德的知识观

形而上学知识只应包含先天判断，这是它的源泉的特点所决定的。不过，各种判断，无论其来源以及逻辑形式如何，都按其内容而有所不同。按其内容，它们或者仅仅是解释性的，对知识的内容毫无增加；或者是扩展性的，对已有的知识有所增加。前者可以称之为分析判断，后者可以称之为综合判断。

一切分析判断完全根据矛盾律，而且就其性质来说，都是先天知识，不论给它们作为材料用的概念是不是经验的。因为一个肯定的分析判断的谓项既然事先已经在主项的概念里被想到了，那么从主项里否定它就不能不陷入矛盾；同样道理，在一个否定的分析判断里，它的反面也必然要从主项而被否定，当然也是根据矛盾律。下面两个命题就是这样：一切物体都是有广延的；没有物体是没有广延的（物体的概念里已经包含广延的属性）。（250）

经验判断永远是综合判断。

数学判断全都是综合判断。……因为一个综合命题固然要根据矛盾律才能被理解，但是必须有另外一个综合命题作为前提，由那个命题才能推出这

个命题来，而永远不能只通过这个定律本身来理解。（251）

　　真正的形而上学判断全都是综合判断。……形而上学只管先天综合命题，而且只有先天综合命题才是形而上学的目的。为此，形而上学固然需要对它的概念，从而对分析判断，进行多次的分析，但是所用的方法和在其他任何一个知识种类里所用的方法没有什么不同，即只求通过分析来使概念明晰起来。不过，不单纯根据概念，同时也根据直观，来产生先天知识，以及最后，当然是在哲学知识上，产生先天综合命题，这才做成形而上学的基本内容。（例如"实体仅仅是作为主体而存在的东西"属于分析判断；"在事物中的一切实体都是常住不变的"则属于综合的、真正的形而上学命题）（255）——康德《未来形而上学导论》

　　2. 空间和时间论

　　只有纯直观才提供先天综合判断的质料。几何学是根据空间的纯直观的；算学是在时间里把单位一个一个地加起来的，用这一办法做成数的概念；特别是纯粹力学，它只有用时间的表象这办法才能造成运动的概念。然而这两种表象都纯粹是直观，因为如果从物体的经验的直观和物体的变化（运动）中去掉一切经验的东西，即去掉属于感觉的东西，剩下来的还有空间和时间，因此空间和时间是纯直观，它们是先天地给经验的东西做基础的，所以它们永远是去不掉的。不过，因为它们是先天的纯直观，这就证明了它们仅仅是我们的感性的形式，这些感性的形式必须是先行于一切经验的直观，也就是先行于实在对象的知觉，而对象要符合这些感性的形式才能被先天地认识，当然仅仅是按照它们向我们表现的那种样子。

　　纯粹数学，作为先天综合知识来说，它之所以是可能的，就在于它只涉及感官对象，而感官对象的经验的直观，其基础是（空间的和时间的）纯直观，即先天的直观。这种纯直观之所以可能作为基础，就在于它只是感性的纯粹形式，这种感性形式先行于对象的实在现象，在现象中首先使对象在事实上成为可能。然而这种先天直观的能力不涉及现象的质料，也就是说，

不涉及在现象里构成经验的感觉，它只涉及现象的形式——空间和时间。（266）

一切作为对象而提供给我们的东西，都一定在直观里提供给我们。不过，我们的任何直观都只能通过感官而发生；理智并不去直观，而只是去思索。（269）

感官永远而且丝毫不能使我们认识自在物而只能认识自在物的现象，而这些现象又仅仅是感性的表象。

外物的很多属性并不属于自在之物本身，而仅仅属于自在之物的现象，这些属性在我们的表象之外没有单独的存在性；这样说并无损于外物的实际存在性；在洛克的时代很久以前，特别自洛克以来，一般来说，这已经是人们早已接受和同意的事了。在这些属性里边有热度、颜色、气味等等。那么，如果我除了这些东西以外，由于一些重要的原因，把物体的其他一些性质，也就是人们称之为第一性的质的东西，如广延、地位，以及总的来说，把空间和属于空间的一切东西（不可入性或物质性、形，等等）也放在现象之列，人们也找不出任何理由去加以否认的。（270）——康德《未来形而上学导论》

3. 概念范畴论

亚里士多德拼凑了十个像这样的纯粹基础概念，名之为范畴（1. 实体；2. 性质；3. 数量；4. 关系；5. 主动；6. 被动；7. 何时；8. 何处；9. 位置；10. 状态）。（288）——康德《未来形而上学导言》

（康德在《纯粹埋性批判》里也列出了自己的）"范畴表"：

Ⅰ. 量范畴：单一，众多，全部；

Ⅱ. 质范畴：实在，否定，限制；

Ⅲ. 关系范畴：寓存和自立（实体和属性），致使和依赖（原因和结果），相互（主动者与被动者之间的相互作用）；

Ⅳ. 样式范畴：可能—不可能，存在—不存在，必然—偶然。

这一个范畴体系的实质之所以有别于旧的那种毫无原则的拼凑，它之所以有资格配称为哲学，就在于纯粹理智概念的真正意义和这些概念的使用条件就是由于这一体系才得到恰如其分的规定的。（289）——康德《纯粹理性批判》

十三、黑格尔的哲学体系

黑格尔（1770—1831）企图建立哲学的"科学的真理体系"，因此，他对西方千百年的哲学概念和理论作了系统的综合与总结：1. 逻辑学，2. 自然哲学，3. 精神哲学。从前往后即按顺序"1→2→3"地看，是从科学方法论（逻辑）到科学世界观（自然和人的精神）的综合；从后往前即按倒序"3→2→1"地看，是从主体或主观（精神），上升到世界到客观（自然），最后抵达绝对理性或理念（逻辑）的综合。

科学的真理体系，只能是真理实际存在的真面目。出一把力气，使哲学接近科学的模样，终于能够丢掉爱智的称号，成为真正的知识——这就是我所要做的工作。（361）——黑格尔《精神现象学》

哲学所有的内容不是行为，也不是外在的快乐和悲痛的事情，而是思想。偶然的思想不是别的，只是意见，而哲学意见也就是关于较为特殊的内容和哲学特有的对象的意见——关于上帝、自然和精神的意见。（377）

哲学是关于真理的客观科学，是对于真理之必然性的科学，是概念性的认识；它不是意见，也不是意见的产物。……只在哲学史里面去寻求意见或以为在哲学史里面只能发现意见的人们，对于真理这个词是会掉头不顾的。（378）

我们必须讲明白：哲学系统的分歧和多样性，不仅对哲学本身或哲学的可能性没有妨碍，而且对于哲学这门科学的存在，在过去和现在都是绝对必要的，并且是本质的。（384）——黑格尔《哲学史讲演录》

因此，哲学这门科学可以分为三个部分：

1. 逻辑学，研究自在自为的理念；（纯粹理念）（绝对精神）（逻辑与方法论）

2. 自然哲学，研究异在或外在化的理念；（外在理念）（客观精神）（自然和社会历史观）

3. 精神哲学，研究由异在返回到它自身的理念。（内在理念）（主观精神）（个体和精神自由以及伦理学）（386）

逻辑思想就形式而论有三方面：（1）抽象的或理智的方面，（2）辩证的或否定性理性的方面，（3）思辨的或肯定性理性的方面。（389）

自然是作为它在形式中的理念产生出来的。既然理念现在是作为它自身的否定东西而存在的，或者说，它对自身是外在的，那么自然就并非仅仅相对于这种理念（和这种理念的主观存在，即精神）才是外在的，相反的，外在性就构成自然的规定，在这种规定中自然才作为自然而存在。（432）

在我们面前的是自然事物向精神的过渡。自然界在有生命的东西中得到完成，并在转变为更高级的东西时建立起自己的和平状态。因此，精神是从自然界发展出来的。自然界的目标就是自己毁灭自己，并打破自己的直接的东西与感性的东西的外壳，以便作为精神从这种得到更新的外在性中涌现出来。（437）——黑格尔《哲学全书》

十四、叔本华的唯意志论和悲观主义哲学

叔本华（1788—1860）认为内在的"意志"是现象世界的主宰，意志是永恒的，且永恒的意志造就了外在的客观物质，即肉体和一切物质是意志的客观化表现形式；"生存意志"的本质是"虚无"，人体及外部世界永远变化不定，并陷入无穷无尽的物质补给与生存循环之中，一旦停止这种补给，现象世界与生存本身即刻停止和消失。一般人的一生所求不过"意欲"，即追求内在意志的表象即外在的物欲表现形式；而唯有天才能够超越"意欲"的束缚之上，自由自在和别无所求地活动。普通人"意欲"无穷无尽，因此，生存的痛苦和烦忧也就绵延不绝，恐怕也只有到死才能得最后解脱。

1. 内在意识和精神意志决定一切外在

某个事物的存在与发生要被人认识，总要先进入人的意识，所以，首要问题是人的意识构成。一般情况下，主体意识比印在意识中的事物更为重要，这就是为什么本来美妙有趣的事物，被一个呆笨的意识反映，便会枯燥无味。[1]（6）

自身内在决定外在，人也不例外。人的个性决定了他所能得到的快乐，这就是为什么有些人能领略到高级快乐，而精神能力相当有限的人，只能在平庸无奇、夹杂着动物性快乐的范围内感知生活。（7）

人自身的幸福源于人自身的美好素质——包括高尚的品格、超群的智慧、良好的性情和健康的身体，"健康的身体加上健康的心灵"（尤维纳利斯语），所以，我们应该维持并改善人的主体素质，而不是把我们的目光投向身外的财产和荣誉。（14）

避开痛苦的手段就是拥有丰富的内在——充实的精神生活。精神越丰富，无聊的空间就越小。精神充实的人浑身上下都流动着思维的血液，他们不断地向外部世界和内在世界探索，还把各种思想通过强劲的脑力重新排列组合，所有这些行为，都可以避开无聊的烦忧。（20）

2. 物质世界具有最低限度的内在意志

真理在物质世界具有客观外在的意义，丝毫不存在主观内在的意义。主观内在的意义是心智和道德的真理特权，主观内在的真理和物质世界的真理涉及意志客观化的最高和最低限度。（53）

意志的性质是德行，理智的属性是智慧。（55）

一切客观外在的物质从根本而言都是主观内在的永恒表现，不过，后者是前者存在的基础。道理很简单，因为客观必须靠主观来展现才存在于世；

---

[1]阿图尔·叔本华著，李秀霞译，《叔本华：活出人生的意义》，吉林出版集团，2018年8月。以下同。

主观是本质，客观是表现。（126）

造化不垂怜这些精妙的个体，任其自我毁灭。对比之下，我们可以发现意志和现象的区别，进而了解本质的永恒。

我们的意志是永恒的。（131）

个体的死亡只是表象，意志的本质是永恒的。（99）

3. 禁欲和认识痛苦可获得短暂的安宁与解脱

肉体就是意志的客观化表现形式，也就是表象形式的意志。（99）

肉体即是意志化的客观表象，肉体存在也就是求生意志存在，它就会时刻唤醒自己，在现实中展露它的一切形体。圣者们的安静生活是禁欲的成果。因此我们不难想象，为获得这种安宁、愉悦的生活需要何种努力，需要如何不断地与求生意志做斗争才可达成，因为世上不存在永恒的平静。（112）

除了禁欲能够保持意志的否定成果，还有一种方式能够达到同样的效果，那就是对命运带来的痛苦的肯定。

一切诱惑都是恶魔。（113）

人不仅可以通过对自由意志的探索而认识世界的痛苦，也可以用自己的亲身体验来认识痛苦，从而获取解脱。的确，这位被个人欲望所累的主角，最后看破了红尘。（114）

看破奥秘的人，可欣然面对死亡，否定求生意志。因为他们了解，人类的生存就是"空"。（134）

4. 生存意志的本质是"虚无"，生存需求和梦想的特征是"苦恼"和"空虚"

在这个世界上，不存在任何形式的安稳状态，或者说没有任何一种状态可以持续保持，所有的一切都在不停地运转和变动。就连我们要想让自己在这个世界中生存，也得需要像走钢丝表演的人那样在世界这根"钢丝"上不断前行，不停地行走。在这样的世界中，幸福简直是天方夜谭。正如柏拉图

所说的那样："在这个世界上唯一的生存方式就是不停地变化，一旦停留就面临灭亡。"这就说明了我们不可能留住幸福。（170）

人的生存需要养分来维持，外界的物质不断地进入我们的身体，而我们体内的物质也不断地外溢，从这种状态来看，人体对于这些进出人体的物质来说也只是一种现象而已。其实人类的存在也跟其他物质一样需要不断地延续，就像炊烟、火焰、瀑布那样，一旦停止补给，就会立刻停止、消失。

最终会归为虚无的"生存意志"表现在纯粹的现象之中，此"生存意志"又作为虚无的基础，而虚无却又停止在"生存意志"的内部。

动物的等级越高，意志力越强，智力越发达，它们的苦恼也就越明显。而人类是最高等的动物，欲望、烦恼绵延不绝，使得人的生存成为一种由"需求"和"梦想"所支配的活动，没有一点价值。一旦停止需求或者没有了梦想，人就面临着绝对贫乏和空虚。（178）

5. 控制普通人的"意欲"和自由地活动的"天才"

那些终身读书但不思考的人，虽然拥有很多知识，但缺少对知识的有机联系和深刻认识。（142）

是否对客观世界有全面的直观认识及强烈的直觉，是辨别是否是天才的本质。（180）

虽然天才专有的、根本的认识方法是直观认识，但他们并不是只针对事物中的某一个具体的个体，而是抓住了这些事物中柏拉图所说的理念。天才的根本特质是从个别的事物中挖掘出这类事物的一般形态，而普通人只能看到个别事物的本身，因为他们只关注与他们有利害关系的东西，能实现他们意欲的就只有现实，而那些个别事物就是属于现实。（185）

只有把"认识"当作纯粹的主题，完全不受意欲的控制，我们才能够理解"理念"这个东西。（186）

普通人的智力牢牢地被意欲所控制，只能在"动机"的刺激下去活动。（197）

天才代表着智力已摆脱意欲的束缚而自由地活动，他们的创作没有一丁点获利的目的，更不要说实用价值了。（199）——叔本华

十五、车尔尼雪夫斯基的实践论

车尔尼雪夫斯基（1828—1889）的"实践论"与马克思历史唯物主义中的"实践是检验真理的唯一标准"论调有相通之处。用理智的"实践生活"区别于那些随意脱口而出的所谓"无聊的梦想"，确实对反思我们的现实生活及精神理想有指导意义。俄国人的实践理性或智慧是否预示着俄国人将用实际行动率先结束一个"旧时代"。

实践，是个伟大的揭发者，它暴露一切欺人和自欺，不但在实践的事情上，甚至在感情和思想的事情上也是如此。因此，今天在科学上，实践是判断一切争端的主要标准。"凡在理论上必须争论的一切，那就干脆用现实生活的实践来解决"。

只有人们的无聊话才不是属于现实的——他们嘴里说："我想做个画家啊"，可是就不去研究绘画，或者说："我想做个诗人啊"，却又不去研究人和自然，与现实对立的并不是思想，因为思想是由现实产生而且力求实现的，因此思想构成了现实的不可分离的一部分——与现实对立的倒是无聊的梦想，梦想是在百无聊赖中产生的，只不过爱叉着手眯着眼闲坐的人们的玩艺罢了。同样，"实践生活"也不但包括物质方面，而且包括人的理智活动和精神活动。（542）——车尔尼雪夫斯基《艺术与现实的美学关系》

十六、尼采的超人哲学和权力意志论

尼采（1844—1900）教人做超人，最终落足点却放在权力意志。在他看来，权力意志可粉碎一切，也可建立"房屋"；权力意志通过"命令"弱者，弱者又通过"命令"更弱者（这是他不愿被剥夺的唯一快乐），依此类推，大家合力一起变成"这闪电，这疯狂"，从而"冒着生命的危险"，如"大海"汹涌澎湃、吞噬那过去"落后的一切"（都伪善且精致利己的社会

习俗与人种，这大概是尼采最厌恶和要毁灭的东西），去建立所谓的"超人"社会，最后成就"大地的意义"。尼采更像一个诗人，而不是真理的布道者。

1. 超人哲学

查拉图斯特拉对人群说：

"我教你们什么是超人。人类是应该被超越的。到现在，所有的生物都创造了高于自己的种类，难道你们愿意回归兽类，不肯超越人类吗？

"猿猴对人是什么？

"你们跑完了由虫到人的旅途，但是在许多方面你们还是虫。从前你们是猿猴，便是现在，人比任何猿猴还像猿猴些。

"现在，我教你们什么是超人！超人是大地的意义。让你们的意志说：超人必定是大地的意义！兄弟们，我祈求着：忠实于大地吧，不要信任那些对超越大地希望的人的夸夸其谈！无论有意还是无意，他们是放毒的家伙。他们是生命之轻蔑者、将死者，他们自己也是中毒者。从前侮辱上帝是最大的亵渎，现在上帝死了，因之上帝的亵渎者也死了，现在最可怕的是亵渎大地！现在，我教你们什么是超人！超人就是这大海！

"那时候，你们说：'我的道德算什么！它还不曾使我狂热过。我是怎样疲倦于我的善与恶！这一切都是贫瘠、污秽与可怜的自满！'那时候，你们说：'我的正义算什么！我不觉得我是焰与炭。但是正直者应当是焰与炭！'

"那用舌头舔舔你们的闪电在哪里？那给你们注入的疯狂又在哪里？现在我教你们什么是超人：他便是这闪电，这疯狂！"①（109—110）

2. 关于服从或命令的逻辑和权力意志论

_____

①弗里德里希·威廉·尼采著，刘家庆译，《尼采：我的心灵咒语·查拉图斯特拉如是说》，吉林出版集团，2018年8月。以下同。

一切生命必须服从，不理解服从自己的人，便受别人的命令，这是生命的本性。

命令难于服从。命令者担着一切服从者的重负，而这重负也许压扁了他。更何况，所有的命令都是尝试与冒险，当生命发出命令的时候，他便冒着生命之危险。

弱者之意志说服了弱者，使他供强者驱使，同时，这意志也想成为更弱者的主人。这是他不愿被剥夺的唯一快乐。弱者屈服于强者，以取得统治更弱者的快乐，同样的，弱者屈服于他的权力意志，而为权力冒着生命的危险。

只是有生命的地方，就有意志，但是这意志不是求生的意志，而是权力意志！

让真理粉碎可粉碎的一切吧！待建的房屋多着呢！

——查拉图斯特拉如是说。（155）

3. "伪善之犬"的隐喻

下面是查拉图斯特拉回忆的和"伪善之犬"的对话：

"伪善之犬"问道："教堂？那到底是什么？"

"教堂吗？那是一种国家，是最作诳语的那一种。但是别多讲吧，伪善之犬啊！你当然最知道自己的同类！"

"为了使人相信它的话来自万物之源，它像你一样善于用狂吠和烟雾发言。"

——查拉图斯特拉如是讲。（168）——尼采《查拉图斯特拉如是说》

十七、弗洛伊德的精神分析哲学

弗洛伊德（1856—1939）将人的基本精神分析为本我、自我和超自我。本我即自己，属于身体本能和直觉的部分；自我即主体，它能对自己进行观察和批评；超自我指的是理想层次的自我，它是主体道德价值的形成和理想境界的模型。本我无论怎样，都难免被自我品评指点，因着超自我的理想参照，本我、自我和超自我统一于"天才"。

　　毕竟自我的本质是主体，又怎样成为客体呢？自我决定能让自己成为客体，能像对待其他客体那样观察、批评自己。这时，自我让它的一部分与其他部分相对。自我能被分离，在它进行某些活动时，至少能暂时分为不同的部分。之后，各个部分又能再次结合。①（76）

　　超自我有自我监视、良心和自我理想的功能。……孩子超自我的形成依据的模型实际上是他父母的超自我，这与他的超自我的内容相同，并形成传统且与一切抵抗时代风气的价值判断的传递物，代代相传。（83）

　　整体来讲，自我必须执行本我的指令，通过发现自我能让本我执行指令时圆满适应各种环境下的各项任务。自我和本我就像骑士和马的关系：马提供运动的能力，骑士的权力则是决定运动的目标和指导马的运动。但在自我和本我之间常出现不理想的情况，在这种场合，骑士常常需要引导马沿它想走的路行动。（86）——弗洛伊德《精神分析》

十八、阿德勒的环境决定论和合作成就观

　　阿德勒（1870—1937）的人本主义除了强调"人"的主体意义外，还有两个重要观点：一是肯定环境、群体生活对个性的塑造作用；二是强调人类奉献与合作的重要性，正如阿德勒所说"我们赋予生活的意义""应该是奉献、对别人发生兴趣和互助合作"。

　　长在峡谷里与长在高山顶上的松树虽然树种一样，但因为生活方式不同，两者就有差别。松树通过生活方式来表达自我，并在具体环境中塑造个性。如果我们在期望外的环境背景中看到它，通过对它的生活方式的认知

①西格蒙德·弗洛伊德著，谭慧译，《弗洛伊德：灵魂与身体总有一个在路上·精神分析》，吉林出版集团，2018年8月。以下同。

能让我们明白树木不只是对环境的机械反应，而是具有特定的生活方式。[①]
（43）

我们所有的活动都应该建立在下列理想之上：许多人奉献自己的力量，于是我们能够在现代文化中享受各种利益。一个不合作、孤立自闭、不愿为集体奉献的人，其整个生活必然是一片荒芜，他们将不会在世界上留下任何痕迹。人只有奉献过，才有可能在世间保存其成就，他们的精神永存。（79）

我们之所以形成分工方法，是因为人类学会了合作。分工保障了人类的幸福。如果谁都不想合作，也不想继承前人成果，都只想凭一己之力在地球上谋生，那么人类必然灭亡。（81）——阿德勒《自卑及其超越》

群体生活的基本状况影响每个个体，单独的个体却很难影响群体生活。（97）

人类生活于"意义"的领域之中。对环境的认识是根据环境对人类的重要性，而非纯粹的环境。例如，最简单明了的"木头""石头"亦是指"与人类有关系的木头""能作为人类生活因素之一的石头"来认识。即经过解释，赋予现实以意义而感受之。假使有人想脱离意义的范畴而生活于单纯的环境之中，那么他的结果将非常不幸：自绝于他人，其举动对他自己或别人均无意义。（119）

我们必须牢牢记住："现实"是相对人类而言，是对人类目标和计划的现实。除此，别无现实。（121）

奉献乃生活的真正意义。如若今日我们检视从祖先手里接下来的遗物，我们将会看到他们所遗留下来的都是对人类生活的贡献。我们看到开发过的土地，我们看到公路和建筑物。在传统中，在哲学里，在科学和艺术上，以

---

① 阿尔弗雷德·阿德勒著，星汉译，《阿德勒：这样和世界相处》，吉林出版集团，2018年8月。以下同。

及在处理人类问题的技术方面，我们还看到了他们生活经验互相交流的成果，这些成果都是对人类幸福有所贡献的人们留下来的。（128）

有许多对我们文化有重大贡献的杰出人才都有器官上的缺陷，他们的身体素质很差，有的甚至早夭。然而，这些奋力克服身体或外在环境的困难的人，却造就了许多新的贡献和进步。

第二种常见的在赋予生活的意义中造成错误的情境是把儿童娇宠坏了。……习惯了被人服侍，自然就丧失了独立性，也不知道自己能为自己做些什么事情。（133）

一旦我们发现并了解了生活的意义，我们即已握有了解整个人格的钥匙。（140）——阿德勒《洞察人性》

十九、荣格的表象世界和心理现实论

荣格（1875—1961）认为表象和心理现实才是世界一切事物及人的本质。物理世界和身体的疼痛不过都是一些心相，而集体无意识的"心相"是世界或个人心相存在的前提和条件。荣格的心理学哲学接近东方佛学"心相"的意义，只不过荣格把"心相"归为现实或实在，而东方佛学则把"心相"归结为空和无。

可以说，我们知觉的仅仅是表象，这种知觉过程是这样的，在显现于意识中的表象和感觉器官的神经末梢之间，有一个无意识的过程，这个过程把物理事实转换成了心理表象。

现实向我们直接显现的，不过是仔细加工过的表象而已。

我们生活在一个表象的世界，为了确定物理世界的真实性，我们必须借助物理和化学这些学科，只有它们才能帮助我们透过表象，洞察到心理的世界。

因此，包括一切形式的精神现象（包括那些不涉及事物的"不现实"的观念和思想）是直接的现实，而那些不涉及事物的"不现实"的思想，还在随时排挤那些"现实"的思想，这表明它们更强，也更有影响，而且它们的影响也比物质的影响更大。也正是它们这些无意识，造就了意识，统治着全人类，并成为世界存在的前提和条件。

东方人已经聪明地发现，人的心理存在着一切事物的本质，而西方意识只承认由物理原因造成的现实，无疑存在着缺陷。在我看来，我们能够通过直接经验领悟到的、唯一的现实就是：在精神和物质未知的本质之间，存在着心理现实。①（16）——荣格《对自我的探索》

自然与精神之间的冲突，不过是精神生活固有矛盾的反映。

感官印象本身和肉体的疼痛都只不过是一些心相，可以说，一切我可以通过经验感知到的，都只是心理的东西。事实上，如果说我不得不用人为的手段来确定在我之外的事物模样，那也不过是因为我的精神改变甚至伪造了实在。可以说，心理材料组成了我们的一切知识，这就是最真实的心理实在。

如果人类意识能够达到这样的水平：承认两者都是同一心理的构成因素。我们就会发现心理实在仍然保持着其原初的太一。（178）——荣格《精神分析学》

第三节　精神：欧洲中世纪哲学——神学真理和逻辑哲学

中世纪哲学主要聚焦在纯精神领域：一是从本体或实体论上讨论上帝（即第一实体）或神问题（如存在和启示问题）；二是从逻辑与方法论的纯理性层面讨论共相和个体（个别事物）问题，以及批驳谬误掌握真理的方式。纯精神领域的道德哲学在西方也是源远流长，虽然不像中国或东方文化

---

①卡尔·古斯塔夫·荣格著，刘家庆译，《荣格：岸，是永不消失的希望》，吉林出版集团，2018年8月。以下同。

这般已成体系。

一、逻辑哲学：共相与个别事物论，批驳的方法论

共相（类名，种和属）和殊相（专名，个别事物）的性质与关系是中世纪很多哲学家关心的逻辑哲学问题，涉及个体、命名、实质、事物、普遍性、抽象、直观等诸多不同又相互联系的语言与实在概念，确实复杂难辨。邓斯·司各脱为理智和纯逻辑形式的原理或真理进行辩护；罗吉尔·培根指出的掌握真理的"四大障碍"实质上都是"反逻辑"的基本做派，至今于权力话语与落后习俗方面，仍流毒难尽。

1. 波爱修（约480—524）的共相论：共相包括"种""属"等类型概念，它潜存于感性事物，且为理智所理解

"种"和"属"是在个体之中，但它们都被思考为共相，并且，"属"必须被看作不外是把个体中的众多的实质上相似性集合起来的思想，而"种"则是集合"属"的相似性的思想。但是这种相似性，当它是在个别事物中时，它是可感觉的，当它是在共相中时，它是可以认知的；同样地，当它被感知时，它是留在个体中，当它被理解时，它就成为共相。因此，它们是潜存于感性事物中，但它们不依赖形体就可被理解。（233）——波爱修《波尔费留〈引论〉注释》

2. 阿伯拉尔（1079—1142）关于共相的事物名称与理智独立论：共相是真实事物和一群事物的名称，又可以单独地、赤裸裸地、纯粹地为理智所包含，从而意义不灭

实际上它们（共相）是用命名来指出真实存在的事物，这和单数名词所指示的事物是相同的，这绝非是空洞的意见；可是，在某种意义上，它们又是单独地、赤裸裸地、纯粹地包含在理智之中的。（252）

我们绝不主张普遍名词当其所指的事物已经消灭了时，由于它与任何事物都不相通，它就不能指示许多事物了。例如玫瑰花这名字，当此间不再有玫瑰花的时候，尽管缺少了它所命名的东西，但是，无论如何在理解上仍然

有意义；否则，就不会有"没有玫瑰花"这个命题了。（255）

　　显然，凡共通的词，它本身在本质上似乎是一个单个事物，但是通过命名却使它在多数事物的名称下成为共有的；显然它是依据这种名称，而不是依据它的本质，表达多数东西。不过，这一群事物本身是名词的普遍性的原因，因为照我们前面说过的，只有那包含着多数的东西才是共相；而事物给与词的这种普遍性，这些事物自身是没有的，因为这词并不是由于这事物而有意义，而是因为，即使我们不说事物指示意义或事物具有名称，而一个名词却是对于一群事物的名称。（258）——阿伯拉尔《对波尔费留的解释》

　　3. 托马斯·阿奎那（1225—1274）关于共相的理智抽象论

　　单独的、个体的知识，就我们来讲，它是先于普遍的知识，正如感性知识是先于理智知识一样。但就感性和理智二者而言，对较普遍的东西的认识则先于对较不普遍的东西的认识。

　　共相的性质可看作是和普遍性的概念在一起的。由于普遍性的概念来自理智的抽象，所以这样的共相是在我们的已有知识之后获得的。……根据柏拉图的见解：共相是潜存的东西，这样的共相是先于殊相而存在，因为后者只是分沾了潜存的共相。柏拉图称这样的共相为"理念"。（272—273）——托马斯·阿奎那《神学大全》

　　4. 奥康的威廉（约1300—1350）的个别事物和共相论：个别事物才能产生直观认识，共相则是理智的对象；前者是认识的起源的第一个对象，后者则不是。共相不是个别事物的真正的认识，合成的认识才是对个体事物的真正的认识

　　首先被获得的关于个别事物的这种单纯的特有的认识，我认为是直观的认识。这种认识是第一位的，这是清楚的；因为关于个别事物的抽象认识是以同一对象的直观认识为前提的，反之则不然。直观的认识才是关于个别事物的真正的认识，这也是清楚的；因为它只能由这个个别事物直接产生，或者它的本性是为这个个别事物所产生的；它的本性不能由别的个别事物所产

生，即使是同一类的事物。

如果我们不能获得关于个别事物的特殊知识，我们就没有关于个别事物的真正的和单纯的认识。（293）

对于一个个别事物，我们有一种真正的认识，这不是由于它对这一个事物比对另一个事物具有更大的相似，而是因为这种直观的认识本来就仅是由这个东西而不是由另一个东西所引起的，而且不可能被另一个东西所引起。（294）

当我看到某种东西时，我有一种真正的抽象的认识；它不仅是一种单纯的认识，而且是由单纯的认识所组成的。这种合成的知识是回忆的基础；我所以回忆苏格拉底，是因为我在一定的地点曾经看见过有一定形象、颜色、高度和宽度的苏格拉底，由于这些结合在一起才使我回忆起曾经一度看见过的苏格拉底。如果你忽略了其中之一以外的所有单纯概念，你就不能借此记忆联系到苏格拉底，而不联系到另一个与之完全相似的人；我完全能回忆起某个人，但到底是苏格拉底还是柏拉图，我显然不知道。所以一个单纯的抽象认识并不是关于个别事物的真正的认识，而合成的认识才是对于一个个体事物的真正的认识。（295）

共相在适当（即对理智对象的适当）的序列中是一个对象，但不是认识的起源的第一个对象。（296）——奥康的威廉《逻辑大全》

5. 邓斯·司各脱（约1270—1308）的理智或逻辑真理论

只要我们了解到第一原理具有确定性，那末，何以我们会确信从这一原理引出的结论，就很明显，因为完全的三段论式是十分明显的，一个结论的确定性，纯然以原理的确定性以及推论的合理性为根据。（283）

感官并不是理智所具有的知识的原因，而只是一个诱因，因为理智若不从感官方面获得主题，就不可能对命题的主题有任何知识。但是，理智一旦有了主题，它就会凭着自己的能力用这些主题构成命题。如果一个命题从它所包含的主题来看显然是真的，那末，理智凭着它自己的能力就会肯定这

个命题，它这样做是以主题为根据，而不是根据它借以从外面获得主题的感官。（284）

即使那些主题来自错误的感官，理智也不会受骗；因为，理智所认识到的那些主题的形式意义，是这个否定意义的真理的必然原因。——邓斯·司各脱《牛津论著》

6. 罗吉尔·培根（约1214—1293）的"四障碍"论：提供了人们掌握真理和批驳谬误的方法

在掌握真理方面，现在有四种主要的障碍，它妨害每一个人，无论人们怎样学习，都无法弄清楚他所学的问题，而总是屈从于谬误甚多、毫无价值的权威；习惯的影响；流行的偏见；以及由于我们认识的骄妄虚夸而来的我们自己的潜在的无知。（285）——罗吉尔·培根《大著作》

二、神学：理智或启示的神学真理

神学问题归根结底是人的精神独立存在、价值、绝对性和道德依托问题。上帝如果不存在，那人的精神境界的终极又抵达何处？上帝如果被否定，人的精神价值就更难以估量或面临崩塌？上帝如果不是绝对的，那么世界势必沦为相对主义，难以形成统一的共识或标准。上帝是人的精神依托或道德救赎，唯有心灵深处的纯净与执着信念，人们才能展开对物质世界和自身欲望的旷日持久的真正较量，不至于堕落成劣等动物。正如德国哲学家费尔巴哈所指出："上帝就是人的显示出来的内心、宣说出来的自我；宗教是人的隐匿的宝藏的庄严的揭露，是人的内心深处的思想的自白，是人的爱的秘密的公开的自承。"个人的精神堕落或是道德缺失问题，集体的精神堕落则大概率是上帝或神学问题。

1. 爱留根纳（约800—877）的自然和上帝论：自然是全部事物的称号，上帝则是超自然的存在，后者可谓包罗万象

我常常思考，并极力细心探讨，心灵所能了解的或者超越心灵力量所能及的全部事物，从最根本和最重要的方面来看，是怎样区分为存在的与不

存在的。因此，对于这个全体，我们用自然这个名称作为其共同的称号。
（234）

那个唯一真实的上帝，却是包罗万象的存在，正如法官第欧尼修所说过
的：“存在属于全体，超存在乃是上帝。”（236）——爱留根纳《论自然的
区分》

2. 安瑟尔谟（约1033—1109）关于上帝是最高级存在的证明

所以，圣主啊，我的上帝，你是确确实实存在着的，绝不能被设想为不
存在，这是实际情况。因为，如果一个人能设想有一个比你更好的存在者，
那就是被创造者上升到创造主之上并要裁判创造者了，这是极端荒谬的。实
际上，除了你以外，所有其他的存在者，都可设想为不存在。只有你，只有
你的存在，比一切其他存在者的存在，最为真实，并且有最高的存在性。其
他任何存在者的存在，没有你这样真实，所以它们具有的存在性，乃是低级
的。既然如此，既然在一个有理性的人看来，显然你是最高级的存在者，为
什么愚人会在心里讲没有上帝存在呢？除了由于他是粗鲁的愚人外，还有什
么呢？（242）——安瑟尔谟《宣讲》

3. 高尼罗（？—约1083）的“理解”上帝是至高无上的存在者

说这个至高无上的存在者不能被设想为不存在，也许还不如说：它不能
被理解为不存在或有不存在的可能性。（250）——高尼罗《为愚人辩》

4. 托马斯·阿奎那的上帝启示论、上帝存在的“五方面证明”和关于哲
学的自然学、数学和神学的三大类型

除了哲学理论以外，为了拯救人类，必须有一种上帝启示的学问。
（259）

虽然超出人类理智的事物，用理智不能求得，但若有上帝的启示，凭信
仰就可取得。（260）

神学分为两部分，一是思辨的神学，一是实践的神学，它在思辨和实践
两方面都超过其他科学。通常，我们说一种思辨科学超过其他科学，不外指

它的确实性比其他科学高，或者它的题材比其他科学更高贵，而神学在这两方面都超过其他思辨科学。（260）

神学可能凭借哲学来发挥，但不是非要它不可，而是借它来把自己的义理讲得更清楚些。因为神学的原理不是从其他科学来的，而是凭借启示直接从上帝来的。所以，它不是把其他科学作为它的上级长官而依赖，而是把它们看成它的下级和奴仆来使用：有如主要科学使用附属科学、政治学使用军事学一样。（261）

上帝的存在，可从五方面证明：

第一，从事物的运动或变化方面论证。……所以，最后追到有一个不受其他事物推动的第一推动者，这是必然的。每个人都知道这个第一推动者就是上帝。

第二，从动力因的性质来讨论上帝的存在。……因此，有一个最初的动力因，乃是必然的。这个最初的动力因，大家都称为上帝。

第三，从可能和必然性来论证上帝的存在。……因此我们不能不承认有某一个东西：它自身就具有自己的必然性，而不是有赖于其他事物得到必然性，不但如此，它还使其他事物得到它们的必然性。这某一个东西，一切人都说它是上帝。

第四，从事物中发现的真实性的等级论证上帝的存在。……因此，世界上必然有一种东西作为世界上一切事物得以存在和具有良好以及其他完美性的原因。我们称这种原因为上帝。

第五，从世界的秩序（或目的因）来论证上帝的存在。……所以，必定有一个有智慧的存在者，一切自然的事物都靠它指向他们的目的。这个存在者，我们称为上帝。（261—264）

思辨科学的对象，本来就是对于物质和运动的抽象，或对此二者的理解活动。因此，思辨科学按照远离物质和运动的程度划分为不同的学科。思辨对象中间，有一些在存在上是依靠物质的，因为它们只能存在于物质中。

这些对象的特点就在于它们在存在和概念上依靠物质，例如那些在定义中设定感性物质的对象就是如此，它们离开了感性物质就是不能设想的，例如在人的定义中就必须放进肉和骨头。研究这些对象的是物理学，又名自然学。另外一些对象则不然，它们虽然在存在上依靠物质，在概念上却并不依靠物质，因为在它们的定义中感性物质并没有地位，例如线和数，研究这些对象的是数学。还有一些思辨对象，在存在上并不依靠物质，它们能够脱离物质而存在，因为它们有些是永远不在物质中，如上帝和天使，有些则有时在物质中，有时不在物质中，如实体、性质、潜能和活动、一和多之类。研究这些对象的是神学；其所以称为神学，是因为它所研究的对象主要是上帝。它也被称为形而上学，意思是超过了物理学，因为我们在物理学之后遇到这个研究对象，我们是必须从感性事物前进到非感性事物的。它又称为"第一哲学"，因为其他的科学都从它取得自己的原则，都跟从它。……所以，除了上述三门以外，并没有什么第四门的哲学。（266—267）——托马斯·阿奎那《神学大全》

5. 邓斯·司各脱的超理智和超自然的上帝理念论

我们在今生不可能利用理智直接把握上帝的真正理念。因为，我们没有一门由自然获得的学科来研究某个真正与上帝自身相应的上帝理念。（281）——邓斯·司各脱《巴黎论著》

三、道德哲学：神形一致或知行合一的道德模范

在西方，上帝的道德理性和社会功能与中国和东方的儒道佛的道德理想和实践是神形一致的，也正因为有"上帝"（教父）代替了"中国古圣先贤"杵在那里，雷打不动，用以规范人性道德，所以，西方哲学家才会把全副时间和精力都放到了理性与科学领域。由此可见，在人类的纯精神领域，理性和道德从来都是相向而行的，极致或最终归宿自然都出神入化，上帝或佛道的"全知全能"（理性的极致）和"尽善尽美"（道德的极致）就是其具体体现。最理性的人也是最有道德的人，最有道德的人也是最理性的人，

道德与理性在根本和表现上并无矛盾。撇开上帝或真神的宗教和迷信的外衣去看"人"自身，上帝也就成了人中的"道德模范"的代名词，而且上帝的"良善"是不用伪装的。

从差异上看，理性和道德的目标的确有所不同，理性是智慧的极致，目标是科学真理；道德是人性的极致，目标是"道德模范"或良善的表率。简言之，理性的理性是自然和社会科学，而道德的理性则是人学或超凡入圣的科学，即人性和仁义之道。

很明显，西方哲学家对"道德理性"或人性和仁义之道即关于个体怎么做人与抵达人性的极致境界等是缺少实质性推崇和深入地研究的，西方除了社会关系领域的伦理学（用于处理人际关系），以及在承认人欲的情况下强调用统一的法律来约束个人外，诸如仁慈、义礼、谦让等做人的优秀道德品质则鲜有时尚，或显得琐碎和不重要。

与欧美哲学家所做正相反，中国或东方哲学家则极力倡导个人的"得道""入圣""成佛"，强调从道德品质方面去规范和定义"人"及"圣贤"或"佛菩萨"内涵，从而开辟出了另一种也属于人类科学和哲学发展的独特文化路线，罗素甚至将之称为"文化帝国主义"。

（一）道德与理性

主要观点：1. 道德是一种精神快乐；2. 道德是理智的谦卑或选择；3. 道德是一种中道精神；4. 道德是对自身欲望、情感的节制。

1. 赫拉克利特的精神快乐论

如果幸福在于肉体快乐，那就应当说，牛找到草吃时是幸福的了。

如果一个人的愿望都得到了满足，这对他是不好的。（28）——赫拉克利特著作残篇

2. 德谟克里特的道德学说：崇尚高尚、智慧、节制、良善、正直和公允等的品德，人应该做好人、向好人学习，法律也是为了这一有效目的服务

卑劣地、愚蠢地、放纵地、邪恶地活着，与其说是活得不好，不如说是

慢性死亡。

追求对灵魂好的东西，是追求神圣的东西；追求对肉体好的东西，是追求凡俗的东西。

应该做好人，或者向好人学习。

使人幸福的并不是体力和金钱，而是正直和公允。

害人的人比受害的人更不幸。（52）

法律的目的是使人们生活得好。可是要达到这个目的，一定要人们愿意幸福。对遵守法律的人，法律才是有效的。（54）——德谟克里特著作残篇

3. 苏格拉底式的理智或智慧的谦卑

最后我去访问工匠。因为我意识到自己确实一无所知，相信会发现他们知道很多好东西。这一点，我可没有看错。因为他们确实知道很多我所不知道的东西，在这一方面他们比我智慧。可是，公民们，我发现那些能工巧匠也有同诗人们一样的毛病，因为自己手艺好，就自以为在别的重大问题上也很智慧。这个缺点淹没了他们的智慧。（67）

人们哪！像苏格拉底那样的人，发现自己的智慧真正说来毫无价值，那就是你们中间最智慧的了。（68）——苏格拉底（引自柏拉图《苏格拉底的申辩》）

4. 柏拉图的节制欲望、有良好的教养和"当自己的主人"

我想节制就是一种恰当的安排，就是控制某些快乐和欲望。常言道"当自己的主人"，该是这个意思，虽说这话很费解，语言中还有许多别的线索可循。

人的灵魂里有一个比较好的成分和一个比较坏的成分；好的控制坏的时，就说他"当自己的主人"。这当然是褒辞。如果他由于教养不良、交友不善，因而好的成分小，被居多数的坏的成分所控制，那就说他"当自己的奴仆"，没有决断了。这是贬辞。

我还要指出，多种多样的、五花八门的欲望、快乐和痛苦，大都见于儿

童、妇女、奴仆以及号称自由人的大量平民当中。（113）——柏拉图《国家》

5. 亚里士多德的中道及美德理论

可是，美德就是涉及激情和行动的，在其中过多乃是一种失败的形式，不足也是这样，而中间则受称赞，是一种成功的形式；受称赞和成功，都是美德的特性。因此，美德是一种适中，因为，如我们所看到的，它乃是以居间者为目的的。

恶行不是做得不够，就是做得过分。而美德则既发现又选取了中道。因此，就其实质和就表述其本质的定义而言，美德是一种中道，而就其为最好的、应当的而言，它是一个极端。（156）——亚里士多德《尼各马可伦理学》

6. 斯宾诺莎的情感奴役论，与柏拉图的"做自己的主人"如出一辙

我把人在控制和克制情感上的软弱无力称为奴役。因为一个人为情感所支配，行为便没有自主之权，而受命运的宰割。（440）——斯宾诺莎《伦理学》

（二）道德与宗教

主要观点：1. 上帝创造的就是美好的；2. 道德源于上帝的启示和教导；3. 心灵与宗教结合导致道德行动。

7. 奥古斯丁（354—430）的美好世界和仁爱论

一切事物都是由那具有至上、同等、永不改变之善的三位一体（圣父、圣子和圣灵的整体或一神论）的神所造成的；这一切事物虽没有至上、同等、永不改变的善，但他们也是善的，甚至分别地说，也是如此。就全体而论，一切事物都很好，因为它们总形成一个奇妙美丽的宇宙。（219）——奥古斯丁《教义手册》

谁认识真理，即认识这光（上帝之光）；谁认识这光，也就认识永恒。惟有爱能认识它。（224）——奥古斯丁《忏悔录》

8. 托马斯·阿奎那的上帝启示论。在他看来，貌似只有上帝才有资格对人类进行道德说教，将人类从食色欲望和道德沦丧的深渊中解救出来，因为上帝就是至善的代表

全部经书，都是凭上帝的启示写的，对于教导，对于谴责，对于使人归正，对于使人受正义的教育，都是有益的。

除了哲学理论外，为了拯救人类，必须有一种上帝启示的学问。……人是应该先知道上帝的目的，这样才可以驾御自己的意志、行为，趋向目的。（259）——托马斯·阿奎那《神学大全》

说人类幸福在于身体快乐，这显然是不可能的，身体的快乐，主要指食色两方面的快乐。

再说，幸福本是适用于人而言。把动物的行为看成是快乐，这是名词的误用。因此，我们绝不可将幸福归于它。（276）

再说，道德行为受人赞美，是由于它导向幸福。（277）——托马斯·阿奎那《反异教大全》

9. 马勒伯朗士（1638—1715）心神结合完善论

心灵与神结合得越紧密，也就越纯粹，越光辉，越强大，越恢宏，因为正是这一结合造就了它的全部完善。反过来，它与肉体结合得越紧密牢靠，也就越腐化，越盲目，越软弱，越萎缩，因为那种结合造成了它的全部不完善。（475）

一个人如果只根据心灵的纯粹观念判断一切，小心避开尘世的杂乱喧嚣，返回自己的内心，倾听最高主宰的声音，在感官与情欲沉寂无声的状态下，就不可能陷入错误了。（476）——马勒伯朗士《真理的探索》

（三）道德与政治

主要观点：公共权力、法律、教育和实践律令保障道德行为。

10. 霍布斯的权力保障道德论。在他看来，那些关于正义、公道、谦让、慈悲以及（总起来说）像我们愿意别人对待我们那样对待别人等的自然规律

需要权力去保证遵从，从而使自然的情欲如偏私、骄傲、报仇之类不敢越雷池一步

自然界的规律本身，像正义、公道、谦让、慈悲以及（总起来说）像我们愿意别人对待我们那样对待别人，如没有某种权力所引起的恐怖使人们遵从，是与我们自然的情欲正相反的，自然的情欲是引我们趋向偏私、骄傲、报仇之类的。（399）

公共权力可以保护他们不受外人侵略以及彼此伤害，从而使他们获得安全，可以靠自己的劳力和大地的生产品养育自己，并且过着满意的生活。（400）——霍布斯《利维坦》

11. 爱尔维修（1715—1771）的公共道德论

一个人一切行动都以公益为目标的时候，就是正义的。单是行善还不足以当美德之名。

要行为正直，就应当仅仅倾听和信任公共的利益，而不要听信我们周围的人。个人利益通常总是使他们利令智昏的。（183）

因此为了做一个正直的人，就必须把灵魂的高尚和精神的明智结合起来。任何一个在自己身上结合了这两种不同的自然赠品的人，都是以公共利益作为行动的指南的。这种利益是人类一切美德的原则，也是一切法律的基础。它应当启发立法者，迫使人民服从他所制定的法律；总之，为了这个原则，必须牺牲自己的一切温情，连人道的温情也不例外。

要想行为正直，就必须不要听自己所属的那些集团的话，而只听公共利益的指示。永远听从公共利益的人的行为，只会是或者直接有利于公众、或者有利于个人而无害于国家的行为。这样的行为对于他是永远有益的。（184）——爱尔维修《论精神》

12. 霍尔巴赫（1723—1789）的无神论和德育观

宗教使人民成为一群蠢才，除了盲目地顺从一些无聊的举动以外，不知还有其他美德，而把那些举动的价值看得大大地高于各种现实的美德和道德

义务，人们是从来不让他们知道道德的意义的。

要培养人，要得到道德的公民，必须教育他们，给他们指出真理，给他们讲道理，使他们知道自己的利益，教导他们尊重自己，畏惧耻辱，在他们心里引起真正荣誉的观念，使他们认识美德的价值和追求美德的动机。（232）——霍尔巴赫《自然体系》

13. 康德的道德实践律令：不可将人视为手段或工具的人性道德为本、为目的的理论

现在我说：人，总之一切理性动物，是作为目的本身而存在的，并不是仅仅作为手段给某个意志任意使用的，我们必须在他的一切行动中，不管这行动是对他自己的，还是对其他理性动物的，永远把他当作目的看待。（317）

实践的律令就是下面这句话：你的行动，要把人性，不管是你身上的人性，还是任何别人身上的人性，永远当作目的看待，决不仅仅当作手段使用。（318）——康德《道德形而上学的基础》

（四）道德与崇高

主要观点：1. 道德属于人的形而上或崇高的精神追求；2. 是人内心深处对爱的伟大信仰；3. 道德标准与时俱进。

14. 卢梭的高尚论

率性而为不算高尚，生性所致的乐善好施的兴趣也不算高尚。高尚是当义务需要时能压制自己的天性而执行义务需要的活动——这是我不及上层社会人之处。

还债是义务，而施惠就是兴趣了。只有那些常依道德行事的人，才能将尽义务视为乐趣；而行事全依天性的人则难以达到这种高度。[1]

---

① 让·雅克·卢梭著，星汉译，《卢梭：孤独，是与生俱来的幸福》，吉林出版集团，2018年8月。

（202）——卢梭《漫步遐想录》

15. 叔本华的道德隐藏说

不过，人的道德品行与才智并不成正比，以面识人，仅仅能识别这个人的才智，我们并不能从一个人的容貌去判别他的道德品行。这是因为道德品行是属于形而上的范畴，是比较深刻的东西，虽然它也和身体有点关联，但不会跟身体的某个部位或者器官产生关联，更不会像才智那样和身体有直接的关系。每个人都是竭尽所能地表现自己的才智，但不会将自己的道德品行暴露在外，反而会想方设法去隐藏自己的道德品行。所以，我们能够轻轻松松地从容貌中判定一个人肯定无法写出不朽的著作，却无法知道这个人会不会犯下滔天罪行。①（166）——叔本华《生存空虚说》

16. 费尔巴哈（1804—1872）的上帝即人的本质论

在这里，"人的对象不是别的，就是他的客观本质本身"这个命题，是毫无限制地有效的。人是怎样想的，有怎样的心思，他的上帝就是怎样的：人的价值有多大，他的上帝的价值就有多大，一点也不更大些。上帝的意识就是人的自我意识，上帝的认识就是人的自我认识。你从人的上帝认识人，反过来又从人认识他的上帝；这两者是一回事。人认为是上帝的，就是人的精神、人的灵魂；是人的精神、人的灵魂、人的心情的，就是人的上帝：上帝就是人的显示出来的内心、宣说出来的自我；宗教是人的隐匿的宝藏的庄严的揭露，是人的内心深处的思想的自白，是人的爱的秘密的公开的自承。

（476）——费尔巴哈《基督教的本质》

17. 尼采的道德时代性及与成功的关系

这不过是他们（哲学家）的那种崇敬的表现：高级的东西不允许从低级的东西中生长出来，并根本不允许生长而成……一切最高价值都属于第一等

①阿图尔·叔本华著，李秀霞译，《叔本华：活出人生的意义》，吉林出版集团，2018年8月。

级，一切最高概念，比如存在者、绝对者、善、真、完美——这一切不可能
是生成的。然而，这一切也不可能彼此不等，不可能自相矛盾……于是他们
有了"上帝"这个惊人的概念……最后的、最稀薄的、最空洞的东西被设置
为最初的东西。[①]（34）——尼采《道德的谱系与善恶的彼岸》

善的等级并非在任何时代都固定不变。如果一个人"藐视"司法公正而
去寻仇，按照往日文化的标准，这种行为是道德的，而按照现在的文化标准
则是不道德的。（63）

"根据成功与否来衡量一个人的行为道德与否"，这是人们的普遍观
点。

同样的行为，成功会给予它诚实的光彩，失败则以尊敬的行为掩饰内疚
的情感，由此可以理解政治家的行为举止。政治家认为："拥有成功即可。
伴随着成功，诚实的心灵会涌向我，并使我在自己面前变得更加诚实。"由
此可见，成功代替了其他更为充分的理由。（79）——尼采《人性的，太人
性的》

（五）道德与亚洲文化（文化帝国主义）

18. 罗素（1872—1970）的"政治帝国主义"和"文化帝国主义"

在未来几百年，文艺复兴以来闻所未闻的多样性文明势必现身，可能会
出现比政治帝国主义更强大的文化帝国主义。……在当前的大战之后，假如
我们打算在世界上生活得更舒适，那么，从我们的思想深处就要承认两种平
等，一是在政治方面承认亚洲与我们是平等的，二是在文化方面也要承认这
种平等。尽管现在无法判断这会带来何种变化，但它一定具有深刻而重要的
意义。[②]（208）——罗素《西方哲学史》

---

① 弗里德里希·威廉·尼采著，刘家庆译，《尼采：我的心灵咒语》，吉林出版
　集团，2018年8月。下同。
② 伯特兰·罗素著，文利编译，《西方哲学简史》，陕西师范大学出版社，2010
　年12月。

19. 中国儒家主张的以"仁"为中心的"内圣外王"之道；道家"遵道贵德"的道德理论与实践体系；佛家还的"清净本心"的觉悟成佛之路……

（参见本书上篇相应内容）

结　语

根据罗素的推断，在米利都学派以前，西方主要存在农业文明、航海文明和游牧文明等，比如古埃及文明、古巴比伦文明属于农业文明，克里特岛的米诺斯文明及传到大陆后的迈锡尼文明属于航海文明，等等。古希腊文明是众多文明的交会融合下的产物。

古希腊文明在艺术和哲学的光照下，从宗教迷信和原始崇拜中解放出来，希腊文明的第一个名人是诗人艺术家荷马，第一个哲学家是米利都学派的泰勒斯。作为希腊哲学诞生的第一人泰勒斯以及所有的后继哲学家，他们以如椽之笔共同界定、见证和阐释了"哲学"的意义和范围，为西方奠定了雄厚的哲学基础和创造了璀璨的哲学文化。

因此，关于"哲学是什么"的问题，势必要从古希腊哲学（这正是本文的基本内容之一）和哲学家说起。但是，早期哲学家并不是每个人都能自觉反思"哲学"的意义与范围，从而更像是在秉着天赋随心自发地在开展哲学研究。

其中，自觉的"哲学家"存在如下一些杰出人物及代表性论断。

1. 毕达哥拉斯、柏拉图等人：哲学即"爱智慧"；2. 亚里士多德、斯多葛派等人：哲学主要包括逻辑学，自然哲学，伦理学；3. 康德、黑格尔：纯粹理性和批判哲学，哲学是科学的真理体系和真正的知识；4. 欧洲中世纪托马斯·阿奎那等人：物理学、数学和神学（或形而上学）；5. 后期维特根斯坦：日常语言哲学←→哲学问题？语言的使用标准←→哲学语法等。

前人栽树，后人乘凉。有这么多古圣贤达对哲学深耕不辍，实在是人类的大幸。在我看来，从事"哲学"研究需特别注意两点：一是避开逻辑或语法错误而独立地进行思考；二是超越身体需要和个人感觉之上，注重形而上又形而下的思辨与论证。

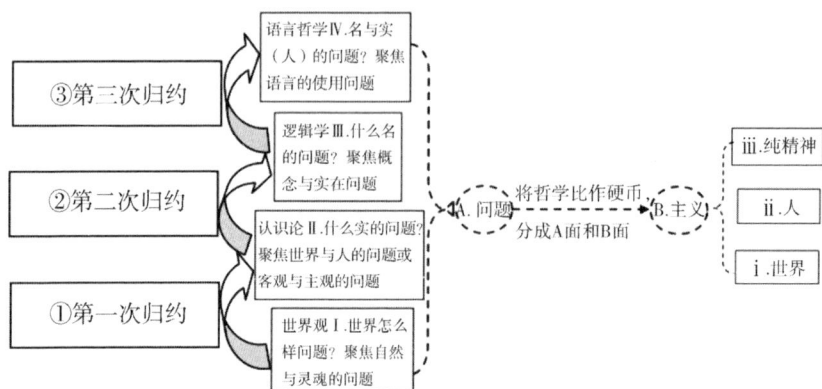

图 1　哲学问题的上溯、归约以及最终消失

哲学家总喜欢把哲学问题（Ⅰ.世界观、Ⅱ.认识论、Ⅲ.逻辑学和Ⅳ.语言哲学问题）进行不断的上溯和归约，貌似解决了最上游的问题，下游流向哪里就怎么也不出其外了。自古希腊哲学第一人泰勒斯创立"哲学"这一流派以来，西方哲学家们共经历了三次归约：①将世界观归结为认识论问题，以笛卡儿、洛克、康德等人最为代表；②将认识论归结为逻辑学问题，这派哲学家创造了一门新的数理逻辑，认为它为哲学分析之典范，且从哲学中成功地消除了人的心理、感觉等主观因素问题，以弗雷格、罗素、怀特海等人最为代表；③将逻辑学归结为哲学语法和日常语言哲学问题，其中尤以后期维特根斯坦的《哲学研究》最为代表，认为日常语言比逻辑符号更广阔包容，而日常语言哲学可为一切表达提供使用标准，所以日常语言哲学问题的解决，同时意味着哲学的最后消亡。

当然，哲学的消亡恰意味着科学的强盛。正如俄国哲学家赫尔岑（1812—1870）所言："科学是一个整体；正如没有两个宇宙一样，也没有两个科学。人们自古以来都把科学比作枝叶茂盛的树——这种比喻是非常恰当的；每一根树枝，甚至每一株幼芽都具有它的相对独立性；可以认为它们是一些独特的植物，但它们总起来都属于这些植物当中的一株完整的、具有生命力的植物——树。"①（511）当科学强大到无所不通晓，科学哲学的探讨则会慢慢消亡，而人类命运共同体的幸福指数也将登峰造极。

但是哲学真的会消亡吗？按后期维特根斯坦的哲学理论，搞清楚了所有语言（如自然、人、神等语词）的用法和界限，（这是前提）哲学才会被终结，或者说被科学所取代。（这是结论）但是这个"前提"基本不可能实现，因为，语言词汇量太庞大了，并且跟人类整体文化交织在一起。简言之，哲学终结了，科学也就没什么好研究的了，因为都彻底研究完了，可想而知，那个时候人类将进入什么样的"超现代"时代。

有问题，就有哲学，就有科学研究，因果关系，几乎同步。传统以及现代哲学，如果一定要被终结，那大概率是要被语言哲学和科学哲学（或文化的整体主义）所取代。但是，语言哲学和科学哲学，不也是从传统中来，包含于现代，何来终结一说。

人类离理想的"超现代"还很远，因此，"终结说"归根结底便沦为一种哗众取宠的操控语言字眼的"游戏"。最后总结一下，如果马克思所言非虚，人类最终将进入共产主义社会，那么，艺术、哲学和科学，将是人类精神最后的栖息地。

参考资料

1. 北京大学哲学系、外国哲学史教研室编译，《西方哲学原著选读（上、下卷）》，商务印书馆，1981年6月。（本文页码未特别标明出处的地

---

①北京大学哲学系、外国哲学史教研室编译，《西方哲学原著选读（上、下卷）》，商务印书馆，1981年6月。

方，皆引用此书）

2. 罗素著，何兆武、李约瑟译，《西方哲学史（上、下卷）》，商务印书馆，1963年9月。

3. 弗里德里希·威廉·尼采著，刘家庆译，《尼采：我的心灵咒语》，吉林出版集团，2018年8月。

4. 伯特兰·罗素著，文利编译，《西方哲学简史》，陕西师范大学出版社，2010年12月。

5. 让·雅克·卢梭著，星汉译，《卢梭：孤独，是与生俱来的幸福》，吉林出版集团，2018年8月。

6. 阿图尔·叔本华著，李秀霞译，《叔本华：活出人生的意义》，吉林出版集团，2018年8月。

7. 卡尔·古斯塔夫·荣格著，刘家庆译，《荣格：岸，是永不消失的希望》，吉林出版集团，2018年8月。

8. 西格蒙德·弗洛伊德著，谭慧译，《弗洛伊德：灵魂与身体总有一个在路上·精神分析》，吉林出版集团，2018年8月。

9. 阿尔弗雷德·阿德勒著，星汉译，《阿德勒：这样和世界相处》，吉林出版集团，2018年8月。

第二章　维特根斯坦《哲学研究》①纲要或改进——维特根斯坦日常语言哲学探索：文化研究中的语言主义

导　言

维特根斯坦是一个哲学天才。这样的"天才"意义在于，一般人的大脑只能同时打开一两个窗口，维特根斯坦可能正同时打开上百个窗口，而电脑依旧切换自如、运行正常。当然，这不是说维特根斯坦从不存在"卡顿"的时候，不然《哲学研究》②也不必等到其死后出版。

一个学者搞了大半辈子的研究，最终因为诸多顾虑放弃了自己心血之作《哲学研究》的出版面世，足以说明此书仍有不完善之处，维特根斯坦自己也曾坦承由他来改善它的时间已经过去。据维特根斯坦的学生和挚友诺尔曼·马尔康姆回忆说："他（维特根斯坦）说它（《哲学研究》）不是最终完成的样子，但是他认为在他有生之年他不可能对它进行最后的润色了。"③

维特根斯坦对日常语言倾注的心血和研究决定了其论题的广泛性和切

---

① 维特根斯坦著，陈嘉映译，《哲学研究》，上海人民出版社，2005年4月。本部分页码未特别标明出处的地方，皆引用此书。

② 维特根斯坦的《哲学研究》由他的弟子安斯康姆（G. E. M. Anscombe）和里斯（R. Rhees）在其死后根据他的手稿编辑而成，并由前者译成英文，以德英对照版的形式出版。

③ 诺尔曼·马尔康姆著，李步楼、贺绍甲译，《回忆维特根斯坦》，商务印书馆，2012年8月，105页。

面的复杂性。举个例子来说，"战争不能打断思考"，这一方面说的可能是"部分事实"，另一方面说的可能只是"表达方式"，而需要对其意义进行语言替换和逻辑澄清，当然这还可以是某人出于对"战争"抑或"思考"等概念的再行思考等；这些相互交织的"日常语言"的意义以及意义的标准究竟是什么，为何将它们曝光在历史、社会与人文背景中的时候变得如此复杂，如何对这些不同的意义进行划界和弄清它们这样表达的标准，这本身就是极为困难的事情。

　　人与人交流似乎不成问题，但是要从哲学角度把这样那样的日常表达全面澄清，果不其然，这是要拿人类全部的"语言功夫"开涮了，这是要让大家看"哲学的笑话"还是"语言的笑话"，但是，维特根斯坦确实这样做了，这是一种维式的日常语言哲学研究或日常用语的"哲学语法"调查，只是因为其"面对的敌人"太过于强大，所以貌似只能"打到哪里算哪里"了。

　　其实，后期维特根斯坦哲学的中心或主线，还是可以大致梳理的，主要体现在两个方面：一是"意义问题"，即关于日常语言表达了什么意义或东西的问题，当然，这种意义在使用者的不断变换及解构中，相当地不确定，因此，维特根斯坦最终只能将其归结为"使用及游戏"；二是"语法问题"，即关于日常语言表达的意义或东西的判定标准问题，这是整个后期维特根斯坦哲学聚焦的中心所在，如果说"意义问题"解决的是日常语言"是什么"的问题，那么"语法问题"解决的就是日常语言"为什么"和"怎么样"的问题，并且在一定的程度上是由后者决定着前者，这也是维特根斯坦所强调的"只有学会了说，才能有所说"的具体内涵。关于这一点，我之前的著述①中已有详细论述。

---

①参见黄根生著，《维特根斯坦〈哲学研究〉同步导读》，汕头大学出版社，2014年6月，1—14页。

其实，可能连维特根斯坦自己也不曾想到，他的后期哲学实际上是从语言分析和哲学语法的角度，对整个人类文化尤其是西方哲学界长期关注的众多供思辨的学科或科学概念与范畴进行近似"语言主义"和分析哲学的"解剖式"的全面反思与调查，从而做到对这些概念与范畴的完全清晰地理解。

维特根斯坦对日常语言进行哲学研究，并由此阐述其对多方面学科论题、文化、逻辑、心理学、数学、哲学史以及现代哲学的兴趣和强力回应，给人类整个科学界刮起了一阵"维特根斯坦研究热"，影响极为深远。

一、维特根斯坦日常语言哲学的几个基本假设（或前提）

在维特根斯坦看来，现代哲学界、逻辑学界严重低估了日常语言的价值，以至于要发明和创造一种形式化或数学符号的东西来代替日常语言。实际上，日常语言成熟完备，要对语言中的词、句等有所说，"我就必须说日常语言"[①]。（《哲学研究》，第57页，以下未特别作脚注处皆来自这一版本）

1."哲学语法"的必要性和可能性：日常语言的普通语法我们知之不疑，但日常语言的"哲学语法"存在的必要性则强调，假定日常生活中大部分语言表达式都是存疑的，因此，需要对这些日常语言表达式提供一个大家都认可的共同标准或哲学论证。"哲学语法"的可能性是指，可以通过寻找各种日常语言表达式在语法或用法上的区别，从而确证该表达式的准确意义及其合法性。如果把"哲学语法"概念强度进行泛化，它几乎可统摄各种实质和形式上的哲学观念。

2."举例式"的描述与综观哲学方法：日常语言哲学是一种描述和综观的形而上学，不是科学的考察，而只是集合整理我们早已知道的东西，而早已知道的东西，则是一些来源于生活的例子或故事罢了。据马尔康姆回忆说，维特根斯坦的著作"广泛地采用了这两种方式"，一种是"可以写得完

---

①维特根斯坦著，陈嘉映译，《哲学研究》，上海人民出版社，2005年4月，57页。

全由笑料（不流于油滑）组成"，另一种则是"可以仅仅包含问题（没有答案）"。①

3."语言游戏"家族：语言游戏这个广大的辖域，有着超乎其表的多样性，语言游戏许可的表达，可以依其作用方式的清晰或通过各种亲缘关系对比得以阐明。各种语言游戏的事例形成一个庞大的家族。

4."物理研究"与"概念研究"：针对语言的哲学研究可分为"物理和文化考察"与"语言和概念研究"两部分。人类物质和文化生活的方方面面，都可以诉诸语言表达式的使用分析得到阐明，这种关于语言用法的定义，帮助人们了解自己依据世界所创造的各种文化符号及概念。

维特根斯坦说："我们谈论的是在空间时间中的语言现象，而不是某种非空间、非时间的非物。"（54）语言现象"在空间时间中"，一方面是指语言现象的"人类方式性"，即处在一定自然和社会背景中的人类以语言方式进行表达和交流；另一方面是指语言方式的"客观实在性"，即语言方式关涉自然或社会各种现象，是谈论它们的重要方式。

5. 谈论语言、讨论棋子与语言哲学：在后期维特根斯坦看来，我们可以通过谈论语言的方式，弄清楚语言是怎样工作的，并进一步澄清日常语言表达的意义及其用法的范围，同时却又不必诉诸语言的物理属性描述。维特根斯坦说："我们谈论语言就像我们在讲述行棋规则时谈论棋子那样，这时我们不是在描述它们的物理属性。"（54）语言只有在使用者用来关涉物理内容及世界的时候，才有其实在的指称，而谈论本身则仅仅涉及语言方式，并且这种谈论方式有益于"洞察我们语言是怎样工作的"，且"又是针对某种误解的冲动进行的"，"哲学是针对借助我们的语言来蛊惑我们的智性所做的斗争"。（55）

---

①诺尔曼·马尔康姆著，李步楼、贺绍甲译，《回忆维特根斯坦》，商务印书馆，2012年8月，37页。

总之，日常语言哲学围绕"语言方式"或"语言现象"为中心或论题，在若干基本假设的前提下，运用描述性和综观式的方法，广泛涉及表达式、人的心理、自然和社会实在等诸般意义及其标准的分析与判定，强调从日常语言分析论证的角度解决众多科学和生活的语言基础问题。

二、语言逻辑与心理学哲学

逻辑是讲究证明的科学，语言逻辑则是讲究通过日常语言对其表达进行证明的科学思维方式。很多心理学问题都跟语言表达连在一起，语言就是我们表达心理和思维的不二手段。而对语言的证明方法必然在语言之外（即通过语言所指的社会、人生和世界等来进行确证），语言不会自己证明自己。

（一）"一个'内在的过程'需要外在的标准"（182）

维特根斯坦说："有把握的感觉，它怎么外现在行为之中？一个'内在的过程'需要外在的标准。预期坐落在它所从出的处境之中。"（182）

一个正在上课的学生说："我感觉自己学习不认真，因为我上课走神了。"你是如何证明自己有这种内在感觉的？

一个情窦初开的少女说："我感觉这个男生喜欢我。"这个少女的感觉是真的吗？是过度敏感产生的捕风捉影，还是果真有可靠依据？

或者有人说，我感觉这个人在撒谎。我感觉……

怎么证明你有这些内在的感觉，它们的标准是什么？

1. 找到一些（举例子的枚举方法，归纳法，事实越多，强度越大）确定无疑的外部事实；

2. 保证外部事实能成为恰当或合适的标准，即感觉与外在之间的合适和可靠的因果联系；

3. 保证感觉不是神经症（心理健康的人）；

……

（二）饥饿感的证明

一个人说："我的饥饿感从何而来？"

怎么论证饥饿感：

1. 距离上一顿比较久；2. 经济状况不能满足口腹之欲；3. 某种习惯的影响，比如夜宵等；4. 身体有异样（比如运动加剧身体消耗，生病等）；5. 被他人吃东西刺激了味觉和胃感（条件反射）。

（三）"人的身体是人的灵魂的最好的图画。"（214）

关于"我相信……"的用法。

一个正在热恋中的人说，"我相信他是爱我的"（是身体感觉还是心理感觉；是自己的感觉，还是对别人的感觉等），"我相信他说的话是真的"（你是相信你自己还是相信对方，还是相信他说的话？这三种相信有什么区别？）。

……你凭什么相信呢，你相信的标准是什么？

"我相信要下雨"，跟"要下雨"，这两句话肯定不是一回事吧，那么它们之间分别的标准是什么呢？

（四）"我梦见"表达式的证明

1. 梦见的东西目前来讲肯定是虚幻的，万一将来实现了呢？

2. 梦见的东西目前来讲肯定是虚幻的，梦中的东西在当前的现实中是不存在的。

3. 梦中的东西是假的，你的记忆会不会也是假？如果你确认梦中的东西是假的，那你如何确认你的记忆是真的？

（记起人家打你，跟你记得你的梦境，根本不是一回事。关于梦境的记忆存疑，你的梦很可能会欺骗你。有些人还故意造梦。梦不需要现实的取证。梦真的不需要现实的取证吗？在这里，可以转化为对一个人人品的证明。人品的证明又归结为对这个人"身体图画"的证明。）

4. 庄生梦蝶。庄生是真的，还是蝶是真的？（很容易滑向一个唯心主义。当我们去质疑唯心主义的时候，我们一不小心就变成了无知，无知而无畏。）

（五）"即使狮子会说话，我们也理解不了它。"（260）

即使狮子会说话，你也听不懂它。

即使动物有灵魂，你也不懂它。

假如哪天你懂了动物的灵魂，你还会像现在这样对待动物吗？

※会。那么你也活该被人吃掉？人吃人的社会是合理的。——人类社会走向灭绝。（人不吃人的理由：一是因为同类；二是因为不够饿；三是因为有同情心，有真正的灵魂。）

※不会。动物到底会不会有灵魂呢？（一方面很难确证；另一方面，不是很明显有灵魂吗？很多证据表明，动物也有灵魂。既然动物有灵魂，你为什么还吃动物啊？难道不是因为你屡教不改？本性就是坏的或者是管不住自己的嘴或欲望？是不是因为你的欲望远远大于你的灵魂呢？如果你的欲望大于灵魂，凭什么说你知道动物有灵魂就不会吃它呢？推出矛盾。）

人的善念终究敌不过人的罪恶，所以人是有罪的。

（六）"可靠的根据是看来可靠的根据。"（161）

一个人能不能自证清白呢？（1）能。那你还要证据做什么？其实有时候我们找证据就是给别人看的。那么为什么就不能找假证据呢？确实是清白。你又没有真的证据？那是不是意味着你可以找假证据呢？如果你找的是假证据，那么你之前说的自证清白就是骗人的。（2）不能。如何活得心安理得？天天活在别人的看法之下。好像不是为自己而活，而是为别人而活。

维特根斯坦说："可靠的根据是看来可靠的根据。"（161）"根据"或许是某种结论的前提或先行状况，但是却并不是唯一的先决条件或佐证。

关于"根据"的语法哲学，我们能讨论些什么？又据马尔康姆回忆，"他（维特根斯坦）说，一篇哲学论文可以仅仅包含问题（没有答案）"①。

---

①诺尔曼·马尔康姆著，李步楼、贺绍甲译，《回忆维特根斯坦》，商务印书馆，2012年8月，37页。

（1）它是一种"感觉"（看来）吗，还是"感觉的证明"（根据本身）？

（2）或者作为一种"感觉"的符号，还是"根据"的符号？

（3）"根据"不应该也是一种概念的建构吗？我们生活常用的"根据"究竟是何种意思？

（4）我们"根据的"会不会恰好是我们相信的（信念）？

（5）关于"根据"，本质点究竟是什么？

（6）关键在于"根据"一词的用法吗？

（7）还是要有一个实在的事体才称其为"根据"？

（8）或者这只是一种"解释"而已？

一系列貌似"狡辩"的追问，暴露了一个个语言的"豁口"甚至"陷阱"，使我们不得不谨慎地"说话"，以确保每一种表达与情境相吻合，而不是留下无穷的"破绽"令人践踏。在（1）—（8）的情形下，总有数不清的具体案例与其匹配，这部分地解释了关于"语言"的哲学分析，其诸层次是难以通过"枚举法"穷尽的，但是又可以通过这些事例分析使其部分地得到阐明或论证。

三、论题、文化与哲学

作为西方哲学界公认的天才维特根斯坦，与这种独特气质匹配的，莫过于他那像马达一样快速转动的头脑。语言的问题向来关联甚广，而语言哲学则提醒我们不要"想当然"或"稀里糊涂"地放过每一处语言表达的细节，那都是哲学思辨的源泉和内容。换句话说，如果语言哲学家都能允许"语言病"的存在并令其继续扰乱视听，那么这本身就是对其自身工作的蔑视与侮辱。

据他的学生和挚友诺尔曼·马尔康姆回忆说："他不断地钻研最深奥的哲学问题，一个问题的解决又引到另一个问题。维特根斯坦不会浅尝辄止，他一定要达到完全的理解。"①从不同论题到各种哲学问题的发掘，进而以一定的哲学方法去切入和解决这些问题，乃至最终达到对日常表达或表述的"完全的理解"，正是维特根斯坦日常语言哲学的着力和目标所在。

维特根斯坦生前之所以没有出版他自己最看重的《哲学研究》，在他自作的"序"里已经有过解释，即他认为一本书应该是"从一个论题进展到另一个论题，中间没有断裂"，而这一点他显然是做不到的，因为当他发现要这样做的时候，"我的思想马上就变成了跛子"。②从这点来看，把维特根斯坦理解为一个文学和文化领域拥有表达自由和思想的学者或诗人可能更为妥当。

维特根斯坦所使用的"哲学方法"，正如他自己所说："在哲学上人们感到被迫以一定的方式来考察一个概念。我所做的就是指出，甚至是发明考察它的另外的方式。我提出你们早先未曾想到的可能性。你们认为有一种可能性，或者最多只有两种可能性。但是我使你们想到其他的可能性。我进而使你们看到，指望一个概念去适应那些狭隘的可能性是荒谬的。这样你们思想的束缚就解除了，你们可以在表述的用法的领域里自由环顾和描述其不同的用法。"③

后期维特根斯坦因其表述的自由、率性的想象与思维的缜密为我们提供了一系列论题多样、文化多元、表达自由和足够深度的笔记式的奇书，当然尤以《哲学研究》最为代表，那我们就从相互联系的"八个论题或语言层次"（以下共计八章）角度，窥其语言表达的奥秘、文化领域的价值及其哲学分析的深邃。

---

①诺尔曼·马尔康姆著，李步楼、贺绍甲译，《回忆维特根斯坦》，商务印书馆，2012年8月，35页。

②维特根斯坦著，陈嘉映译，《哲学研究》，上海人民出版社，2005年4月，1页。

③诺尔曼·马尔康姆著，李步楼、贺绍甲译，《回忆维特根斯坦》，商务印书馆，2012年8月，61页。

第一节 感觉论证问题

霍布斯指出，"影像或观念是头脑和心中的运动，是物质实体的运动"；另一方面，他又认为"心理作用是运动的现象或幻象，是精神的偶性"。[①]霍布斯的思想大致把人的感觉既称为物质的，又称为意识的。实际上，感觉的确是主体及头脑与外部客观世界联络的主要通道。一方面，单纯强调主体和心理的作用，有"存在就是被知觉"的贝克莱主义、意识中心论、直觉主义、心理学等的基本思想或观念与之相应；另一方面，强调感觉对客体的依赖性，有唯物论、反感觉主义、唯实论、实证主义等思想或观念与之相应。感觉与语言分析的哲学联系，则关注更多的是感觉型的语言表达式的使用意义及其标准或论证问题。

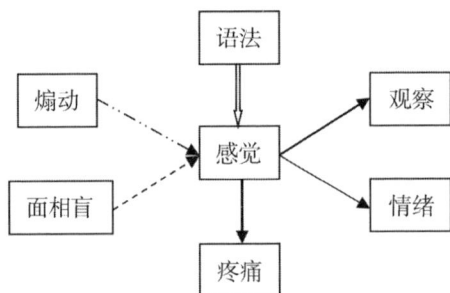

图 1 "感觉"论证思维草图

"维式"分析：你煽动的不过就是别人的"感觉"，试想想这是一种什么情形。有些人我们反复暗示，如历史典故中"范增数目项王"，"项王"这是一种"面相盲"吗？疼痛是一种痛觉吗？情绪是一种感情受伤、压抑或其他什么感觉的发泄？如果感觉是内在的，那么外部的观察能证实内部的感觉吗？关于"感觉"的哲学"语法"问题，是不是牵涉甚广，主体的、外部

---

①梯利著，葛力译，《西方哲学史》，商务印书馆，1995年7月，300页。

世界的，还是关于表达本身的？问题代表某种事物"悬而不决"，问题难道不更像一个破窗户，或者身体的一处创口，等待新的"愈合"，或至少搞清楚究竟是怎么回事？

举例：《哲学研究》244节全文。

语词是怎样指涉感觉的？——这似乎不成其为问题；我们不是天天都谈论感觉，称谓感觉吗？但名称怎么就建立起了和被称谓之物的联系？这和下面的是同一个问题：人是怎样学会感觉名称的含义的？——以"疼"这个词为例。这是一种可能性：语词和感觉的原始、自然表达联系在一起，取代了后者。孩子受了伤哭起来；这时大人对他说话，教给他呼叫，后来又教给他句子。他们是在教给孩子新的疼痛举止。

"那么你是说，'疼'这个词其实意味着哭喊？"——正相反；疼的语言表达代替了哭喊而不是描述哭喊。

从本节来看，维特根斯坦关于"感觉"的论证，一方面强调感觉比如"疼"的表达与身体本能或情绪的直接反应的联系，另一方面强调对感觉语言或句子的掌握属于语言习得与训练的后天性所得。

一、感觉：关于形状和颜色的表达式的论证

把对感官印象、感觉的科学看法诉诸这类语言表达式意义的澄清，进而探究其意义的标准，从而建立起关于"感觉语言"的哲学分析或语法论证，是维特根斯坦开展这一论题讨论的基本思路。

维特根斯坦说："感官印象告诉我形状和颜色，这一点的标准是什么？"（221）

手机是长方形的，书本是白色的，这样表达的标准是什么？

感官印象告诉你的？感官可靠吗？感官的印象是不是比感官更不可靠？

还是你经过形状和颜色的标准的训练？

你能肯定自己不会搞错吗？色盲者呢？是不是也有"形状盲"者呢？

一连串的追问，让我们感觉充满着"狡辩"的色彩。其实，要从哲学上把"狡辩"搞清楚，才是维特根斯坦给自己的任务。据马尔康姆回忆，维特根斯坦甚至认为"一篇哲学论文可以仅仅包含问题（没有答案）"。[①]实际上，提出问题的确是一种重要的哲学方法，它让我们看到对一个表达或概念的诸般思考方式，当然也有利于我们进一步澄清它们。

不错，你的正规训练和没有疾病的感官感觉确保该类表达式的准确无误。

维特根斯坦自问自答地说："哪种感官印象？这一种，我通过话语或一幅图画来描述它。好吧，你的手指在这个位置时你感觉到什么？——我们怎样为一种感觉下定义？它是无法定义的特殊的东西，但必定是可以教会别人使用这话语！"（221）

"我在寻找语法上的区别"。（221）在维特根斯坦看来，任何有利于澄清表达方面的真理性断言或结语，都是从"语法上"为其找到的答案。

生理现象研究跟语言语法研究在寻求表达式的"哲学语法"那里达到了统一，寻求表达式的"标准"是日常语言哲学论证的一致性表述。从物理研究角度看，人正常的感觉器官提供了感官印象的物理支撑。从概念研究角度看，感觉印象如何"告诉我形状和颜色"呢？其中的"告诉"究竟是什么意思，感官把对事物的形状和颜色感应下来，传递给大脑指挥中枢，从而我知觉到这样的印象，这既是语言的用法及意义研究，也是人体生理机能的研究。

语言的哲学语法研究，首先是语言的用法及意义的研究，其次是语言用法及意义所指涉的人与世界的物理性研究（如以上对脑科学的认识）。

---

①诺尔曼·马尔康姆著，李步楼、贺绍甲译，《回忆维特根斯坦》，商务印书馆，2012年8月，37页。

二、语法："我在寻找语法上的区别"（221）

就掌握一门语言而言，语言包括词汇与语法，语法又分为构词法和组句法。但是掌握了一门语言并不代表就会说话了，这正如维特根斯坦说的"只有学会了说，才能有所说"。要真正会说话，还要能把握语言使用中的各种客观情景和交际主体的情况，即掌握词汇和句子在特定语境中的灵活用法。

语言在特定语境中的用法，不仅仅包括词汇和句子的使用，也包括主、客体环境参与下新义的生成与变化，其中有合适性的表达，也有不合适乃至错误表述的"语言病"，对于这样那样表达的不同意义及其标准的判定，就必须诉诸更高的语言分析方式即"哲学语法"范畴才能衡量。

实际上，不管是在我们的日常生活中，还是在科研工作中，还是其他使用语言的场合，都大量地存在违反此类"语法"而诊断的"语言病"，因此，维特根斯坦强调说，"哲学家诊治一个问题，就像诊治一种疾病"。（106）

后期维特根斯坦把"寻找语法上的区别"及对非常难得的所谓"一滴语法"的重视与追求，概括为其哲学研究工作的主要目标和重要成果，"一大团哲学的云雾凝聚成一滴语法"。（267）

我们认为，日常生活中众多的语言表达、人的行为、面相等是不是都涉及日常语言，那么也就都有哲学上"语法"（或用法）的区别了？回答是肯定的。

语言表达在用法上的区别可列举该表达式使用的诸多情况，然后再根据其中的主客体情况进行准确辨识，如此，才能尽量减少误会。

行为的语法呢？为什么你要和他握手，却不和他拥抱和亲吻？这也是行为用法的区别吗？如果是，我们怎么去辨识生活中细微的行为标准。比如面相的改变，行为的细微差异，它们各自的标准是什么？

特定的行为、面相、言语的使用，都应该有特定的用法、标准，才能对其进行意义确证，这说的就是对不同语言和细微行为的"语法考察"了。

综上来看，哲学上所谓的"语法"概念是各种词汇和表达式区别使用及获得相关意义的关键和标准，堪称真理性论断或珠玑箴言。

三、观察："观察自己苦恼的人是用什么感官来观察的。"（222）

观察不应该是眼科医生或摄影师常关注的课题。眼科医生对眼睛的"观察功能"进行分析，找到治疗某种眼科或视觉病的良方，摄影家以艺术之眼观察自然及社会表象，进而发现重大人类目的主题，获得对真善美的重新审视与超越。

那么，语言哲学家怎么思考"观察"呢？

维特根斯坦说："观察不产生观察的东西，或我并不观察只有通过观察才出现的东西。观察的对象是另一样东西。"（222）

这就是说，"观察"和"观察的东西"是两个相互区别的东西，一个属于主体，一个属于客体，且主体并不影响客体的存在。一般来说，彻底的唯物论者不容易犯混淆主观世界和客观对象的错误，因为他们只承认后者客观存在。

如果观察的是"感觉"呢，那么存在用于观察苦恼等感觉（非痛觉之类）的感官吗？观察自己苦恼是怎么回事？

确实存在心之器官——大脑，或者会不会是大脑的"庸脑自扰"呢？一个虔诚的佛教徒会认为"一切皆空"，那么他们的大脑就没有烦恼了，难怪有人批评他们说"和尚念经，有口无心"，貌似这应该是赞扬呢？

观察苦恼时对这苦恼的感觉和苦恼自身是同一种东西吗？宗教教导说，苦恼子虚乌有，有的只是现实发生的一切即"前境"。是不是更应该说感觉子虚乌有才对？感觉是自己（苦恼者）看来，还是在他人（旁观者）看来呢？

确实存在心之器官，即大脑。超脱它甚于陷入庸人自扰，这是怎么做到的？或者解决它，解决它的与观察到的肯定不是一回事，解决的是具体的事情，观察到的是自身的烦恼还是烦恼的幻象？

四、情绪："'我发现他情绪低沉。'这是在报道行为还是报道心灵状态？"（215）

情绪于内而外表于行为。人的心灵与身体行为是相通的，关于这方面的表达式又该如何做出分析？

维特根斯坦说："'我发现他情绪低沉。'这是在报道行为还是报道心灵状态。"（215）或者兼而有之。

你怎么就发现他情绪低沉了？难道你看得见他的心灵，还是看见他身体或面部表情的蛛丝马迹的颓废状态。

他情绪低沉，难道不是因为你刚知道他正恰逢一场论文答辩的失败。他情绪的低沉会不会是在造假或伪装，他心灵也许有更多对评委无知的不屑和鄙视。

当一个人说"我发现他情绪低沉"，这样表达的标准大致是：

一是他行为和面部表情表现出不悦、严肃和凝重；

二是你知道他正经历人生事业或爱情的挫败；

三是你的发现不是你针对你自己的感觉，而是对他的身心状况的某种敏锐洞察……

五、疼痛："语词是怎样指涉感觉的？"（103）

"疼痛"是感觉名称的一种。

"人是怎样学会感觉名称的含义的？——以'疼'这个词为例。这是一种可能性：语词和感觉的原始、自然表达联系在一起，取代了后者"。（103）

"疼"一词的原始或自然使用，首先应该是跟孩子受伤了哭喊联系在一起；这时，大人再反复教这个孩子说这话"疼"。在这里，"疼"的语言表达代替了哭喊而不是描述哭喊，"疼"描述的则是疼痛的身体感觉。

再试比较以下这些表达：

1. "在什么意义上我的感觉是私有的？"

2. "我知道我疼。"（开玩笑！或说的是我有疼痛）

3. "只有你自己能知道你有没有那种意图。"

"正确的是：说别人怀疑我是否疼痛，这话有意义；但不能这样说我自己"。（104）（后者错在：对着别人开自己玩笑，比如说"我怀疑自己是否真疼"，试补充一下场景，证明这样表达是没有意义的，抑或对别人有"不尊重"的嫌疑。）"同情是确信另一个人有疼痛的一种形式"。（115）（这也是俗语"感同身受"的意义所在，试试比较台上演员表演吞刀子时，观众身体状态和表情如何不自觉地互动的，是不是犹如自己吞刀子般紧张，甚至喉头还有微痒？）

"你随着语言一起学到了'疼痛'这个概念"。（138）（这与孩子们初学说话的过程有某种相似和亲缘关系。）

语言是概念的家（唯名论），概念赋予语言以实质意义（唯实论或意义理论），世界（自然、社会和人）赋予语言及概念以具体对象和事实（经验论与实证主义）。

六、煽动："煽动""告发"和"我感觉""我认为"的语言游戏

何为"煽动"的语言游戏？有人认为发表与官方不同的观点就属于"煽动"的游戏。其实，发表与官方不同的观点，更倾向于表达的只是个人看法，比如诸如表达"我认为""我感觉""我相信"之类。这样便属于法律规定的"言论自由"范围了。如果确实如此，那么发表与官方不同的观点而"因言获罪"则代表官方的"不对"了，即官方"知法犯法（宪法往往规定公民有'言论自由'的天赋权利）"或"以权凌（辱）法"。

那么，怎么规定"煽动"的语言游戏呢？据悉某国规定，只有明确表达"我希望（祝愿）你们……""我要求（建议）大家……"等之类的语句，才属于"煽动"（造反、叛乱等）的语言游戏。

不严格规定何为"煽动"或"告发（煽动性言语）"的语言游戏，却时常以"煽动罪"罪人者，都是权力或政治对老百姓要流氓的表现。

另外，考虑一下法律关于"教唆"或"教唆罪"的"重结果导向"（即"强调犯罪事实"依据）含义，"煽动"或"告发"的语言游戏是不是也应该考虑结果或危害，它们之间有着某种亲缘关系。

七、面相盲："面相盲和缺乏'音乐听力'具有某种亲缘"（257）

我们常听说过色盲、听力盲（聋子），却较少听过"面相盲"和"缺乏音乐听力"等这些"特定盲"，这些表达示例或许是在生活中不太普遍。

"面相盲"患者大致是看不懂人的面部表情的改变，从而做出一些有失度量和煞风景的人事（"面相盲"与假装不知道、装腔作势等有某种联系吗）；缺乏"音乐听力"者大致是听不懂音乐背后的情调和趣味，却也有可能在跟着众人一起翩翩起舞（这种伪装和真正的"滥竽充数"是有区别的）；但是如果一个人听不懂别人的话，那又是怎么回事呢？

维特根斯坦说："一个人若经验不到某个语词的含义，他缺少的是什么？"这是一种关于语词含义的"经验盲"或"语词盲"吗？

为了解释何谓"一个人经验不到某个语词的含义"，维特根斯坦举了个例子：

"例如，我们要求一个人念'与'，同时把它作为一个动词来意谓，他不理解这个要求；——或一个词一气儿念了十遍而一个人不感觉到这个词对他失去了含义而只是个空洞的声音；——这样的人缺少的是什么？"（257）

"一个人经验不到某个语词的含义"，他可能缺少某种知识（比如数学的符号，这个跟受过的教育有关），某种经验（比如对诗歌语言的茫然，这可能跟某种创造力的天赋有关），或者在某个领域无知，如果是这样，是不是也意味着他失去了某种投票表决的机会？

当然，也可以将"语词盲""面相盲""音乐听力盲"，甚至"色盲"等综合起来对比考查和分析，这些描述性的表达之间或许有这样那样的亲缘关系。

第二节　符号表达分析

唯名论者认为："只有个别的实体存在，一般的概念无非是人们用以规定个别对象的名称和字眼。"①把"名称和字眼"与"对象"剥离开来，"名称和字眼"就变成纯粹的符号了。而符号从逻辑上是早于语言产生的，因为有外部实在的林林总总，所以就应有符号去指示它们。有了符号，无论是主体还是客体世界，我们都可以用符号去代表它们。而后产生的书面语言则是一种较之更稳定和成熟的表示符号，语音、文字、语词和句子都是其基本的表现形式。因此，对符号表达意义及其标准的揭示，也就关系到主体经验和客观实在的诸多具体内容。

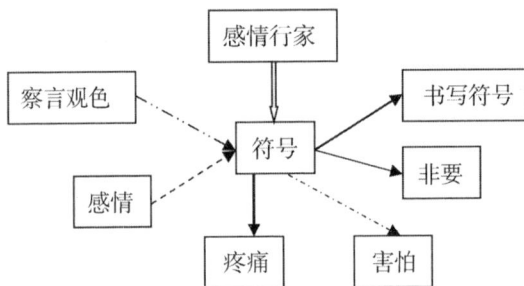

图 2　"符号"表达分析思维草图

"维式"分析：除了书写符号外，这个世界不都充斥着这样那样的一些符号么？问题的关键在于搞明白这些符号分别代表或表达些什么？汉字中的象形字、会意字和指示字，有些是抽象符号，有些就是临摹的图画或符号了。疼痛、害怕、非要等感情的符号都在"表面"吗？不然，怎么就有人察言观色啦。会察言观色的人是不是就有点"感情行家"的味道啦？

举例：《哲学研究》499节全文。

――――――

①梯利著，葛力译，《西方哲学史》，商务印书馆，1995年7月，184页。

说"这种语词组合没有意义"，就把它排除在语言的领域之外并由此界定了语言的范围。但划一条界线可以有各式各样的缘由。我用篱笆或用一道粉笔线或用随便什么围起一块地方，其目的可能是不让人出去，或不让人进来；但它也可能是游戏的一部分，例如，这条界线是要让玩游戏的人跳过去的；缘由还可能是提示某人的地皮到此为止而另一个人的从此开始；等等。

所以，我划了一条界线，这还没有说明我划这条界线为的是什么。

从本节来看，维特根斯坦认为语词及其组合符号之所以进入语言的范围，主要由语词符号的流通及其具体使用决定的。值得注意的是，语言符号的使用及流通标准是一条并不"必须这样"的分界线，而是与各式各样的缘由和使用者的目的紧密结合在一起，从而不断变化和升级语言的范围。

一、书写符号：关于符号"亲缘关系"的认识

语词或文字是书写符号之一，除了它，书写符号还可以有很多，比如"一个随意的书写符号"，它能和"经验一个词的含义"相比吗？

维特根斯坦说："一个随意的书写符号，例如Ɔ〈（这是维特根斯坦随手写下的某符号，维氏认为可以任意想象或虚构其用法，比如'我可以想象它是某种外语里的字母'，'也可以想象它是写错了的字母'，'可以是这样写错了或那样写错了'，'例如笔打滑了'等，'它可以是以各式各样的方式背离了正确的书写法'）……——根据我加在这个书写符号周围的种种虚构，我可以在各式各样的面相里看到它。这和'经验一个词的含义'有紧密的亲缘关系。"（252）

"经验一个词的含义"，大致也是通过种种想象和虚构去看到它的不同用法。

日常生活中用到的各种符号包括语词，人们当然也可以根据实际需要对它的用法做出某种规定，当然，规定也并不是一成不变的，这才是其含义

的根本特征。同一符号的各种面相，不同符号面相的邻近相交，源于建立在想象和虚构基础上的符号的不同用法。这是对符号间亲缘关系的基本认识之一。

二、感情："我带着感情读诗读小说"（257）"我声情并茂地阅读"（258）

别人认为只能"谈论"或"议论"的事情，维特根斯坦却想着法子使之变成可以"论证"的事情。比如人们"带着感情阅读"是怎么回事？这是附在词面的感情还是表情，还是词句本身具有的情绪或心理意义？

我掺进了心理活动？（心理上的原因是什么，是我从前就有的某些联想和回忆在里面吗？）我掺进了语句的调子？（在某个词上面加上一种声调，使得这个词的含义在其他词里凸显出来）并且我的面容表达出这一点？（我的面容在词语的阅读转换中不断变化颜色）

带着感情或声情并茂阅读的词语是不是有着迫人而来的形象？这和一个词语的形象用法相似吗？（词语的形象用法和词语的隐喻用法有某种亲缘关系）

从哲学上追问一种表达的意义，同样程度上，也是在追问这样表达的合适性或合法性标准，即便实在没有什么明显的规律可循，也还是有各种"亲缘关系"的表达来作比较论证。

带着感情标记的语词符号给人一种音乐性的节奏和美感，朗诵比赛时赋予词语或句子更多的感情色彩，更能引起评委和读者的共鸣和感动，这是附在语词或句子背后的人与人之间感情频率的彼此共振和融通吗？不是还有"心有灵犀一点通"这样的事情发生吗？这样的"一点"可以是一个眼色、动作，当然也可以是一串带着感情读出来的语词或句子。

三、非要："我非要到达这所房子不可"的语言游戏（192）

从一般语法看，"非"词和"要"词相加组成"非要"，表示一种祈使语气，即"一定要"的意思。从哲学或普遍语法角度看，这是在什么语境中使用的，主体、环境、场合和目的等如何作用于该词及句组，这是需要进行考证的。

维特根斯坦认为，如果有人说"我非要到达这所房子不可"，这样表达应该是某人到达"这所房子"有某种困难，否则就不应该这样说。

"我非要到达这所房子不可。""但若这里没有任何困难，我能够试图非要到达这所房子吗？"（192）

"我非要"这样或那样去做某件事，或许出于某些重要目的（如解释"我"的困难原因），或许出于某些客观环境（如解释了"这所房子"的困难原因），可以对"非要"的诸般情形做出相应阐释及描述。

祈使即祈请和使动之意，语言中表达"祈使"的语句有很多，期请在前，动作在后，正如维特根斯坦所说"预期和实现在语言里相接触"。（154）

四、害怕："我害怕"的特定情境，以及与"叫喊"的关系

"我害怕"是一种心理状态，也是一种语言表达式。如何对"害怕"进行分析？一是搞清楚"害怕"这话出现的特定情境和语境；二是明确"害怕"是对一种心灵状态的描述；三是与"叫喊"进行对比，而"叫喊"甚至比"害怕"更能描述内心原始状态。

"什么是害怕？什么叫害怕了？如果我要用一个单一的显示来定义，我就会扮演害怕的样子。"（224）

我害怕这话是在哪一种语境中出现的，才是个问题。

描述我的害怕之类的心灵状态，这是我在某种特定的情境下才做的事。如：

"不，不！我害怕！"

"我还是有些害怕，尽管我不愿对自己承认。"

"我用各种各样害怕的念头折磨自己。"（223）

等等。

当然我们也可以进一步分析，也许我们害怕得发出"叫喊"，但我们不

能把"叫喊"称为描述,但是它比任何描述都来得更加原始,它可以起到描述内心生活的作用。

法国神父孔狄亚克在他的《感觉论》中力图表明,"一个仅具有单一感觉(例如嗅觉)的生物会依次发展而能注意、记忆和比较,有快乐和痛苦、情绪、欲望和意志"[1]。如果"叫喊"是一种更加原始或初级的"害怕",那么,进一步发展的则是关于"我害怕"等之类语言表达及综合的能力。

五、察言观色:"精微莫测"的证据

中国人特别讲究察言观色,一言一行、面相表情都别有所指,往褒处讲,这叫作彼此心有灵犀、心领神会和相由心生;往贬处看,这叫作给人脸色看、阴晴不定和喜怒无常。一个人面上或行为的细微变化,必然成为其语言表达意义及心态异动方面的外部证据。

维特根斯坦说:"某些证据满可以使我们确信某个人处在这种那种心态之中,例如确信他不在装假。但这里也一样会有'精微莫测'的证据。"(275)

"精微莫测的证据包括眼光、姿态、声调的各种精微之处。"(275)

一个人有可能认得出爱情的真实眼光,虽然它可能无法与伪装的眼光区别开来。

一个极富才能的画家,可以在他的绘画中表现出真实的眼光和伪装的眼光。

一个孩子要能伪装,他首先得学会好多东西。(狗不会虚伪,但它也不会诚恳吗?)

这种精微莫测的证据表明,人与人的交际和交流实际上可能面临某种博弈,谁能率先把握这些不同情形下各种眼光、姿态、声调的精微之处,就可能在私交和商谈中把握主动权,从而使自己在其中获得的效用或利益最大

---

[1] 梯利著,伍德增补,葛力译,《西方哲学史》,商务印书馆,1995年7月,367页。

化。这样的人是不是就是"精致的利己主义者"呢？

眼光、姿态、声调等这些所谓精微的细节，不应该是浮在语词或句子表面的伪装吗？有些时候我们要像抖落灰尘一样地掸掉它，看到"庐山真面目"。有些"庐山真面目"是无法见诸世面或外人的，这是一个人的"隐私""内在的声音或面相"，还是"某种肮脏的勾当"等。

"精微莫测的证据"与"庐山真面目"在用法上存在某种亲缘吗？

六、感情行家："对感情表达是否真确有没有'行家'判断？"（274）

中国人对"感情行家"似乎有一个既俗又雅的称呼——情圣，说它俗是因为使用它的频次太高了，说它雅是因为它确实也给人一种较真和神圣之感。维特根斯坦说："对感情表达是否真确有没有'行家'判断？"（274）

感情是种"不确定性的"东西，对其判断或评价，可能唯有"感情行家"才能做出。有些人具有较佳的判断力，有些人的判断力则较差，正确的预测往往出自那些认识较佳的人所做的判断。

此处最大的困难在于：要正确而不作假地把不确定性表达出来。

对有些人而言，感情表达的是否真确无法证明而只能去感觉。对表达方而言，确实存在言不尽意的一面；对感受方而言，他的判断也意味着对不确定性做出判断。

那么，能否通过进一步的后果，来反思此前判断的准确性呢？维特根斯坦说："最具一般性的评述所能产生的，最多也不过是看上去像一个体系的废墟那样的东西。"（275）

在维特根斯坦看来，一个事实或理论的真理"体系"倒塌了，一般的"评述"也就是捡拾这些看上去像"废墟"的东西，对不确定性的评价就是如此。有些感情、感觉极为复杂、敏感和多变，有时候它们确实是这个世界上最不容试探和最不应被怀疑的东西。

七、心里说话："心里说话"和"说话"的密切亲缘

很多人都有过"心里说话"的体验。有些人甚至一边在思考，一边对着空气自言自语，好像要把心里的话说出来，自己听一遍，然后才能进一步往下思考一样。如何对"心里说话"进行哲学（或语法或用法）分析呢？

维特根斯坦说："心里说的可以说出来告诉别人，心里的话可以有某种外部动作相伴随，这些都表现出'心里说话'和'说话'的密切亲缘。"（265）

对比："这个词就在我嘴边上。"

"我可能一边在心里唱，或不出声地读，或心算，而一边用手打着拍子。"

"一个人用哼哼（闭着嘴）重复某些语句的声调，他可以很'清晰地'在意象中说话，喉头的活动也提供帮助。"

"我对自己说……"

"一个人在他心里对自己说些什么对我是隐藏着的。"

"某个人喉头动了一下，我问他想说点什么？"

等等。

心里说话和说话之所以不同，在于从外部看来，前者代表一种说话的意象、意愿或意向，而后者已是说话事实。

第三节　概念建构的探索

洛克在讨论"知识的性质和确实性"时明确指出，"感觉和反省为心灵提供认识材料，心灵在这材料上加工，从而构成复杂观念"，"真实的观念在自然中有基础，同事物的实际存在和现实存在或其原型相符合"[1]。

---

① 梯利著，葛力译，《西方哲学史》，商务印书馆，1995年7月，349页。

洛克关于"真实的观念"的思想无疑对于自然和社会的基本概念的"建构"做出了规律性的揭示。概念是人类对自身生活和所及的实在世界的观念性概括，是主体与客体高度融合后的诸多意念和范畴的总称。举隅世界所有概念，整个人类世界就被彻底描摹了。而"概念的建构"的哲学语法，则对思考自然事实、数学基础、心理学、宗教等的哲学基础裨益颇深，涉及语言哲学为其他学科奠定基础的原始问题。

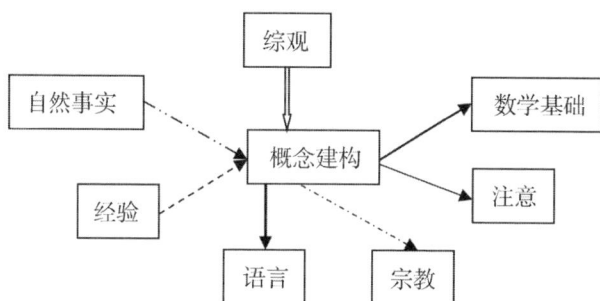

图 3 "概念建构"探索思维草图

"维式"分析：对于主体的意识世界而言，世界都是一些"概念"或"概念组合"。全部世界总是以"概念"的形式进入主观世界的，"概念"的范围大致就是"人化"或"文化"的界域。搞清楚了"概念建构"的问题，什么数学基础、自然事实、人类经验、宗教观念等，就都不在话下了。就人类所用的语言表达形式而言，概念与语言同构，综观"语言"的用法就是搞清楚"概念"的使用。"注意"涉及哪些概念的综合呢？

举例：《哲学研究》571节全文。

引入歧途的并列：心理学处理心理范围里的过程，就像物理学处理物理范围里的过程。

物体的运动、电的现象等等是物理学的研究对象，而看、听、想、感、愿，却并非在同样的意义上是心理学的研究对象。这一点你可以这样看出来：物理学家看、听、思考这些现象，而心理学家观察主体的外在表现（行为）。

从本节来看，物理学领域的研究对象决定了哪些概念的建构，心理学领域的研究对象决定了哪些概念的建构，再如数学领域……诸如此类。如果将各种目标领域的概念混淆或等同，那么就是误入"歧途的并列"了。

一、事实与概念：主体目的、自然事实和概念建构、语言哲学（276）

自然事实可以用来解释概念建构吗？有些概念确实和很普遍的自然事实相对应且使我们感兴趣，但这些只是概念建构的可能原因。

对于主体目的来说，我们也满可以虚构自然史，这样的话，自然事实还能和概念建构一一对应吗？当然，主体目的也不可以单纯用来解释概念建构。

自然事实或自然史可以由物理科学或历史学去研究，哲学研究只在乎这些概念建构的语法，而不是那些貌似在自然之中且为语法奠定根基的东西。自然事实并不为语词或概念的用法或语法奠定根基，语法是语言游戏的语法或用法。

总之，概念建构由语言游戏的用法得到解释，单纯的自然事实或主体目的只有在语言游戏用于指称或关涉它们时，它们才作为概念的语法的一个条件或原因而存在。哲学研究提供语词或概念建构的语法或用法，而不是从物理学或心理学角度提供概念的科学认识。

二、数学基础：对心理学、数学和关于它们的哲学的不同认识

在维特根斯坦看来，对数学或数理逻辑的认识混乱是显而易见的。他说："借助数学或逻辑数学的发现去解决矛盾，这不是哲学的事业。哲学的事业是让困扰我们的数学状况，让矛盾解决之前的状况变得可以加以综观。"（58）

从哲学角度看，生活的矛盾、数学的困扰，本身都不能靠数学或数学逻

辑的发现去解决它们，而应该通过日常语言分析和综观的办法进行显示。

能不能用探索语言的方法来对心理学或数学的基础进行某种探索呢？当然，哪里用到语言，哪里概念混乱，就有必要对其进行哲学探索，这种探索不是数学或心理学的探索，而是对其使用的语言和概念基础的澄清、划界。

语言和概念研究是一切学科的基础性和先导性的研究。简言之，语言和概念都混乱，其具体学科或科学必定混乱。

维特根斯坦说："在心理学中实验方法和概念混乱并存。实验方法的存在让我们以为我们具备解决困扰我们的问题的手段，虽然问题和方法各行其是。"（278）

"有可能对数学进行某种探索，它同我们对心理学的探索完全类似。它不是数学探索，正如我们的探索不是心理学探索。在这种探索中没有计算，所以它不是逻辑斯蒂之类。它也许有资格称作'数学基础'的探索。"（278）

哲学研究主要提供"心理学基础"或"数学基础"的探索，这种探索以语词或概念的用法或语法研究为对象，澄清概念混乱所带来的各种各样的有关学科知识和科学认识的混乱，比如对数学、心理学知识的混乱。总之，哪里有语言或概念混乱，哪里就有维特根斯坦的"哲学研究"。

三、注意："注意就是看+想啦？不然。我们的很多概念在这里交汇"（254）

霍布斯认为，"精神是头脑中的运动"，"影像或观念是头脑和心中的运动，是物质实体的运动"，另一方面，"他又指出心理作用是运动的现象或幻象，是精神的偶性"，即意识状态"是运动的效果"。[①]那么，"注意"是头脑的运动和基本属性呢？还是属于"心理作用"层次的所谓"精神的

①梯利著，伍德增补，葛力译，《西方哲学史》，商务印书馆，1995年7月，300页。

偶性"？这是脑科学和心理学交叉的领域吗？日常语言哲学又当如何去思考
"注意"的问题？

日常语言是一切人类和自然现象的"共同的家"，也是所有语词或句子
等的公家。维特根斯坦说，"注意"在"日常语言的家"中有着各种各样的
使用：

1."你注意到他们相像以后，有多久你意识到这种相像之处？"（252）

2."我注意到相似之处，而这种注意渐渐消退。只有几分钟我注意到
它，后来就不了。"（253）

3."你刚才在他脸上注意到了什么？"（254）

4."而我也注意到了在这样一种场合我说什么。"（254）

5."这是注意的诸现象，但这些现象就是'发生的事情'。"（254）

6."注意就是看+想啦？不然。我们的很多概念在这里交汇。"（254）

由上可知，"注意"概念用法极为复杂，1、5有涉及外部事情，2涉及主
体感受，3涉及面部表情，4涉及外部环境，6涉及主、客观情况。

回应一下霍布斯的理论，如果"注意"的脑科学或心理学同时用日常或
自然语言写就，那么探讨"注意"一词的某特殊用法就是"注意"的物理
科学啦。又或者，专业理论变成了社会公知，公知为人人所掌握，日常语
言扩展到专业词汇领域，那么，人人便同时既是科学家，又都是日常语言哲
学家！

四、经验：经验一个含义和经验一幅意象图画的区别

经验不仅跟主体有关，也跟语言、意象、论证和解释等联系在一起。

"什么是意象经验的内容？答案是一幅画或一个描述。什么是含义经验
的内容？我不知道该怎么回答。"（211）

经验一个含义，就是对某个语词概念做出一定的解释，或者是固有含
义，或者是语用含义。如看到"玫瑰"一词想起它是花的类型，有红、白等
各种颜色特征。

经验一幅意象图画，就是某个画面在面前或心里闪现。如某人想起第一次约会的情景，或想起初恋情人在当初的模样。

有人可能觉得通过经验作论证，必然陷入死循环，因为含义总是无穷无尽的，解释者和被解释者无穷无尽。

维特根斯坦明确地告诉我们："通过经验作论证，这是有尽头的。若没有尽头，它就不是论证了。"（161）

以"经验"作为日常语言论证的标准，是为日常表达及其意义提供自然事实一样的东西或根据，例如实验的方法可以为报告提供实际的例证。

五、宗教："宗教教导说身体消解了而灵魂仍能存在。我理解这教导吗？"（214）

语言哲学家思考"宗教问题"，自然应先尝试把"大脑"（具体的）和"灵魂"（抽象的）的区别性质及相互联系弄清楚。维特根斯坦说："如果头脑里的思想的图画（含义的概念）可以强加于我们，那为什么灵魂中的思想的图画（灵魂的概念）不能更多地强加于我们呢？"（214）

人的身体行为、言语等是人的内在灵魂的外部画面。关于人的灵魂存在的证明或许见诸各种生者的外部表现，而不是死者的虚无的证明。"我对他的态度是对心灵的态度，并非我认为他有灵魂。"（214）维特根斯坦似乎更倾向于把灵魂与心灵、思想联系起来，从而进一步认为灵魂也许"只是话语的思想的不完美的翻版？"。既然"头脑里的思想的图画"可以强加于我们，那么"灵魂中的思想的图画"也能强加于我们。头脑是话语的"思想"的容器，灵魂就是思想"思想"（或思想自身）的容器，前者来源于生活的刺激，后者来源于思想的反思。

我们知道，思想是大脑的机能，那么，将这种"机能"人格化，不就说明灵魂是思想或心灵的"不完美的翻版"吗？而大脑的机能毕竟不同于大脑。

宗教及哲学研究的当是思想及语言的定律，而不是大脑的定律。

六、概念："语言是一种工具，它的各种概念是一些工具"（179）

概念是存在本身吗？概念是世界的影像或复制品？自在物和概念怎么就联系在一起了？（它们都存在人类大脑的影像里，绝对的自在物不存在吗？）

关于概念和语言的关系。概念似乎更能揭示人类生活和自然世界的本质特征或内涵，语言方式只不过是概念外在的表现形式之一。所以维特根斯坦说："语言是一种工具，它的各种概念是一些工具。"（179）

一方面，就人类的语言方式而言，概念是语词或语言的内涵及意义；另一方面，概念又比语词或语言有着更广阔的社会和世界实质内涵，人类外在生活方式的变化和发展，从根本上来讲，应该是概念的进一步的演化和推进。

维特根斯坦强调说："概念引导我们进行探索，概念表达我们的兴趣，指导我们的兴趣。"（179）

不同的生活方式和不断演进的概念，分别构成了人类世界的外在表现形式及其内在精神价值的驱动。语言是人类生活方式之一，同时我们也希望这样的语言方式可以用来表现和归纳人类精神文化方面的各种价值和观念。

维特根斯坦还指出："在哲学上人们感到被迫以一定的方式来考察一个概念，我所做的就是提出，甚至是发明考察它的另外的方式。""我进而使你们看到，指望一个概念去适应那些狭隘的可能性是荒谬的。这样你们思想的束缚就解除了，你们可以在表述的用法的领域里自由环顾和描述其不同的用法。"①

概念是语言承载的意义或内涵，对语言用法的不同方式的考察实质上就是在描述概念的多种多样的使用方式和不同的用法。

对语言用法的考察，表面上看是语言表现形式的不断替换或变换，实质

---

① 诺尔曼·马尔康姆著，李步楼、贺绍甲译，《回忆维特根斯坦》，商务印书馆，2012年8月，60—61页。

上是基于语言背后的概念的多种多样使用的不同。世界不必是现行语言的世界，但是必定是一个概念多样化和不断变幻的概念型的时空领域。

七、综观：主义和语法都是哲学

黑格尔把哲学的任务定义为"如实地认识自然和整个经验世界，研究和理解其中的理性，这种理性不是肤浅、暂时和偶然的形式，而是永恒的本质、和谐与规律"①。黑格尔可能不曾想过，无论何种经验、理性或本质，都无一例外地用到共同的语言方式，语言的使用本质或规律都不清楚，哲学就当撕咬自身了。按照维特根斯坦的看法，大多搞哲学的人，总习惯犯"偏食"的毛病，即"只用一类例子来滋养思想"，却缺乏对语言或概念乃至事物更全面的透析。

因此，维特根斯坦强调说："综观式的表现这个概念对我们有根本性的意义，它标示着我们的表现形式，标示着我们看待事物的方式。"（58）

无疑，维特根斯坦在这里所倡导的不仅是一种全新的世界观，也是一项全新的哲学方法论。认真分析，这句话有两方面含义。

第一种意思是："这个概念"属于"事物"的概念，"综观式的表现"属于外部的看待"事物"概念的方法。无疑，这是一种关于"事物"概念的世界观，是一种世界观式的哲学，是一种关于"什么什么主义"的哲学，比如"意志主义"哲学，把"意志"这种特殊的"事物"概念"综观式的表现"在"所有事物"身上，"意志"与"所有事实"匹配起某种联系，于是，意志主义哲学就形成了。"物质主义""意识主义""性意识主义""营销主义"等莫不如此。

第二种意思是："这个概念"就是"综观式的表现"。从维特根斯坦对"哲学语法"的态度看，"综观式的表现"与"语言用法"的概念是统一

---

①梯利著，伍德增补，葛力译，《西方哲学史》，商务印书馆，1995年7月，507页。

的，即前者对后者而言有着"根本性的意义"，"综观式的表现"就是对语言用法的全景式的"综观"。"综观"是一种对"语言用法"进行研究的方法论（与第一种意思的"世界观"相对照），维特根斯坦常把这种"综观"与"用法"概念放在同等重要的位置进行分析考察。比如对"意志"这个词的用法进行综观，就是一种方法论角度的哲学分析，从而有助于我们进一步澄清"意志"这个词在"语言的家"中到底是"怎样使用"的。而实际上，这种对"意志"词用法的哲学研究也已经触及对"意志"这种现象的哲学考察，即"意志的语法"与"意志的主义"在哲学的高度上应该是一致和融贯的，这正如维特根斯坦所说的"它标示着我们的表现形式"（方法论形式），也"标示着我们看待事物的方式"（世界观方式）。

研究"意志""物质""意识""隐喻""营销"等这些"现象"概念的人，无一不是在研究这些语词或概念的实际用法，如此，"……主义"与"……语法"（语法也是一种主义吗？）在哲学的光照下得到了统一，并且后者成为澄清前者正确使用的语言分析工具。

总之，从哲学综观的角度看，主义是语法的主义，语法是主义的语法。"主义"侧重于从"实质恰当"层面揭露世界的丰富内容，"语法"侧重从"形式正确"方面描述世界的呈现方式。

第四节　有关信念的证明

网络上广泛流传着维特根斯坦这样的一句"格言"："一个人可以不相信自己的感觉，但是不能不相信他自己的信念。"感觉有对有错，但是信念却是一个人内心执着和坚守的精神品格和价值观，后者大致有"一条道走到黑"的架势。与信念相关的，大都是关于人的灵魂层面所认识到的东西，这是一个人自己内在的声音，或者是偏执一端的所谓"绝对真理"，一个人内心知道和真正认可以及用实际行动努力践行的知识标准。从这个角度来看，每一个人都很有精神修养或文化，并且势必将这种精神文化贯彻到一段时期的社会实践之中。

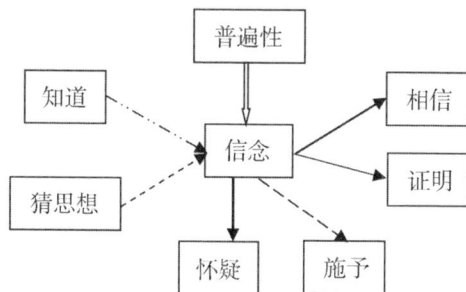

图 4　"信念"证明的思维草图

"维式"分析：普遍性是哲学研究获得意义的一个重要前提，藏在每一个人心中的"信念"如何去确证？这是"猜思想"的游戏吗？一个人知道的、相信的、怀疑的等，都跟"信念"有关。从"信念"的探究出发，世界就都是"我"相信的样子，世界还有许许多多其他的样子，这是文学、艺术多元主题和创造性解说的重要依据。"施予"又是一种怎样的信念？关心别人和被别人关心都应该有一定的"信念"依据吧，信念是人们绝大多数行动的根据吗？

举例：《哲学研究》574节全文。

一个命题，从而在另一个意义上的一个思想，可以是信念、希望、预期等等的"表述"。但信念不是思考。（一个语法评注。）信念、预期、希望这些概念互相之间相隔得不像它们和思考概念相隔得那么远。

从本节来看，维特根斯坦认为，命题、思想和信念等并不是同一层次的概念。信念、预期、希望这些概念之间有密切的亲缘关系，而"表述"信念、希望、预期等的"思想"则又在另一个层次，后者可视为对前者的归纳性思考。

一、知道："我可以知道别人在想什么，但不可以知道我在想什么"
（267）

"知道"是一个复杂话题，其中"我知道你知道我知道……""你知道
我知道你知道……"等类似表达式尤被称为是人与人之间知识和信念、思想
和行动上的一种博弈。

"你知道P"：你知道P的意义及所指，P当然不只是符号而已。

"我知道你知道P"：我除了知道P，我还知道你也知道P（我比你技高一
筹）。

"你知道我知道你知道P"：你知道P这件事被我知道，并且你也知道了
我的知道（你怎么都技高一筹啊）。

"我知道你知道我知道你知道P"：你知道P的事情被我知道，而你也知
道了我的知道，对这些我是无所不晓。

"你知道／／／我知道／／你知道／我知道你知道P"：现在就看谁对谁
知道的最多了，所谓知己知彼者胜。

当然，以上的"P"是变动不居的，且随着前缀词"知道"的增多，人与
人在知识和信念上呈现出一种你追我赶的胶着和胜出的状态，并在此基础上
进一步表现为彼此之间思想和行动的博弈。

对于"知道"话题，维特根斯坦概括得很精练、简洁：

"说'我知道你在想什么'是正当的，说'我知道我在想什么'是错误
的。一大团哲学的云雾凝聚成一滴语法。"（267）

"人的思想封闭自锁，在意识内部进行，和这种封闭比较，一切物理上
的封闭都是敞亮的。"（267）

我真的知道自己在想什么吗？准确地说，这是人的思想和意识内部进行
的事情，和别人、外部甚至"我"等没多大关系，所以维特根斯坦认为"说
'我知道我在想什么'是错误的"。诚然，我要知道了自己在想什么，并且
也努力使别人明白我在想什么，这样才能更好地和大家一起统一思想和行

动，不是吗？

当我们说，一个人心中真正的所想和所向，正是一个人活在当下的最好证据。一个人追名逐利，一个人贪恋声色犬马，不正是其内在灵魂真正的写照。当然，对比起人的外部表现和内在思想，后者比前者更值得谨慎和存疑。

总而言之，一方面，我知道你想什么，这个可以通过很多你的外部表现和标志来进行推断及显示；我知道自己想什么，那就八成是"见鬼"了，人的思想和灵魂封闭自锁，你如何悉得其内部自我转圜。

维特根斯坦对"知道"及"想什么"的语法考察或哲学探索，大致出于对人心或思想的内在性和嬗变性，及其外部表现证据的一种清醒和清晰的认识。

二、普遍性："'相信''愿望''意欲'这些动词展示出'切割''咀嚼''奔跑'这些词同样具有的所有语法形式。别把这看作理所当然的，而把这看作极为奇特的事情"（226）

关于"语言"的普遍性至少有两种含义：一是日常语言使用的普遍性，人类社会各种现象都有一个日常语言的"共同的家"；二是语法或用法的普遍性，哲学上的语法概念适用于各种学科知识表达上的澄清和治愈。

从语词或概念的语法或用法角度看，那些关于心理学的词汇和关于物理世界的词汇具有相同的语法形式，自然也就具有相同的哲学研究意义。

日常语言哲学研究的是概念如何被使用，语言游戏如何生成，这也是"语词使用即其意义"的哲学语法的共通之处。不研究语词的用法而武断地谈其客观意义，谈其客观逻辑，都是给"语词"或相关语句"穿小鞋"的做法，难免滑向独断论和偏见。

"由于曲解我们的语言形式而产生的问题，有某种深度？"

"我们问问自己：我们为什么觉得语法笑话具有深度？那的确是一种哲学深度。"（55）

以数学中的逻辑来匹配和研究自然语言或日常语言，就是这样的一种语法笑话，给大脚穿小鞋的语法笑话，并且还深度了得。

"必须丢开一切解释而只用描述来取代之。"（55）

"这些描述从哲学问题得到光照，就是说，从哲学问题得到它们的目的。这些问题当然不是经验问题；解决它们的办法在于洞察我们语言是怎样工作的，而这种认识又是针对某种误解的冲动进行的。"（55）

"哲学不可用任何方式干涉语言的实际用法，因而它最终只能描述语言的用法。"

"它让一切如其所是。"（58）

错是错，对是对。

三、相信："相信是一种心理状态……并且它是怀有信念的那个人的一种心向"（228）

罗素认为，"我们的信念要做到不带个人色彩、消除地域及气质偏见"，并"坚持把这种美德引入哲学"，乃至"应用在人类的全部工作上"。①罗素本人却对"信念"一词及其表达式缺乏深入的哲学探究。

维特根斯坦却饶有趣味。诸如，我相信之类的表达式："我相信事情如此这般"（"事情如此这般"不也是一种相信或假设吗？区别何在），"我相信要下雨"（与"要下雨"，当时确实下了雨，跟"我当时曾相信要下雨"确实不是一回事），"我曾相信"和"我现在相信"等。（225）

"一个人可以不信任自己的感官，但不能不信任他的信念。"（226）

一个人总是按照自己的"相信"或"信念"生活的，不管他表面上看上去是否承认，因为即便"表面上不承认"也表示其按照自己的信念在生活着。

"可能在下雨；但不在下雨。"在这里我们需要当心，不要说"可能在下雨"其实是说"我相信要下雨了"。"为什么不该倒过来说我相信要下雨了其实是说可能在下雨呢？"

---

①伯特兰·罗素著，文利编译，《西方哲学简史》，陕西师范大学出版社，2010年5月，430页。

维特根斯坦说："不要把犹犹豫豫的断言当作一个关于犹豫的断言。"（229）

信念的犹豫跟客观情况的犹豫是两回事，前者代表主观可能性，后者代表客观可能性？

下面我们再深度讨论一下"自信"是怎么回事。自信即相信自己。这是：

1. 一种心理状态。维特根斯坦说，"人们在内心感到确信，而不是从自己的话或说话的语调中推断出这种确信。"（227）

2. 一种嘴皮子的功夫。维特根斯坦认为，"我相信"这类表达式，对于他人来说，你的行为（面部表情、语调等），你的话向他人表明了这一点。

维特根斯坦说："我自己怎么认识自己的心向？这时我必须能像另一个人那样注意我自己，倾听自己的话，从我的话中得出结论！"（228）

3. 抑或一次成功的实践或事件。

更进一步地，如果它是心理状态，怎么去证实而不是揣测它？维特根斯坦说"一个内在的过程需要外在的标准"。

从语言表达角度看，"言过其实"比"说实话"更显得自信。"说实话"有时变成不够自信的表现。

自信是一次成功的夸夸其谈，让大多人觉得他说的是真话。而真话是不怕证伪的，"夸夸其谈"却可能最终被证伪。

自信不必一定是嘴皮子功夫，却有可能沦为一种嘴皮子功夫，因此，"自信"和"吹牛皮"有某种亲缘关系。

一次成功的事件有可能跟自信有关，但自信不是事件成功的主要条件，一个事件的成功是一系列主、客观因素共同起作用的结果。自信也许是主观原因之一，但不是决定性的条件。俗话说"水到渠成"，客观条件"水到"是"渠成"的决定性原因。

四、施予："宁愿别人对不起我，也不要对不起那些对我有恩的人。"这是怎么回事，你是在哪一种语言游戏里说这话

《三国演义》中记载曹操说过"宁教我负天下人，休教天下人负我"，这是对曹操式"奸雄"的语言方式定义么？有德的人却说，"不以恶小而为之，不以善小而不为"。后者转换一下，则是"宁愿所有人都对不起我，我也不想对不起一个人"，"宁愿别人对不起我，也不要对不起那些对我有恩的人"云云。

你确定"所有人"和"一个人"在两种截然不同的场景中是同一个强度？你所说的"别人"难道不正是你所说的"对我有恩的人"吗？"别人"难道不应是所有人（或至少是那些不太坏的人）？"别人对不起你"与"你对有恩的人报恩"是一种怎样的因果关系，或者说后者果真是前者的原因？你如果要去报恩不是要对恩人进行施予吗？别人这时候对不起你又是怎么回事，还是说你不向对不起你的人寻仇就是在报恩？这些问题有些混乱不堪，有些则有一定的价值。

但是，我们确实在多种多样的生活情形里看到这样的表达，并且每种情形都能说出一定的理由。句子在"日常语言的家"中是有多种多样使用的，且这些使用得结合一定的环境、场合和目的才能得到阐明。

你如果说，别人对不起你，那是因为你物质和精神都富有，有很多好处便宜别人（或至少在别人看来，你的利益没有别人的利益重要）。如果是这样的话，你确实"人格"有些伟大：你牺牲了自己的一些利益，却成就了别人的成就（或将别人认为的风险或痛苦减到了最低）。

你说"别人对你有恩，你当涌泉以报"。其实你不必"涌泉以报"，只要按照别人说的去做就行了，中国人常讲的"恭敬不如从命"就是这样。

就"小家"与"大家"的关系，不少仁人志士常选择成就大家。这样的语言游戏场合，需要"我"有颗执着、坚韧和能牺牲自我的心，懂得大局为重和适时放下私我。或者我们可以在其他更多的语言游戏里这样去说。

五、猜思想："猜思想"的游戏和"没有觉察到的物理过程"谁更隐蔽（269）

德国哲学家赫尔巴特认为，"没有自由意志，心灵中的一切都遵循固定的规律，心理过程能够用数学方法予以确定"。[①]这一定程度上说明，心灵中的思想有内在的自主性，也有外在严格的规定性。

那么"猜思想"是怎么回事？我们在这里对其进行哲学探讨。

首先，内在的"思想"比外在的"身体行为"和一般的"物理过程"肯定更为隐蔽，这是毋庸置疑的，根源在于思想内部的自主性及不确定性。

其次，可以对比"思想"和"思想预料却未发生的事实"，维特根斯坦认为，即便"猜思想"的那些事实"都没有发生"，"这却并不使得思想比没有觉察到的物理过程更隐蔽些"。在这里维氏大致认为"猜思想"还是行得通，不过应该区分不同情况或确凿类型吧。

最后，将"内心的思想"和"未来"作比较，比如"内心对我们隐蔽着"对比"未来对我们隐蔽着"。对后者来说，维特根斯坦问道："天文学家计算日蚀之际是这样想的吗？"天文学家基于科学认识和物理观察对"未来"有更多的把握，但这是"不同种类的确凿"，与"思想"的隐蔽性是两回事，同"未来"对我们的隐蔽（比如"猜未来"）有某种亲缘关系。

维特根斯坦说："我对另一个人的感觉可能很确凿，就像对任何一个事实那样。但'他极为沮丧''25×25=625''我60岁'这些命题却并不因此成为相似的工具。明显的解释是：这些是不同种类的确凿。这个说明似乎在解说一种心理学区别，但这区别是逻辑（或哲学语法）区别。"（270）

要搞清楚以上这些不同的语言工具，关键在于从哲学上弄清楚其不同逻辑或语法或用法的区别，从而进一步地明确其语言游戏的范围或辖域。

[①] 梯利著，伍德增补，葛力译，《西方哲学史》，商务印书馆，1995年7月，526页。

六、证明：如何确证我今晚上课的内容

在日常语言中，"证明"是一个多义词，所以请不要和数学或物理角度的"证明"混淆开来，当然，任何维度的证明也可以从日常语言角度进行某种哲学讨论。比如数学角度的证明，大致指的是用一连串已知命题去推导出未知命题；物理角度的证明是物理实验，既可以在实验室检验，也可以在大自然中实证。

至于"日常生活"的证明，那么就更与日常语言交织在一起了。这种类型的证明，自然比物理、数学等自然科学的证明更依赖于外部环境、生活经验和主体情况，更依赖于语言的用法本身。

比如如何确证我今晚上课的内容？对这个问题的回答一种可能是：

一是必须是我上课期间讲授的内容（因为其他时间讲的东西不在课堂上）；

二是必须是我作为老师讲授的内容（即作为教师身份的我所讲授的内容）。

离开了一和二这两条标准，那么，上课（行为）或上课内容就有可能出错。

最后我们要强调一下，关于"确证"上课内容的证明，还有其他论证思路或线索，比如，你必须到"上课现场"去，认真听一堂课，还必须保证那些内容是你能听懂的，或者把"这堂课"录制下来，好好揣摩，又或者不明白的直接问上课老师就好了，不过你还得恳请老师没有任何隐瞒等等，诸如此类。

还有的人可能会说，你确证的不过是有关"上课内容"的信念，你要确证的那些东西，不都是明明白白或稀里糊涂地装在人脑子里的东西。

七、怀疑："怀疑"的语言游戏

怀疑学派往往一方面肯定感觉标准对"衡量真理"的重要性，另一方面

又认为"感觉往往欺骗我们"，"其标准都不可靠"。[①]无疑，诉诸"感觉"的理论是值得怀疑和批评的。理论怀疑与怀疑别人和自己有什么亲缘吗？

有人说，怀疑别人很容易，靠愚蠢、偏执和成见即可；当然，也可以怀疑别人是出于某种外部行为（与内心不协调）的精微观察。

怀疑自己却需要自知、勇气和谦逊，你必须真正认识到自己的无知，而这恰恰很难做到。常常怀疑自己的人是"自卑"吗？人们在志得意满、春风得意时，尤其看不到自己的无知和浅薄。

有一个农村来的学生非常朴实而勤奋，他钻研的"知识层次"已经很深了，可是不理解他的老师却抱怨说他"喜欢偷懒""不愿意下苦功"等，他是没有按照老师设定的路线去做研究吗，哪怕这路线对真正的智者来说有多么"蹩脚"？他的老师是在"以小人之心度君子之腹"吗？或者他自己就是这样的情况？

要想不被"怀疑"，还得有高超的沟通技术吗？要想不错误地"怀疑别人"，那么就要自己足够努力和明智。

总而言之，"怀疑别人"跟"怀疑自己"是两种不同的语言游戏，他们具有不同的使用标准。

第五节　对象及本质的语法

德国哲学家A.梅农把"客体"定义为能够意向或设想的任何东西，并且将其区分为：一是"个别的存在物"，如树木、书桌、书籍等；二是关于"非存在的"诸如"关系和数字等"的思想的客体以及"金山"和"方的圆"等的想象的客体。如果采用较为宽容的"实在论者"的态度，那么这些

---

① 梯利著，伍德增补，葛力译，《西方哲学史》，商务印书馆，1995年7月，125页。

"客体"就可以称之为"对象"了，并且还能进一步"探索它们的性质，以至对它们作出真正的陈述"。①后期维特根斯坦基本秉承了这一"客体"或"对象"的看法，并从对象及本质的哲学语法角度探讨了这一类语词及句子的用法。

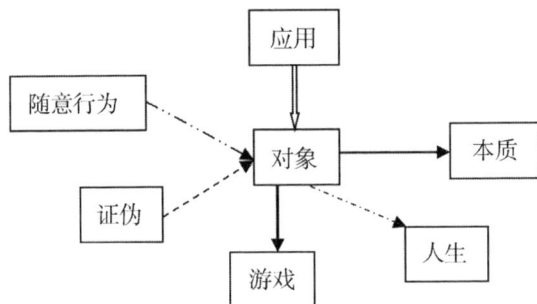

图 5 　"对象及本质"思维草图

"维式"分析：探索"对象"的本质不是应该向"客观世界"寻找吗？"对象组合"构成命题和语句，因此，也可以从"对象"一词的应用和游戏中去寻找。有些命题或语句可以得到证实，有些也可以被证伪。"随意行为"就是你这样那样去行动，它可能涉及最少的信念或思想。人生是这样那样被规定好呢，还是这样那样可以自由活动更好？社会、个人不就是人生活的两端吗，有时候过左或过右都不好。客观对象的本质有自然科学得以诠释和证实，人或人生的本质要靠社会和人的科学去说明和解释吗？

举例：《哲学研究》539节全文。

我看见一幅画，表现的是一张笑脸。我把那笑一会儿看作友善的，一会儿看作恶意的，这时我是怎么做的？我不是往往在或友善或恶意的时空背景中来想象它吗？例如，我可以从这幅画想象：笑着的人在对一个玩耍的孩子

---

① 参见梯利著，葛力译，《西方哲学史》，商务印书馆，1995年7月，680—681页。

慈蔼微笑，但也可以是对着遭受痛苦的敌人笑。

　　这一点在下面的情况里也完全没有改变：画里的处境一眼看上去是令人愉快的，而我却可以借助更广阔的背景对这个处境重新作出别的解释。——如果没有特殊的环境因素改换我的解释，我就会把某种特定的微笑看作友善的微笑，称作"友善的"微笑，并相应地作出反应。

　　（概率，频率。）

　　从本节来看，维特根斯坦认为"一张笑脸"画面的所指在于更广阔的时空背景中的诸般意义。如果将语词或句子与画面作比较，那么，在各种特殊的环境因素与更广阔的背景里，同一语词或句子应该是各式各样"画面"的写照。这才是语词或句子的本质特征所在。

　　一、对象："某种东西是哪一类对象，这由语法来说"（136）

　　威廉·奥卡姆认为："只有个别的东西存在，人类的一切知识都从个别的东西开始。""从个别对象中抽绎出共有的性质，从而形成概念或共相。"[1]奥卡姆基本从物理科学的角度解释了个体和共相概念的由来。实际上，除了"个体"概念外，"共相"概念又可依据其与"个体"概念的某种关系程度，依次划分为"类型""属性"和"关系"等概念。在此，我们仍相信"个体"概念与"专名""对象"概念范围或强度等同，于物理世界结构中最为基础。

　　美国哲学家W. V. O. 蒯因在《语词和对象》一书中，用洋洋洒洒十数万言，探讨了不同语词和对象的多种指称性关系。维特根斯坦则从语用学角度，对个体或对象语词的所指问题，给出了自己独到的看法和解说。

　　维特根斯坦说："某种东西是哪一类对象，这由语法来说。"（136）

──────────

[1]梯利著，伍德增补，葛力译，《西方哲学史》，商务印书馆，1995年7月，238页。

"必须问的不是：什么是意象，或具有意象的时候发生的是什么；而是'意象'一词是怎样用的。"（135）

"某某"一词能指向哪类对象，取决于该词的语法或用法。

比如"张三"一词，能指向张三这个人，就在于该词的特定用法上。张三说："我明天打算去北京。"李四说："那你是坐高铁还是飞机去北京呢？"如果这表达是两个人的对话，那么，其中的"张三""李四"自然就指向两个具体的人。

二、本质："本质在语法中道出自身"（136）

对于"本质"的讨论由来已久。比如关于世界的"本质"是什么，持不同观点的人们彼此意见相左甚至冲突。其实，这些相左乃至冲突的意见，往往由于其观察点和参照物不同而导致。世界是"物质的"，其观察点和参照物自然是站在客观世界一角"以物观物""以天下观天下"；世界是"意识的"，其观察点和参照物则选择了人的主体角度，以人类认识和改变世界的意识或社会活动为参照，从而得出"意识决定论"的世界本质观。

要将以上两种截然相反的意见化解，可以将以上两种"本质论"都看作是"世界"一词的不同用法。

维特根斯坦认为，如果谈论"意象"一词所指的对象要用到"意象"这个词（即语词所指对象得由语法来说），那么在追问"意象"本质的问题上，谈论的也是"意象"这个词。换句话说，"意象"的本质也应在"意象"这个词的用法中去探寻，进而以"用法"代替"本质"论断。

维特根斯坦说："本质在语法中道出自身。"（136）

比如追问"诗歌"的本质是什么，关键在于（一）从成千上万的诗歌使用中，（二）去归纳"诗歌"的共同特征。其中，（一）在于诗歌作品的构建，（二）在于诗歌本质的欣赏和总结，两方面指向都在于"诗歌"一词的某种用法。

"本质"变成了"用法"或"语法"，本质自然还是本质，但却只是相关词语用法的一种或之一，当然也许代表了该词用法的突出频次。所以，要追问"世界""诗歌"等的本质是什么，应该追问的是你打算在"它们"上面怎么用"本质"这个词。

三、应用：任何词汇或概念都可以到用法里去找它，去用法里证伪

反唯理主义和直觉主义代表人物柏格森宣称，"科学和逻辑不能透入实在的外皮，在生活和运动面前，概念思维无能为力"[①]。维特根斯坦从日常语言哲学角度表达着近似的实用理念："实数的位置上也没有虚数的位置"，"必须下降到应用上，虚数概念才能找到一个位置"。（239）

在维氏看来，应用角度展现了概念或语词或对象的无数"生活"。诸如三角形的面相有多种用法，比如看作三角形的洞、物体、几何图形，看作山、楔子、箭头、指向标，看作物体倒下来，看作一个物体挂在墙上等。

"我们想要从'真正所见'来定义物体概念的时候"，倒不如把物体概念作为"日常语言游戏接受下来"，"识别出虚假的表述之为虚假"。（证伪的重要性）

不可能按照一种解说来看到一种东西。

我们的"描述并没有唯一真正的、正式的例子"。

维特根斯坦指出："如果一个哲学家说，他理解'我在这里'这个句子，理解用这个句子意味着什么，想着什么，即使他根本不考虑这个句子是怎样使用的，在什么场合使用的。"（167）

针对这个哲学家的说辞，维特根斯坦反驳说，"玫瑰在黑暗中也是红色的"，难道"你就在眼前的黑暗中当真看见了这种红色"？

实际上，脱离了"我在这里"这样表达的具体场合和使用方式，"我""这里"都将显得莫名其妙，"我是谁？""这里是哪里？"都将悬

---

①梯利著，伍德增补，葛力译，《西方哲学史》，商务印书馆，1995年7月，630页。

而不决。

四、游戏："孩子们把这箱子看作房子"的游戏

孩子们玩的各种各样的游戏可能是"游戏"这个词最切近的用法，可爱的童真、以娱乐为目的、指鹿为马等等，不都正常。游戏定然有一定的规则，但是这些规则是可以变动的，只要这些规则不使游戏陷入自相矛盾就行。

"他们完全忘记了那是个箱子，那对他们事实上是所房子。"（247）

这是孩子们玩积木类游戏的真实写照。

关键在于，孩子们在什么特定的处境下把一种虚构编到这箱子上，如在"过家家"游戏中，孩子们把箱子当作房子使用，在房子旁边（箱子里或旁边）洗衣做饭。那样的话，箱子就是房子了，在游戏中，在用法里，在语境下。

我们以何种方式使用"箱子"的概念，决定了箱子就是房子。

怎么做这个游戏，决定了这个图形可以被看作那个东西。

再如"面相闪现"的"两可类游戏"，一个人谈论兔鸭头，现在却以某种方式谈论着兔脸的表情，那他现在是把这幅画看作兔子了。

"一个人必须熟悉兔子鸭子这两种动物的样子才能'看到兔鸭面相'。"（248）

"唯当我们以某种确定的方式对待所观察的对象之时，这里闪现的东西才保持着"。（252）

图 6　兔鸭头

在维氏看来，要把"兔鸭头"之类的"两可游戏"准确辨认出来，一个人必须接受比如识别兔子和鸭子之类的前期训练或教育。另外，要"以某种确定的方式对待所观察的对象"，即在确定无疑的用法中才能保持"该对

象"确定的意义，比如确定是兔头或鸭头等。

游戏与使用，对语词或概念来讲，几乎是"比肩共生"的存在，一方面由语词或概念或符号或对象的具体使用确定游戏种类，另一方面又在游戏类型的指认中追溯使用的语境、方式及前景等。

对比一下色盲或色弱者看到的"残缺不全"的画面，符号、形式或图画的某种使用对其彻底关上了大门，这个或那个"辨认游戏"对他一片漆黑或空白。

五、人生："人生"也是游戏

唯理主义大师笛卡儿说："哲学是关于人所认识的一切事物的完善的知识，既是为了指导生活，也是为了保持健康，发现各种技术。"[①]可见，在唯理论指导人生实践这件事上，唯理主义者确实认为哲学研究比眼睛更能引导我们走路，用以调节举止和指导生活更为有效。

而当我们由各个人视角去看，而思量"人生"这一语词或概念时，并非每一个人都按照"理性"从事，而是表现为更为庞杂而多样。用直觉主义者的话来说："凡是没有个性、没有内在性，而只有死寂的表面的地方，科学和逻辑都有实用和理论价值。"[②]那些活着的个体，精彩纷呈的人生，才是真正的行为艺术，就这个角度看，人人都是艺术家！中国有句古话，"林子大了，什么鸟都有"，视"林子"为使用，"鸟"为个体，即是对"人生游戏说"的有力佐证。

无疑，站在语言学家及旁观者的角度，把"人生"当作一个语词或概念去参详，那么"人生"也是"语言"或各种各样的游戏。

作为"游戏"的人生，跟作为"语言"的人生，其间有着相通之处，在

[①]梯利著，伍德增补，葛力译，《西方哲学史》，商务印书馆，1995年7月，305页。

[②]梯利著，伍德增补，葛力译，《西方哲学史》，商务印书馆，1995年7月，630页。

这里我要说的是，"人生"怎么玩，"语言"就怎么反映。

怎么样玩转人生或玩完一生，取决于各个玩游戏的人，取决于人们怎么去做完"人生"这出戏，而这些最终都可归结到"人生"这个词的用法上。

你会说，去这里还是那里，往东还是往西。这个人的一生，那个人的一生，做成怎样就怎样，自然也不必非得如此或这样。

在人生这场历时较长的游戏里，我们便需要不断地变换玩法，与人分分合合，与各种环境竞争洽处，在各种硬性和变化的规则、要求之间盘桓、周旋。有时候甚至被碰得鼻青脸肿，不得已在一种极限的环境中枯燥度日。

语言、人生和游戏，在诸多表达的用法那里，得到了融通，语言反映人生，人生反映游戏，游戏又表现为用语，错综复杂，难舍难分。人生的复杂处，反映在斑驳陆离的语言，最后归结为时空不断变换的游戏，环境、个体、规则、自由和语言交织，唯有"用法"一词，解生命和生活百惑。

在"人生"这出自导自演的游戏里，"个体"一词的使用决定了其有意义的一生，唯有"自己的一生自己才能玩得转"。那些或短暂或稍长的人生，即便意外频频，也遵循语词使用的必然律。

古希腊智者认为，"暴君用欺骗和武力掠夺别人的财产，不是零敲碎打，而是一锅端。无论是神圣或世俗的，公家或私人的，都一扫而空"。又说："如果一个人除去掠夺公民的金钱以外，还奴役他们，那末他就不会受那种谴责，反而被公民认为是有福和值得颂扬。"[①]这是两种不一样的"人生"或游戏吗？

普罗泰戈拉说："人是万物的尺度。"[②]那么，人也是人的尺度吗？什么样的人才有足够的资格对别人的"人生"评头品足？

---

① 梯利著，伍德增补，葛力译，《西方哲学史》，商务印书馆，1995年7月，47页。

② 伯特兰·罗素著，文利编译，《西方哲学简史》，陕西师范大学出版社，2010年5月，43页。

六、证伪："我要教的是：把不曾昭然若揭的胡话变成昭然若揭的胡话"（157）

很难想象一个绝少撒谎的人一开口就是"盘古开天辟地"，他是在讲述一段历史，还是在讲演一个神话或笑话。

讲述"历史"，好像真有人见过盘古一样，天和地的产生，总该有一个"背锅"的人，因此那一个人就是盘古，那一个人也许还叫张三李四，但是在这里，张三李四指的就是盘古。

其实，这里讨论的是"逻辑推导"，即从天和地的后效，能不能推导出一个前件盘古。盘古也许不是一个人，是天和地产生之前的一些因素，比如阴阳、道。那么，设想出阴阳或道，是不是比设想一个盘古这样的人更有说服力呢？当然。阴阳本身即为天地上面的两种气质，柔刚、黑白等，也可指那些具有柔刚、黑白等双面特质的具体事物，因此，设想阴阳接近于逻辑推导中的演绎性；至于道，它是完美的化身，因此，也是从天地之中抽象出来的一个绝对理想，从绝对的道到具体的天地，也是从一般到特殊的演绎。这大概就是《老子》比"盘古神话"的高妙甚至科学之处。

讲演一个神话或笑话，有时候跟讲述历史一样真实，在没有历史之前，虚构的文字就是记录的历史。当然，神话或笑话从一种意义上是虚构或吹牛，从另一种意义上则是胡话或假话。

虚构和吹牛的语法，由文学表达去承担解释；胡话或假话的语法，留待到日常用语中去阐明和澄清。

再如维特根斯坦所举的两个例子：

"我从屋里出去，因为你命令我这样做。"

"我从屋里出去，却不是因为你命令我这样做。"

这两种说法，看上去极为相似又彼此矛盾，并且任何一方都能讲出理由。

"能不能问：'你怎么知道你这样做是因为这个，或不因为这个？'若回答竟是'我觉得是这样'呢？"

"问问你自己：在什么场合，为什么目的，我们这样说？"（162）

中国人常说："欲加之罪，何患无辞？"比如老板说让你"随便找个理由开了他"，无论"理由"是什么，关键在于结果只有一个"开了他"。生活中这样的例子还少吗？因为他看上去不那么老实，所以不要带他去了；因为他太老实了，所以不要带他去了。截然相反的理由，也可导向同一个结果。而最机要和难以启齿的理由（或目的）可能是，他一直成为你忌惮和打击的对象。

场合、目的等语境方面的因素，确实是我们这样说话的根据，这是语言游戏之一。当然，我们还可以以其他方式去做或发明另一种游戏。

七、随意行为："随意行为"的描述证伪

唐代诗人李白有诗云："清水出芙蓉，天然去雕饰。"其中，"天然"字义，就是"不事雕工，随意为之"的意思。按照这个标准，那些本该属于"自然""随意"的事情，如果刻意、有意为之，就都显得矫揉造作甚至虚伪错误了。

关于"随意行为"是怎么回事？从哲学语法角度，维特根斯坦对它有以下分析和论证。首先，我们来看针对"随意行为"出现的相关语言描述示例：

"我决定五点钟的时候敲钟；五点了，我的手臂做出了这个动作。"或者"……五点了，我举起我的手臂。"（193）

按维氏的考查，这是"随意行为"的一种正确用法。

其次，"随意行为"也有一些错误用法。在维特根斯坦看来，倘若有人想这样来补足前面的描述，"五点了，看哪！我的手臂抬起来了"，那么，"这个'看哪'恰恰是这里用不上的东西。我举起手臂的时候不说：'看，我的手臂抬起来了！'"很明显，"看哪"表达的是一种故意或刻意为之的姿态，如果从"随意行为"表达意义出发，那就是错误用语了。

此处正是维特根斯坦从哲学研究的角度讨论怎么将日常生活中的某些表

达比如错误的"随意行为"进行证伪，从而使"胡话"变得"昭然若揭"。

当然，"随意行为"在社会生活中有无数版本或形态，比如"清水出芙蓉"式的美女标准，如何区分"真心赞扬"和"拍马屁"甚至"捧杀"式的表达等。

第六节　语言含义与用法

语言的"含义即用法"理论贯穿了后期维特根斯坦哲学的中心线索。日常语言哲学也依此可简称为"用法的哲学"，这是一种关于语词或句子的"原始意义"的哲学理论，即从哲学基础层次澄清语词或句子的根本用法问题。其实，日常语言的哲学语法在澄清语言原始意义及其标准的同时，也成为澄清各种学科和科学语词或概念的基础性方式，简言之，只有禁得起日常语言哲学语法的讨论、检验和证明，各门具体科学的语词或概念才有了合法和清晰使用的可靠基础。

试想一下两个专业相同或相近的教授是怎么交流的。是不是也是日常或自然语言帮了他们大忙？当然也可以由此联想或想象语言如何扩充到专业词汇。也许，正是共同的语言、生活方式和世界揭秘人间天堂或炼狱。

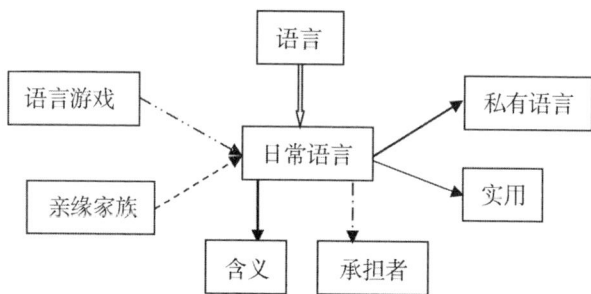

图 7　"日常语言"语法思维草图

"维式"分析：日常语言在所有语言中应该是最广泛使用和最具重要性的表达符号。日常语言通过不断扩大其符号范围，几乎可成为所有学科或科学的工具语言和阐释性符号，文科生说，这样的话数理化就不用担心听不懂啦。我们的数学、物理和化学等是用书面语言写就，但是我们的老师却都是用日常语言讲解和告诉我们，好老师和差老师的区别不就都在"日常语言使用"上面了吗？有人说，日常语言太"儿戏"，全部日常语言是游戏家族吗？关键点恐怕在于，日常语言的含义和承担者不是儿戏，它们都很实用也不是儿戏。

举例：《哲学研究》383节全文。

我们不分析现象（例如思想），而分析概念（例如思想的概念），因而就是分析语词的应用。于是我们所做的可能显得像唯名论。唯名论者的错误是把所有语词都解释成了名称，因此并不真正描述语词的用法，而是仿佛为这样一种描述提供了一张纸面上的汇票。

从本节来看，维特根斯坦认为，现象如思想等属于物理学或心理学等领域的研究对象，哲学研究的对象是语言或概念，因此，也叫语言或概念分析。唯名论的错误在于把代表部分语词或概念的名称词用于所有语词，这是以偏概全的独断论。正确的做法应该是把所有语词的用法真正地描述出来。

一、日常语言："我要对语言（词、句等等）有所说，我就必须说日常语言"（57）

日常语言是人们用来表达和相互交流的工具。在以往的语言学研究中，人们过分地强调了它的表情达意和交际功能，却忽视了它也是个体思维乃至一切表达的工具。作为个体思维和一切表达的日常语言，它承担了语言与主体及世界互动的功能，堪称一切人类和自然现象概念化及运用指向的"共同的家"。

日常语言是一切自然社会现象和人类文化生活的"共同的家"，因为要把一切现象或生活（词、句等等）说清楚，都得靠其语言的使用才成为可能。

所以，维特根斯坦说："我要对语言（词、句等等）有所说，我就必须说日常语言。""是啊，但这样的做法怎么能使我们满意呢？——可你的问题恰恰是用这种语言做成的，如果确有一问，它们就必须用这种语言表达！而你的疑虑是些误解。"（57）

在维特根斯坦看来，日常语言已经是较为"成熟完备的语言"，而不是某种预备性的或临时的语言。社会现象、自然事实、人生问题和科学研究等等，日常语言既是其表达手段，也是澄清其诸般问题的分析工具，简言之，日常语言是"一切者"的"一"即它们的"共同的家"。这么说来，日常语言"语法的目的无非是语言的目的罢了"。（164）

日常语言中不乏搞笑的段子及生活故事，据马尔康姆回忆维特根斯坦，"一部严肃的好的哲学著作，可以写得完全由笑料（不流于油滑）组成"。① 下面以市场营销理论的"目标市场定位"概念的日常用语和故事分析的隐喻解说来看：

一、科学理论	二、"日常语言"的家：日常语言表达和分析为科学理论奠定概念基础和澄清界限	
深入（科学研究）	浅出（日常分析）	类比或隐喻性解释
专业术语（书面语）	日常用语（口语）	日常表达对比分析
容易沦为一种机械性的死记硬背	用自己的话表达并使大多数人能明白	用更日常的生活方式为科学研究打比方分析
目标	消费者（或顾客）	对象（男或女朋友）
目标市场（或市场）	消费者群体	帅哥（或靓女）群休
目标市场定位（或选择）	消费者群体选择	海选部分帅哥（或靓女）
企业目标市场定位的内容和方法	企业和产品服务消费者群体的内容和方法	靓女（或帅哥）为帅哥（或靓女）提供的具体服务

①诺尔曼·马尔康姆著，李步楼、贺绍甲译，《回忆维特根斯坦》，商务印书馆，2012年8月，37页。

对于日常语言及其用法分析对揭示"事情"本质的重要性，维特根斯坦已经提醒过我们："当哲学家使用一个语词——'知''在''对象''我''句子''名称'——并试图抓住事情的本质时，我们必须不断问自己：这个语词在语言里——语言是语词的家——实际上是这么用的吗？我们把语词从形而上学用法重新带回到日常用法。"（56）

关于"日常语言"系统、划界及范围问题。维特根斯坦认为，"是语言系统使一个命题成为思想，并且使其对于我们来说成为思想"，[①]而"说一个句子没有意义"，是说"某种语词组合被排除在语言之外，停止了流通"。（164）简言之，日常语言的划界、范围和系统，交给其语词和句子的流通情况就行了，自然这就是一条非常模糊的界限了，而使用则是其唯一的标准。

以前人们常把日常语言跟平凡生活联系到一起，以为那些通俗易懂的口语就是世俗生活的写照，这是对日常语言使用功能的曲解或偏见造成的。实际上，日常语言功能非常多，而针对日常语言多种多样用法的哲学分析，既能帮助我们对一切科学或社会或人生问题发问，而且能使我们通过对这些问题及材料的谈论、讨论或辩论等哲学思辨的方式，从语言分析角度将真理基础越辩越明。

总之，日常语言的哲学语法讨论，为一切成型或将要成型的科学奠定了最基础的语言表达与意义标准的界限和疆域。所以，维特根斯坦才这样强调："也可以把一切新发现和新发明之前的可能性称作'哲学'。"（59）

所谓分析性的语言哲学要点在于：一切新思想、新理论都应该有个"日常语言的家"（如运用"母语"进行解说），并以其为媒介（对象）和工具（元语言）进行日常语言的哲学分析，从而使其谬论或真理得以进一步澄清与论证。

---

①维特根斯坦著，韩林合译，《哲学语法》，商务印书馆，2018年12月，152页。

一个优秀的学者或教授，如果不能把外语转换为当地大家都熟悉的日常用语比如母语来清晰地表达自己或借来的新思想或新理论，那么他们运用那些叽叽歪歪的外语句子所表达的"舶来品"，难道是为了滑"天下人"之大稽？日常用语是一国公民及群众的口头语，他们有权利知道哪怕不是完全懂那些教授或博士真正想表达的意思，他们应该大致知情他们的纳税钱都给那些知识分子究竟干了些什么事情，而不是一味地被他们的外表所"忽悠"。

维特根斯坦日常语言哲学所揭示的乃是一种人类文化与哲学基础分析中的日常语言主义。而日常语言上通"天庭"（用来解释和澄清高深的语言，有人认为日常语言太随意了，实际上也正是因为随意、随喜，日常语言才比任何人工语言和专业术语更疆域辽阔和得心应手），下接"混沌"（原始应用基础）。正如维特根斯坦说："当你在从事哲学时，你必须降入到原始的混沌之中，并且要在那里安之若素。"①知识和知识分子应该自觉接受日常用语的检验和论证，这对于人文和哲学社会科学领域的知识和分子来说尤其如此。

二、含义：哲学上的"含义"概念

在人类语言本质的这幅特定图画里："语言中的语词是对象的名称，句子是这样一些名称的联系。"由此，以下观念也可以得到解释："每个词都有一个含义，含义与语词一一对应，含义即语词所代表的对象。"（3）

但是维特根斯坦认为："哲学上的那种含义概念来自对语言的作用方式的一种比较原始的看法。但也可以说，那是对一种比较原始的语言（相对于我们的语言来说）的看法。"（4）从哲学上讨论语词或句子的含义，乃是对语词或句子的原始作用方式的研究，乃是对语词或句子的诸多用法的描述与综观。

在维特根斯坦看来，语词的含义各种各样，云遮雾障，重现语言原始习

---

① 路德维希·维特根斯坦著，冯·赖特、海基·尼曼编，许志强译，《维特根斯坦笔记》，复旦大学出版社，2009年12月，112页。

得和作用方式的过程，可有助于驱散迷雾，还语言真实面目。

"语词含义的通常概念形成了多浓的一团雾气，使我们无法看清楚语言是怎么起作用的。而在某些运用语言的原始方式那里，我们可以清楚地综观语词的目的以及语词是怎么起作用的，因此，从这些原始方式来研究语言现象有助于驱散迷雾。"（5）

语词含义的通常概念与哲学上的语词"含义"概念的区别：前者迷雾重重，分散多义；后者立足于哲学语法及使用基础的调查，则有助于驱散那些迷雾。

总之，从哲学角度讨论语词或句子的含义，请牢记维特根斯坦的谆谆告诫："请你从使用中学习含义。"（255）

所谓"使用标准"其实就是对"语词"进行哲学语法分析，探究语词在具体使用中与主、客观环境的联系以及意义的指涉，进而澄清由于不同的用法而造就的语词的各种歧义和多义，从语词的原始作用方式层次奠定其意义基础。譬如教师给学生教授在"ABCD四个选项"中进行"选词组句"的游戏，教师往往把其他三个"干扰选项"的使用情况也分析得非常透彻，然后由学生理所应当地自觉选择"正确选项"，讲解过程虽然漫长烦琐，但是确实很哲学很有深度。

三、语言游戏："语言游戏"的多种含义（7）

研究话语运用的原始方式，比如孩子们借以学习母语的整个过程这样的游戏之一，即孩子们学习说话的过程，可以称为"语言游戏"。

还有某种原始语言，比如盖房子时建筑师傅A和他的助手B之间传递石块使用"方石""柱石"等进行简单交流的语言，也可以称作"语言游戏"。

或者带着那些不同目的开展的与语言编织成一片的活动，如各种会话活动等，也可以叫作"语言游戏"。

或者说出石头的名称，跟着别人说的念，这些也可以称作"语言游戏"。

语言游戏千万种，且"新的语言类型，新的语言游戏，我们可以说，会产生出来，而另一些则会变得陈旧，被人遗忘"。

"'语言游戏'这个用语在这里是要强调，用语言来说话是某种行为举止的一部分，或某种生活形式的一部分。"（15）

语言游戏的多样性，多种多样的语言工具，语言工具的多种多样的用法，语词和句子的多种多样的种类，同逻辑学家对语言结构的所说比较一下，那是很有意思的。

四、亲缘家族：形式上的统一和亲缘的家族

对于"你是谁"，一种可能的回答也许是"你跟你爸或你妈有点像"，你和你爸妈属于"一家子"呢，你们之间有着遗传学上的亲缘关系。要探讨语词或句子的较为"统一性"的本质，一种回答也许可以是，它们之间或多或少具有亲戚和血缘关系，因此，组成一个庞大的"语言家族"。

维特根斯坦说："我们的认识是，我们称为'句子''语言'的东西不具有我前面想象的形式上的统一，而是或多或少具有亲缘的家族。"（54）

在维特根斯坦看来，各种语言、句子之间根本不具有我们所说的统一的"逻辑形式"，而是由于各种相似性组成的具有"亲缘的家族"。

"句子的逻辑结构的严格清晰的规则，在我们看来，似乎是背景里的某种东西——隐藏在理解的媒介里的某种东西。"（53）

"我们把语词从形而上学的用法重新带回到日常用法。"（56）"我要对语言（词、句等等）有所说，我就必须说日常语言。""这里倒很像正音法中的情况，正音法也可以为'正音法'一词正音，而这里并不需要一种第二层次的正音法。"（57）

要谈论语词和句子，就应该用日常语言，形式逻辑或逻辑技术不过是隐藏在语词或句子中的关于理解的背景或媒介里的某种东西。

五、承担者："一个名称的含义有时是由指向它的承担者来解释的"
（26）

维特根斯坦认为，一些专名或特称比如"诺统"的"承担者"也许已经
残碎了（再如那些地球上消失的物种），但是，由它组成的话语比如"诺统
有锋利的剑刃"仍然具有意义，而这并不妨碍我们进一步去设想存在这样的
一种使用名称的语言游戏：

"在这里，唯当承担者在场才使用这些名称，从而这些名称就总是可以
由一个指示代词和指示的手势所代替。"（26）

在维特根斯坦看来，指示词的"这个"一般是需要有承担者在场的。对
比专名或通名等这些名词，对象在场和不在场各有哪些不同情况？

六、私有语言："别人都不理解而我却'似乎理解'的声音可以称为
一种'私有语言'"（110）

维特根斯坦举例说，如我在日记本上记着一个"E"，每次看到它我都有
一种特别的感觉，血压计显示我的血压升高了。

这种对"私有语言"的特殊偏好和个体经验，大概人人都会有过类似的
经历。

维特根斯坦指出："私有经验的本质之点其实不是每个人都拥有他自己
的样本，而是没有人知道别人有的也是这个，还是别的什么。"（111）

拥有什么"样本"或许取决于个体的选择与丰富感觉，这是各个人自己
的事，并无不妥。对此问题的关键在于，对于不同的样本，我们"不知道别
人的知道"究竟是一种怎样的心理或情状，这大概是一个心理学问题，还是
通过"检测血压升高"而进行后效证明。

再如对"红色""蓝天"，除了我们应该掌握的字面意义或一般用法
外，它们确实对我有着其他的意谓，而别人无从得知和体会。

七、实用："人思想有时的确是因为思想划得来"（158）

实用主义者强调后效或结果对理论的检验，即"实用主义的检验"：

"关于一种理论、信仰和学说的检验，必须是它对我们的影响、它的实际结果。"①将知识视为人类生活的工具，而不是目的，从而将诸多理论归结为现实的手段，并成为人类谋幸福的方式之一，为人们切实带来实实在在的利益和好处，这大致也是维特根斯坦讨论"实用"时所强调的"思想划得来"。

实用主义确实有一定道理，一方面，从思想的应用价值来看，"人思想有时的确是因为思想划得来"，按照计算科学的方法制造的锅炉比随意造的炉子更不容易爆炸；另一方面，从语言的概念分析的角度看，诸如"机器""功能""赔偿""承诺"等应用型的概念确实需要下到实践中才能得到清晰地掌握。

维特根斯坦说："人为什么思想？思想有什么用？人为什么根据计算制造锅炉而不听任偶然性来安排炉壁的强度？根据计算造出来的锅炉不会那样经常爆炸不过是经验事实罢了！"（158）

思想确实有时有利可图，这是实用主义的铁证或靠山。但是我们在这里不讨论思想，而是讨论由这类思想形成的对事物的作用方式的认识，它改变我们对某些事物一般的或旧有的观念。比如机器"从一开始就在自身中包含着它的作用方式"，"机器之为其作用方式的象征"。（89）

这就是说，我们日常生活中的一些语词或概念，有时确实需要通过它的作用方式得到阐明，确实需要对其进行计算制造。比如"快手极速版"在向用户推广中用到的那些"承诺"类广告词"赔偿""赚钱"等，就应该明确：承诺应该有其兑现的具体操作与方法，赔偿或赚钱也应该有相应的数量和保障方式，也难怪推出后在网络上要被广大网友纷纷吐槽是"不实广告"或"欺骗性的广告宣传"了。另外，还有"包退""学习""工作""爱情"……这些语词或概念，恐怕都跟"作用方式""作用效果"等有关。

---

①梯利著，伍德增补，葛力译，《西方哲学史》，商务印书馆，1995年7月，618页。

语词及句子概念与实用主义思想的关系（成为思想本身），跟语词及句子概念及其使用和用法的关系（语言的用法所及），在"作用方式""检验处"或"后效与结果"中重合了，后者成为前者表达或追述的符号方式及语言手段。

维特根斯坦说："询问证实一个命题的可能性及其方式，只是以一种特殊形式询问：'你是什么意思？'其回答则是对该命题的语法的一种贡献。"（131）我们认为，实用或实证主义不仅可作为一种哲学思想进行考察，也可将其归结为实用性语言及其哲学语法的调查（意义即用法），后者体现了维特根斯坦一以贯之的理论及文化视角的"语言分析主义"态度或工作方式。

第七节　事体描述方式

前期维特根斯坦在逻辑哲学讨论中认为，世界是一切发生的事情，真的事情和假的事情都是事体。逻辑学中的"判断"（或"命题"）对应世界中的"事体"。作为逻辑科学的创始者亚里士多德，也是第一个把"事体"纳入逻辑学讨论和严格分析的人。亚里士多德讨论了判断的性质和种类，以及它们之间的不同关系和各种论证。[1]后期维特根斯坦修改了其前期关于"事体"的看法，从而把"事体"扩展到诸般想象世界，思考"事体"的方式也从前期的"图像论"转到了后期的"使用论"，并把语言哲学的任务重新界定为"让一切如其所是"。

"维式"分析：世界常新，一种意义是说每天都有事情发生，很难想象世界有那一刻停止下来的样子。描摹了所有已发生和正发生的事情，世界就尽收眼底或囊中了，这是一种"描述的形而上学（或哲学）"吗？还是仅仅

---

①参见梯利著，葛力译，《西方哲学史》，商务印书馆，1995年7月，83页。

一种看待世界的"方法论"视角？站在行为艺术和实践的角度上，总有描述的语言抵达不了的所在，所以它更像一种"独断论"，不是吗？"答辩"就是比谁更"会说"吗？如果说的是"真事情"而不只是"耍嘴皮子"，那么那些掌握"权柄"的人靠"打压"来"禁言"，就跟禽兽一致。一件事情就是一个实实在在的"命题"，还是一些捉摸不定的"意象"，你有过那样的"苦恼"吗？

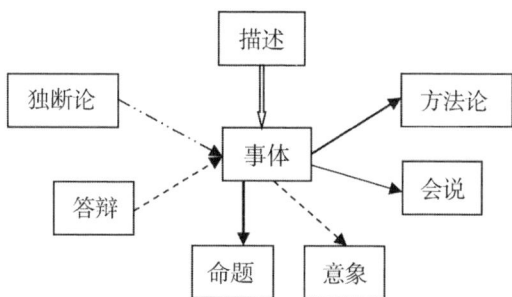

图 8　"事体"描述思维草图

举例：《哲学研究》144节全文。

我说"学生的学习能力在这里可能中止"，我是什么意思？我是在传达我自己的经验里的某种东西吗？当然不是（即使我有过这种经验）。那我干吗说这句话？我也许希望你说："是的，是可以设想有这种情况。"——但我是要设法让哪个人注意到他有能力想象这件事情吗？——我是要把那幅图画放在他面前；而他接受了这幅图画，就在于他现在倾向于以某种不同的方式来考察一件给定的事情：即拿它和某个特定系列的图画作比较。我改变了他的观看方式。（印度数学家们："看看这个图形。"）

从本节来看，维特根斯坦对自身语言研究的创新视角和方式是极有把握的，他作比方或打比喻地说，"一件给定的事情"可以通过不同的方式去考察，而"我改变了他的观看方式"。一是语言使用视角，二是事情描述方式；并非物理学或心理学领域的某种经验或能力的传达。

一、偏食和独断论："哲学病的一个主要原因——偏食：只用一类例子来滋养思想"（185）

哲学从世界观角度看，犹如表达"……（唯物）（唯心）（理念）（实在）（快乐）（悲观）主义""……（意志）（现象）（道）（伦理）哲学"等之类的意义理论探究，因此，必然表现为只用一类例子来滋养思想。

哲学从方法论角度看，犹如表达"语言哲学""分析哲学""逻辑哲学""逻辑主义""实证主义""隐喻主义"等之类的方法哲学探究，因此，也必然表现为只用一类例子来滋养思想。

具体地说，"用一类例子来滋养思想"也应表现为两方面：一是实质方面，即从思想（意义）和内容（意义所指）角度来看，都是有主体经验和客观世界基础的；二是从形式方面，无论提倡的是"何种"主义或哲学，都是针对一定的观察视角而言的，偏执独角所致，可谓举世界而应。

当然，维特根斯坦指出的"哲学病"，主要是针对语言分析视角而言的一些片面表达进行的。实际上，一般的"……主义"式的哲学，也并不是如此一味地走向独断，比如"隐喻主义"，就是从不同侧面对社会生活进行重新审视的结果，可以这么认为，社会不必时时处处皆隐喻，但是隐喻必定时时处处有其解说的道理；再如"经济主义"，我们不必时时处处都谈经济，但是从经济角度出发，一定的道理也还是可以附会或说得通的；再如"营销主义"，营销未必一统天下，但是从营销视角看，人人事事也当有营销说得通的去处。

我们不必时时处处声称"……主义"，但是"……主义"却无时无处不有其存在的道理。根据维特根斯坦的语言分析理论，从同一语言层次看，"……主义"倾向于一种特殊表达的独断论，而从不同的语言层次看，"……主义"则总是有其这般那样言说的道理。

一般来说，在一个崇尚自由和独立思考的年代，由人类精神解决其自身的问题是绰绰有余的。而在一个唯哲学信条、唯意识形态乃至官僚权术号称领导一切的时代，独断论就如雨中水泡摁之不灭。

二、哲学与描述："它让一切如其所是"（58）

从实质的角度看，哲学应该是一种高度抽象化的思辨活动，比如唯物主义、唯心主义，就是把全世界都抽象到"物"或"心"上面了，"物"和"心"在里面，全世界以各种方式绕着它们做向心运动。

从形式的角度看，哲学并不能改变世界的内容和实质，因此，形式哲学只是提供我们看世界不同的视角和方法。日常语言以语言表达方式如实反映世界的内容与实质，语言哲学家的任务不过就是揭示和澄清这种语言现象及规则罢了。

维特根斯坦说，"哲学不可用任何方式干涉语言的实际用法，因而它最终只能描述语言的用法"，"它让一切如其所是，它也让数学如其所是"。（58）

"哲学家的工作是为了某种特定的目的采集回忆。"（59）

"在哲学里不推演出结论"，"哲学只确认人人认可的东西"。（186）

在维特根斯坦看来，所有的哲学都可以最终归结为"语言的用法"的"描述性"探究，至于"唯物主义""经验主义""唯名论"等之类的哲学流派，不过就是为了某种特定的目的归纳语言的用法而已。

唯物主义是从一切事物"物质性"角度采集和归纳语言的用法，经验主义是从一切事物"人类经验基础"的角度采集和归纳语言的用法，"唯名论"是从一切事物"名称"的角度采集和归纳语言的用法。视角不同也就决定了归纳语言的用法的范围和目的不同。

由此可见，后期维特根斯坦倾向于表达一种"描述性"的语言哲学观（或描述的形而上学），这大致可看作是国际上哲学"语言转向"的一种宣言。

现代思想界流行一种"反理智主义"新倾向，如梯利所述："他们的兴趣由一般转向个别、由类似机械的性质转向有机性，由理智转向意志、由逻辑转向直觉、由理论转向实践和由上帝转向人。"①日常语言哲学的描述性正契合了这种精神，这使哲学研究回到活生生的地面、平凡的语言和无限的可能世界，这是对弗雷格、罗素和《逻辑哲学论》所倡导的"逻辑主义哲学观"挥手告别或拨极反正。

三、答辩："答辩"的游戏及标准

大凡研究生阶段，都有经历过毕业论文"答辩"这一环节。学生与教授之间，展开唇枪舌剑的辩论，那么，这一"游戏"的规则是什么？有什么标准能裁判论文作者的一方或提问的一方到底谁最终胜出？也许哪一方辩到最后哑口无言，即他的疑问得到满意答复，就可算作另一方胜出了。

如果最后双方都不承认对方所持的观点怎么办？投票表决。

但"答辩"和"辩论"是一回事吗？需要最终投票表决。好像做学生的一方持有某种观点，论文是他做的，只有他真正清楚论文要表达的意思，因为这确实代表专业的深度；教授则持有相反的观点，双方你死我活一样。我要告诉的是，教授在自己专业的领域是教授，在非专业领域也就是文盲而已。而教授的一方不是早就有裁判的权力吗？是教授内部各执己见，一方要枪毙学生论文，另一方则要放行，并且双方都以为正义掌握在自己手中。

如果提出枪毙学生论文的一方不专业怎么办？他们纯属外行人，他们利用自己的成见、学术的无知和手中的权柄打倒对方，哪怕对方是毫无还手之力的学生。在这里，我们只能说应该确保他们是专业人士，否则，应该剥夺他们作为答辩评委和投票的权利。

鉴于此，我们可以大致归纳那些"不合格教授或导师"的标准：一是他们不是真正地在搞学术，而是沉醉于搞各种关系和操弄权术；二是他们会不择手段地打压异己和欺负弱势学生，变得唯利是图；三是他们往往自以为

---

①梯利著，伍德增补，葛力译，《西方哲学史》，商务印书馆，1995年7月，636页。

是、多行不义，自身学术水平和道德素质双低。

四、会说："只有学会了说，才能有所说"（127）

有些人口若悬河，很少卡壳；有些人一说话就结巴，思想也许转得快，就是嘴巴跟不上思想；当然，还有一些人一说话就刺耳，容易得罪人等。这就说明，就说话而论，确实存在"会说"与"不会说"的问题。

维特根斯坦说："只有学会了说，才能有所说。因此，愿有所说，就必须掌握一种语言，很显然，可以愿说却不说。"（127）

在维特根斯坦看来，要想有所说，就必须掌握一种语言，当然也可以掌握了一种语言却不说话或保持沉默。当然，维特根斯坦所说的"掌握一种语言"，不是说要我们学好一种外语或民族语，虽然学好民族语或外语是进行语言交际的前提。这就相当于很多说中国话的中国人却"不会说话"，有的还因此引来积怨甚至杀身之祸。

维特根斯坦要求我们掌握一种语言，是强调从"哲学语法"（一般的语法才指向一种民族语或外语）角度的适时适地适人的"会说"，也就是从根本上掌握语言与主体、环境及世界的关系，如此，才算是真正地"掌握一种语言"，才是哲学角度所提出的"会说"的含义。

社会生活中，违背"会说"原则问题的反例有很多，比如言语交际中的"祸从口出""恶语伤人六月寒""长舌妇""乱嚼舌头""狗嘴里吐不出象牙""睁着眼睛说瞎话"等都是"不会说"的教训。

五、方法论："可以是一种物理研究，也可以是一种概念研究"（271）

哲学从宏观上可划分为世界观和方法论。哲学偏重世界观时，由哲学打前站和奠定概念基础，于是各种自然和社会科学就诞生了；哲学偏重方法论时，仍旧由哲学打前站和奠定概念基础，逻辑学、辩证法、归纳法和充足理由律等科学思辨及分析方法也诞生了。

但是，无论世界观还是方法论，它们都共有两个基础：一是我们赖以生存的物理世界和现实社会及其之上的人类生活方式；二是共同的语言和概念信息，以及由此产生的各种交际、争辩和谈论方法。当然，物理和概念从来难分。

维特根斯坦说："'方法论'一词有双重含义，我们用'方法论研究'所称的可以是一种物理研究，也可以是一种概念研究。"（271）

哲学的"语言转向"至少说明，语言哲学或分析哲学的研究视角是语言，而语言终究是一种表达和理解世界的媒介和方法，因此，语言研究实质上是一种以语言为介质或工具的方法论研究。

从语言意义的角度看，研究语言就是研究语言由表及里的"概念""判断"及其思维的逻辑，因此，围绕语言"方法论"的研究被维特根斯坦解释为"概念研究"。另一方面，从语言意义所指的世界及隐含的经验主体来看，研究语言也是在研究客观世界和作为主体的人，因此，围绕语言"方法论"的研究被维特根斯坦解释为"物理研究"，这是一点都不为过的。

比如应该把"我爱你"作为一个基本事实来揭示和接受，而不是口头的说说而已，这是"物理研究"（意义的实在所指），当然，"我爱你"在成为基本事实前，它首先应该是一种"概念研究"（明确语句的意义）。

当然，维特根斯坦对"方法论"的认定，更指从日常语言哲学角度归纳出来的各种各样的语言分析方法，正如维特根斯坦所说："并没有单独一种哲学方法，但确有哲学方法，就像有各式各样的治疗法。"（60）

一是逻辑分析。维特根斯坦认为，"句子的逻辑结构"及其"严谨清晰的规则"更像是"背景里的某种东西"，是"隐藏在理解的媒介里的某种东西"，"因为我的确理解符号，用符号来意谓事情"。（53）

二是替换分析。维特根斯坦认为，要清除语言表达形式中"涉及话语用法的误解"，有时"可以通过表达形式的替换来消除"，而这种替换方法"可以称作对我们表达形式的一种'分析'，因为这一过程有时像是拆解一样东西"。（50）

三是细节的考察。维特根斯坦打比方说，"假如我倾向于认为老鼠是从破灰布和土灰里生出来的，那我就该仔细探究这些破布，看看老鼠怎样可以藏在里面，怎样可以钻到里面之类"。对应于哲学研究，"首先我们必须学着弄懂，是什么东西在哲学中阻碍着这种对细节的考察"。（31）

四是综观法。维特根斯坦以对"描述"一词的分析举例说，"想一想有多少种不同的东西被称为'描述'：根据坐标描述物体的位置；描述面部表情；描述触觉；描述心情"。（16）换言之，如果能尽观"描述"的用法，你就知道它现在处于何种情形下的应用，从而避免了独断或误解。

五是转换法。从语言表达分析的角度看，"唯我论"是怎样形成的？维特根斯坦认为，"当然可以把所有的断言句转换成'我想'或'我相信'这类短语开头的句子，从而就仿佛转换成了对我的内部经历的描述"，这样来做，就对"唯我论"一处"看得更清楚"了。（16）

六是比喻分析法。维特根斯坦指出，"我说人们在两种不同的含义上使用'是'这个词"，一是"作为系词"，二是"作为等号"，"却不愿说它的含义就是它的用法"。对此，维特根斯坦比喻性地说，"让我们说：棋子的含义是它在游戏中起的作用"，且"游戏不仅有规则，而且也有旨趣"。（178）

由上可知，关于语言使用分析的"治疗法"是多种多样的，甚至可以说是无穷无尽的（方法穷尽处，哲学消失时）；但是也就是因为这些语言"分析"方法的广泛使用，使我们对语词或句子的误解得到了一定的清除，也一定程度上明晰了各种各样倾向的理论乃至独断论的由来。

六、意象："意象不是图画，但图画可以与它对应"（118）

唐朝诗人王维诗画兼长，曾得苏东坡赞誉为"诗中有画，画中有诗"。那诗中的画，一景一物一人一事，也就是"意象"了。"意象"是语言的有形象意义的画面，跟前期维特根斯坦命题事项之"图画说"颇有亲缘。

因为借助语言来揭示形象的画面，所以也可叫"形象语言"，文学表达中的写景状物、记人叙事就是这样的一种形象语言。那么，从语言哲学视角看，"意象"或"形象语言"是怎么回事呢？

语言大都是有意义的，这些有意义的语言有一些自身就是自然或社会形象的活生生的刻画，有一些能唤起我们对人类生活或社会环境的活生生的由此及彼的回忆或联想，另外一些则可能只盘旋在大脑中，属于大脑想象和创造的画面。

维特根斯坦说，"疼痛的意象在某种意义上是进入了语言游戏，只不过不是作为图画"。（118）维氏所言正是意象语言之一，非人为画作。

当然，"图画"也可以在某种意义上进入语言游戏，但是它跟"疼痛"的意象进入语言游戏的意义不一样，虽然可能存在亲缘。图画的语言游戏讨论的是"图画"，意象的语言游戏讨论的是"意象"，虽然这两种语言都有可能唤起人们某种活生生的生活和世界的记忆。如果有人把这种"记忆"也绘成了"图画"，那么，这种"图画"就是某"意象语言"对应的画像了。在这里，"图画"当然无法等同"意象"，就好像画像永远不能等同被画的人一样。

七、命题："事情如此这般"（56）

罗素对现代分析哲学的理性过于依赖逻辑技术，他说："它与数学结合以后，发展了一种有力的逻辑技术，使某些问题得出了明确的带有科学性质的答案。"他甚至坚信："如果真有哲学知识，那么终归也要依靠这样的方法才能更好地得到。"[①]维特根斯坦则逐渐背离了其早期在《逻辑哲学论》中的观点，如认为"命题的一般形式是：事情如此这般"，（4.5）表面上看，"人们认为自己在一次又一次地追踪自然"，实际上这样"只是沿着我们考察自然的形式兜圈子"。（56）

_____

①伯特兰·罗素著，文利编译，《西方哲学简史》，陕西师范大学出版社，2010年5月，429页。

《逻辑哲学论》认为从命题形式的哲学意义角度看，"世界是一切发生的事情"，而列出所有"真的"命题，也就把"能说的"世界说尽了，其余"不能说的"只要保持沉默就行了，这样基本把命题或语句限制在"实在世界"领域。

但在后期维特根斯坦的《哲学研究》看来，对命题的一般形式的考察，只不过是在探讨语词及句子的"形而上学用法"（即不断地重复命题的形式，犹如"兜圈子"），而必须回到"日常用法"，我们才能真正抓住语言乃至人类世界的"本质"。只有"必须不断问自己"，"语词"在"语言的家"实际上是怎么用的，语言和世界的"本质在语法中道出自身"。

维特根斯坦还以"下棋"和"命令"等用法为例，归谬地指出了我们在所谓的逻辑或命题推导中如何误解"语词的用法"及"表达式的逻辑"，他说：

"'有时发生的也可以始终发生。'这是个什么样的命题？——与下面这个命题相似：若'F（a）'有意义则'（x）·F（x）'有意义。'如果可能有一个人在一盘棋里走了一步骗着，那么就可能所有人在所有棋局里都只走骗着。'——于是我们受到诱惑在这里去误解我们的表达式的逻辑，不正确地描绘我们语词的用法。命令有时不被服从。但若命令从不被服从，那会是什么样子？'命令'这个概念就会无的放矢。"（129）

我们认为，只有通过对日常语言用法的"科学性"研究或哲学探索，才能由此进一步开展对人类世界及其知识论的考察。反之，"语词或句子"的用法都弄不清楚，谈论人类世界诸般问题必然也陷入混乱。

第八节　意义和解释哲学

维特根斯坦说："我们的错误是在我们应当把这些事实看作'原始现象'的地方寻求一种'解释'。"无疑，维氏的日常语言哲学使哲学、语言学和解释学的结合成为常态，奠定了哲学解释学发展的基础和未来趋势。1960年，德国哲学家伽达默尔发表《真理与方法》一书，具体提出了自己对于解释学的理解，界定了解释学能做什么和不能做什么，明确了解释学是关于理解、解释和意义的科学。因为所有的理解都是基于人类生存的语言，而语言又几乎通向了人类生活的所有方面，所以哪里是事实，哪里是依据已有知识和经验作出的诠释，确实需要哲学为其澄清彼此界限和奠定法理基础。

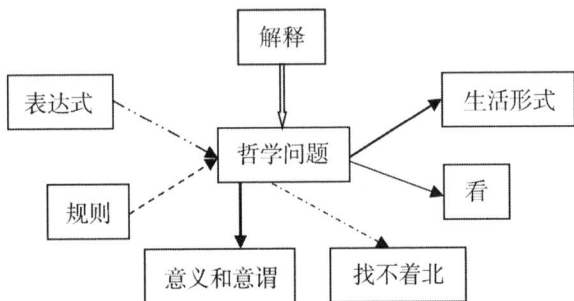

图 9 "哲学与解释"思维草图

"维式"分析：对哲学问题的探讨是一种解释学吗？如果把这理解为是一种"解说"，那么，真实的情况就都在"描述"那里了。关键在于，我们描述和解说时用的都是同一种"语言"，表达形式和生活形式在这里高度融合。但是就语言方式而言，一方面，我们有时觉得有规则或规律可循，另一方面，我们又经常"找不着北"。那么，有规则的时候，我们就遵守规则了，但得搞清楚那些规则是怎么来的；"找不着北"的时候，一种情况是你该用规则的地方搞混了，另一种情况这是一个新的领域，你必须走一步看一步，直到完全搞清楚了路线为止。一个句子必须先谈"意义"然后才是"意谓"吗？

举例：《哲学研究》133节全文。

我们要做的不是用前所未有的方式把语词用法的规则系统弄得精粹或完善。

我们所追求的清晰当然是一种完全的清晰。而这只是说：哲学问题应当完全消失。

真正的发现是这一发现——它使我能够做到只要我愿意我就可以打断哲学研究——这种发现给哲学以安宁，从而它不再为那些使哲学自身存在成为疑问的问题所折磨。——现在毋宁是：我们用举例来表明一种方法，而这一串例子是可以从中打断的。——一些问题得到解决（困难被消除了），而不是单独一个问题。

并没有单独一种哲学方法，但确有哲学方法，就像有各式各样的治疗法。

从本节来看，维特根斯坦认为语词用法的规则系统不在于多精粹或完善（比如像"数学中的逻辑"典范一样），而在于通过举例子式的语言具体使用的描述性哲学方法，使语词用法"完全的清晰"，只有在这种情况下，哲学问题才会成批成量地得到解决，并最后完全消失。

一、解释："我们的错误是，在我们应当把这些事实看作'原始现象'的地方寻求一种解释"（199）

在维特根斯坦看来，所谓"原始现象"即语词在语言的家的具体用法，这是语词使用的基本事实，不是形形色色的主体性解释。

理解语言的关键问题正在于"确认一种语言游戏"，而不是"通过我们的经验来解释一种语言游戏"。

对日常语言和语言游戏而言，使用情况就是基本事实；对基本事实而言，描述和综观胜过一切知识背景、主观经验或主体性理解。

二、表达式："我当时要说……"和"我当时能继续说……"这两个表达式的语法具有亲缘关系

表达式常指的是那些对世界有所说的语句，它有成千上万种类型，并且那些相近的表达式之间常有某种亲缘关系。

维特根斯坦举例子说："'我当时要说……'这一表达式的语法和'我当时能继续说……'这一表达式的语法具有亲缘关系，在一例中是回忆某个意图，在另一例中是回忆起某种理解。"（200）

各种表达式的语法区别，都和其意义与世界（主体或客体世界）关联，这种语法也是"哲学语法"。对这个例子来说，"要"一词倾向于表达主体意愿，"能"一词倾向于表达客观条件及限制，从这个角度看，语词和由其组成的语句的语法是有密切联系的。

一般来说，只有句子才是完整的意义单元，而不同的句子由于其"哲学语法"层面意义的不同，才显示其多种多样的使用和意义的区分。

三、看：以"立体方式"还是"平面方式"表现我们所看到的

维特根斯坦说："对我们来说最自然的是以立体方式表现我们所看到的，而无论通过绘画还是通过话语来以平面方式表现则都要求特殊的训练。"（236）

我们所看到的自然或社会正是它本来的样子，这是物质立体性和多样化在我们眼前的呈现，而绘画方式、话语方式则要求从线条和色彩搭配、语词组合等特殊视角表现我们所见，因此需要特殊的训练。

维特根斯坦说："'立体地看'有种种变式，一张照片的立体性，以及我们通过立体视镜看到的东西的立体性。"（241）

"和生理学考察联系在一起，甚至这种变化对我们也可能成为颇重要的。"（242）

"我们的问题不是因果问题而是概念问题。"（243）

从语言游戏或概念考察角度去看，以上不同的看，是在何种意义上这是"看"？在何种意义上这是"立体地看"？问题并不在于为什么"面相改变"，而在于在什么意义上面相是真实的。

四、规则："我们没有就一切可能的情况为使用这个词配备好规则"（44）

对各种游戏类型而言，规则常可以用来规定这种玩法，却还可以有其他各种各样的玩法。语言中关于字、词和句的游戏也是如此，用法和规则常新。

维特根斯坦说："我们在哲学里常常把使用语词和具有固定规则的游戏和演算相比较，但我们不能说使用语言的人一定在做这样一种游戏。"（44）

"是什么会误导我们（确曾误导过我）去认为：说出一句话并且意谓这句话或理解这句话，就是在按照确定的规则进行演算。"（45）

"一个词的应用并不是处处都由规则限定的。"（46）

"我们误解了理想在我们的表达方式中所扮演的角色。即：我们原来会把它称作游戏的，只不过我们被理想迷了眼，因而看不清'游戏'一词实际上是怎么用的了。"（52）

在维特根斯坦看来，"理想语言"逻辑里所谓的"固定规则""理想"对自然语言来说，应该是一种理解的背景或媒介里的某种东西，而不是自然语言非此不可的游戏规则。这是对自然语言的误解，也是对游戏的误解，有这样看法的人，是真正不懂"游戏"一词实际上的用法，不懂"自然语言"中语词、句子、思想、概念等的实际用法。

追问一种语言的"规则"，实际上就是搞清楚这种语言实际上是怎么使用的。

五、意谓："意谓就像走向某个人"（156）

意象是语言意义的形象，与画面有一定的亲缘关系，有时可以是一幅静态写生像。意谓是语言意义的所指或指称，如维特根斯坦所说"就像走向某个人"，所以，"意谓"比"意象"或"画面"更具有动态感和生命力。

维特根斯坦说："怎样用话语来意谓眼前所见的东西？"（166）

"当我们有所意谓，那这里就没有（无论哪一种）无生命的图画，而是我们仿佛在走向某个人"。（156）比较一下你一边发牢骚，一边有所指地瞥向某个"坏蛋"的情形，是不是眼睛里像燃烧着一团火？

维特根斯坦说，"这种指向不是唯心灵才能表演的戏法"。（156）或许，倒更像追究某人某事这样直接现实的责任一般逼真、动感。

意谓与指向，是语言使用的一种类型，这样表达的场合，往往需要现实或物理的东西来填充，因此，不是心灵内部自导自演的"戏法"。外部现实或情况正是其有生命的表现，当我们有所指时，仿佛我们正向某个人走去。

意谓、指向或所指，这些有着亲缘关系的语词，总是和某种外部的事实和行为联系在一起。报道一个事实意谓一个自然事实，发出一道命令指向某种外部行为，本体论承诺当有固定的对象为其所指。

语词、语词的概念和意义，仅其具有一定的现实意谓，然后才具备向社会或他人发号施令的能力。

六、哲学问题："哲学问题具有这样的形式：'我找不着北'"（58）

对于维特根斯坦这样的语言哲学家或"分析师"而言，任何严谨的科学或平凡的生活如果在语言上都经不起谈论、辨别、推敲和论证，那么就是语言表达本身出问题或乱子了，必须通过这样那样的"哲学语法"进行澄清与指正。

语言问题是一种特殊的病症，或许可将其称为"语言障碍综合征"，罹患此类病灶的人有一个共同的临床表现，即"我找不着北"！因此，维特根斯坦说："哲学问题具有这样的形式：'我找不着北'。"（58）

科学和生活"找不着北"的时候，就是需要提出"哲学问题"进行化解的时候。"找不着北"这个短语在科学研究或社会生活中是怎么出现或使用的，我们就从那里、从"粗糙的地面"给它分析出症结所在。

一个人在森林迷路，不知道究竟往哪个方向才能走出来，于是说"我找不着北了"。（问题来自于森林，也许星空能找到解决办法。）

一个学生听老师讲数学题，半天还是没搞懂，满脸无辜又懵懂的样子，愣是"找不着北"。（问题来自于数学领域，也来自老师能否立足生活、循循善诱之类，更多的情况下，需要前两者紧密协作。）

"找不着北"还可以是一位数理逻辑教师不知怎么将其掌握的知识和理论授予他的学生，他和他的学生一块一脸茫然。（跟自然语言结合、联系实际等也许是些重要方法。）

……

这是"找不着北"的一些具体事例，却都应该回到"原初使用"进行哲学分析。维特根斯坦强调说这是"哲学问题"的一般形式，一方面说明这是一种比喻性说法，因为任何问题都是"找不着北"使然；另一方面则是强调从"哲学语法"即语言使用的"粗糙地面"中去分析和寻求解决办法。针对语言分析带来的哲学问题，我们一方面要强调复杂难治，"像诊治一种疾病"；一方面又只有这种使用分析式的"哲学语法"能治。难怪维氏自己感叹："深刻的景貌容易消隐。"（139）

对于语言及分析哲学家来说，哲学问题就是语言问题就是语言病，语言没弄清楚，其他便无从谈起。"我找不着北"，也就是语言、概念及其使用方式混乱，这是所有科学建构中最起码也应该首先搞明白的"语言工具基础"或"语言哲学基础"问题。语言是表达的工具，没有语言概念的厘定，没有概念使用的正确合规判断，那么，写出来的文字或说出来的话语就是"找不着北"的表现。

那些说话和写字"语无伦次"的人，都是在语言的哲学用法上"迷途"不知返和不知行止之人。一个老师为检验学生某方面知识的掌握情况而喜欢出试题考他，而语言哲学则提示我们每时每刻都可以针对"语言"和"自己"出题，只要是在语言表达方式那里我"找不着北"的时候。

语言及其分析性哲学，其意义正在于把语言或概念问题及矛盾"昭然若揭"，这堪称一切科学的工具基础和升级改造的新机会。维特根斯坦说："也可以把一切新发现和新发明之前的可能性称作'哲学'。"（59）这就是说，科学之疑问即哲学之应对与回答，更进一步地，无论何种科学发现或发明，只要有语言基础混淆或问题的地方，哲学都当冲在第一线。

总之，日常语言与哲学问题联姻，启迪、奠基和澄清了人类新文化及文明的发现与再造。

七、生活形式："就所用的语言来说，人们是一致的，这不是意见的一致，而是生活形式的一致"（102）

生活形式是个多义词，人类社会能以何种方式存在或延续，就会有多少种所谓的"生活形式"，生活、生产、学习、择业、语言表达、艺术创作、科学研究、实验试验等等，都是"生活形式"的各种具体版本。

维特根斯坦说："人们所说的内容有对有错。就所用的语言来说，人们是一致的，这不是意见的一致，而是生活形式的一致。"（102）

人们利用语言来进行思维、表达和交流，自然有失败、有成功，但就"利用语言"这件事上，人们是一致的，这是因为大家的生活形式是一致的。

当然，有些人可能忽略了作为一致的"生活形式"的"日常用语"的重要性和全局性，他们说话蹩脚，思维不清晰，甚至无法把"自己的工作"完整地用"日常用语"表述清楚，知识限定在一个狭小的领域而不自知，却处在一个"杀伐决断"的裁判位置，也就不可避免地将"无知"与"固执"传递开去，甚至因此对"有知"和"睿智"进行误解和打压，这无疑是学术生活的悲哀。共有语言生活，却不共有学术自由和真理。

利用"红绿灯"来表达行和止，这也是生活形式的一致，因为车子总是要有行和止的，不然大家就都没法用车了。

所谓"意见的一致"只是表面看上去大家统一，而生活形式的一致才是意见一致或语言有意义的内在和基础。语言的"生活形式说"使语言从形而上的使用掉入活生生的日常使用。这样，语言研究也就与科学研究，自然、世界、社会、人生及其物理或伦理研究高度一致了。

日常语言及其多变的用法，一致的人类生活形式，两相碰撞、融合，一起呈现着语言的丰富性、世界的多样性和人类的趋同性。维特根斯坦以近乎苏格拉底的追问方式，将一个语词多种多样的用法及其含义呈现在我们面前，从而揭示着生活的"无差别"的本质及其不同的内容或世界。苏格拉底追问青年欧提德穆斯关于"正直"的含义时，区分了"正直"这个语词在生活中多种多样的特殊用法：（1）"如果一个将军必须惩处那极大地损害其国家的敌人，他战胜了这个敌人，而且奴役他"（奴役）；（2）"假定一位将军所统率的军队已丧失勇气，又分崩离析。如果他告诉他们生力军即将到来，欺骗他们相信他，使他们鼓起勇气，取得胜利"（欺骗）；（3）"假定一个孩子需要吃药可又不肯吃。他的父亲欺骗他，使他相信药是好吃的，哄他吃了，救了他的命"（欺骗）；（4）"假定有人发现一个朋友处于极端疯狂的状态，怕他自杀，偷走他的剑"（偷盗）[①]等等。按苏格拉底的思维方式，也揭示了两方面"哲学语法"以及"人类世界"的本质：一方面是语词及不同的用法，另一方面则是一致的人类生活方式。

正是因为语言用法和生活方式的同构与融合，使世界及人生既丰富多彩，又形成了越来越多的人类公知和共识。

结　语

将"日常语言"置身于这个世界"哲学研究"的核心，维特根斯坦是第一人，因此也是"新时代"的开拓者，而哲学研究发展到今天，貌似就应该将世

---

①梯利著，伍德增补，葛力译，《西方哲学史》，商务印书馆，1995年7月，53—55页。

界归结为"语言"，将世界的规则归结为"语法"。这样，世界属人的所有意义和意义的标准就都在语言及其语法那里得到了——说明和澄清。

中国人说"操千曲而后晓声"，我们天天跟语言打交道，却对各种各样的"语言问题"仍缺乏较为一致或统一性认识，尤其对维特根斯坦晚年所倡导的"语言哲学"语焉不详或知之甚少。

事实上，作为人们惯用的思维与表达工具——语言，它的哲学基础还没弄清楚，就已经为全人类普遍使用和服务了。更进一步说，来自语言的问题或障碍物还没有彻底弄清楚或最后清除，哲学家的"哲学研究"就不可能止步，因此，学习后期维特根斯坦哲学，一方面要融会贯通其语言分析理论，另一方面也要时时注意加以学以致用，在语言使用中检验和完善理论自身。

维特根斯坦哲学实质上是围绕人类语言帮助解决工具基础问题，只有通过日常语言用法的完全清晰的分析和论证，彻底解决一切由语言使用问题产生的各种病灶和障碍，比如中西文化史中的独断论和各种表达与交流的语言病等，人类的一切科学与生活性的表达才有了合理合法使用的基础。

维特根斯坦哲学是一种对语言用法进行描述和综观的工具性哲学，所以它不产生什么创造或创新性理论，只是让语词或句子表达本身回归到"日常语言的家"中，并在此基础上对其表达意义及标准、规则进行细致的诊断、分析与概括。

在日常生活中，人们所使用的语言表达千差万别、千变万化，维特根斯坦把这些跟人类生活交织在一起的多姿多彩的语言表达称为"语言游戏"。

对日常语言的哲学研究即日常交际中的各种"语言游戏"的哲学语法分析。这里所谓的"哲学语法"，即日常语言的合法性或使用标准的总结。一般来说，只要抓住了日常语言自身的规律及其通过其运用所指涉的主体和外部世界进行分析的关键性角度，就可以为日常语言提供一般性的使用标准或哲学语法根据，从而对人们交际中的正确表达提供证明，对错误表达进行归谬。

后期维特根斯坦哲学工作的理论及实践价值，便在于此。

　　维特根斯坦在其笔记中说："语言给每一个人设下相同的圈套，它是一个巨大的网络，容易使人误入歧途。所以我们看见一个又一个的人走在相同的路上，并且事先就知道他会在哪个地方拐弯，哪儿笔直朝前走而没有留心旁边的岔道口，等等。我要做的事情就是在所有的交叉口上竖起路标，以便帮助人们通过危险的路段。"①

　　无疑，后期维特根斯坦的日常语言哲学给我们提供了解决日常语言麻烦和障碍的哲学分析工具，而日常语言麻烦和障碍的清除又进一步为所有学科和人类文化的语言表达方式奠定了语言的根基。日常语言哲学分析的意义在于，它既让我们看到了人类语言使用的"相同的圈套"或"相同的路上"的一面，也让我们见识了各种各样的语言行进的"岔道口"或"危险的路段"，而从面对的"相同的圈套"到通过"危险的路段"，关键之处在于维特根斯坦为我们"在所有的交叉口上竖起路标"。实际上，维氏对自己所说的"竖起路标"尚处于朦胧晦涩的探索阶段，以至于他自己也没有时间去完全弄清楚，而这正是本文着手对其语言哲学理论进行简化和改进的地方。在我看来，"哲学研究"具体包含"八个层次"：一是符号层次；二是语言层次；三是概念层次；四是意义或解释层次；五是对象层次；六是事体层次；七是知道或相信层次；八是感觉层次。在这"八个层次"中，每一个和每一个都有联系，可谓相互包容，又彼此区别。从语言的哲学或语法角度去看，每个维度都可以在一定的表达中上下相遇、左右串通和纵横交错，从而展现为多维立体的语言分析空间或哲学道路的宫殿。

　　最后，我以维特根斯坦赠予马尔康姆的愿语表达我同样的心声："我愿你有一个比我强的头脑和一颗比我好的心。"②"强的头脑"有利于解决诸般

---

①维特根斯坦著，冯·赖特、海基·尼曼编，许志强译，《维特根斯坦笔记》，复旦大学出版社，2009年12月，30页。

②诺尔曼·马尔康姆著，李步楼、贺绍甲译，《回忆维特根斯坦》，商务印书馆，2012年8月，55页。

语言与文化哲学问题，而"好的心"则是人类知识奔向的"至善"目标。

参考资料

1. 维特根斯坦著，陈嘉映译，《哲学研究》，上海人民出版社，2005年4月。

2. 诺尔曼·马尔康姆著，李步楼、贺绍甲译，《回忆维特根斯坦》，商务印书馆，2012年8月。

3. 黄根生著，《维特根斯坦〈哲学研究〉同步导读》，汕头大学出版社，2014年6月。

4. 维特根斯坦著，韩林合译，《哲学语法》，商务印书馆，2018年12月。

5. 路德维希·维特根斯坦著，冯·赖特、海基·尼曼编，许志强译，《维特根斯坦笔记》，复旦大学出版社，2009年12月。

6. 黄根生著，《文化与超越（上、下卷）》，汕头大学出版社，2020年12月。

7. 梯利著，伍德增补，葛力译，《西方哲学史》，商务印书馆，1995年7月。

8. 伯特兰·罗素著，文利编译，《西方哲学简史》，陕西师范大学出版社，2010年5月。

9. 饶尚宽译注，《老子》，中华书局，2015年1月。

10. 李小龙译注，《墨子》，中华书局，2007年3月。

11. 方勇译注，《墨子（第2版）》，中华书局，2015年3月。

12. 张岱年主编，《中国哲学大辞典（修订本）》，上海辞书出版社，2014年5月。

13. 北京大学哲学系外国哲学教研室编译，《西方哲学原著选读（上、下

卷）》，商务印书馆，1981年6月

14. 罗素著，何兆武、李约瑟译，《西方哲学史（上、下卷）》，商务印书馆，1963年9月。

15. （汉）许慎撰，（宋）徐铉校定，《说文解字》，中华书局，1963年12月。

16. 冯友兰著，赵复兰译，《中国哲学简史》，天津社会科学院出版社，2007年10月。

附录1　维特根斯坦哲学余论两篇

维特根斯坦"语言的迷宫"及其统筹说明

根据美国学者梯利撰述，维特根斯坦在其早期代表作《逻辑哲学论》中，就已经明确了哲学的目标："一切哲学都是'批判语言'"，"哲学的目的是在逻辑上澄清思想"。^①"逻辑实证主义"哲学的代表人物卡尔纳普提出了"澄清语言及其意义的任务"应"在三个学科内进行"："（1）句法学，关注语言符号形式上的相互关系，使句子构成的结构上的规则以及掌管它们相互之间的逻辑推导的规则系统化；（2）语义学，关注通过参照语言以外的事实，对名词和语句的意义的分析，研究同名词和语句经验上的意义和真理性有关的问题；（3）语用学，研究语言在它的心理和社会情境中的职能。"^②这三个语言分析维度，主要从较宏观的视角对"语言"的"哲学语法及其意义"进行了一般的界定。

维特根斯坦说："语言给每一个人设下相同的圈套，它是一个巨大的网络，容易使人误入歧途。"如此巨大的网络，堪称"语言的迷宫"（如"图1"），在维氏看来，恰似只有《哲学研究》或"哲学语法"分析能破解之。

---

① 梯利著，伍德增补，葛力译，《西方哲学史》，商务印书馆，1995年7月，745页。

② 同上，744页。

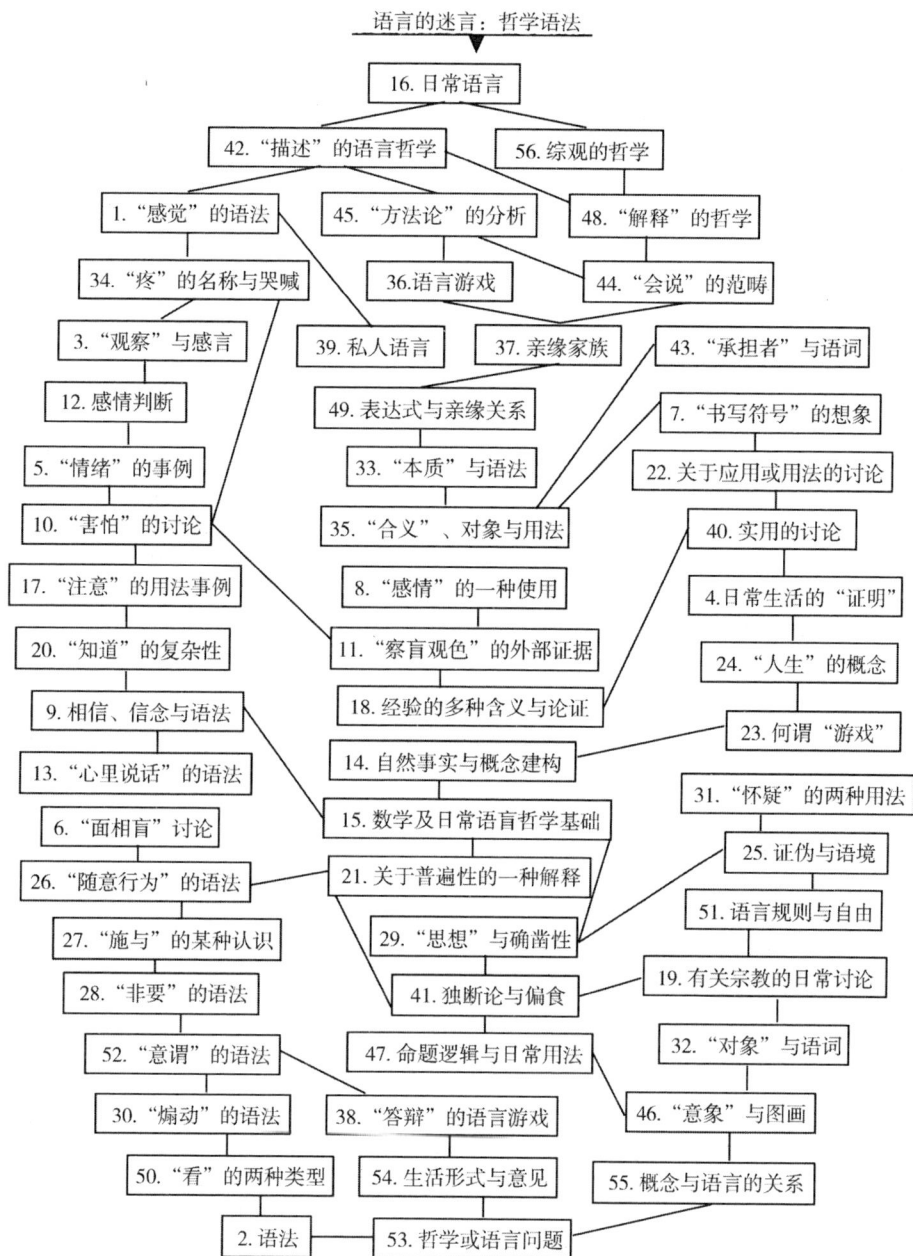

图 1　语言的迷宫

　　维特根斯坦之所以强调"语言的圈套或迷宫"对"每一个人"都是一样的，那是因为他看到了语言的"哲学问题"的普遍性和社会性，"那不是意见的一致，而是生活形式的一致"。这个"相同的圈套或迷宫"，容易使很多人"误入歧途"，而根本原因却在于，我们还没有真正搞清楚日常语言是怎么工作的，它几乎承载着所有人类科学文化的哲学分析基础。

在学界，《哲学研究》的线索与整体问题遭到不少质疑，维特根斯坦自己也坦言"本质之点在于：这些思想应该自然而然地从一个论题进展到另一个论题，中间没有断裂"。为此，维特根斯坦也曾不遗余力地付出过努力，他在为《哲学研究》撰写的"序"中说：

"我数次尝试把我的成果熔铸为这样一个整体，然而都失败了，这时我看出我在这点上永不会成功。我看出我能够写出的最好的东西也不过始终是些哲学札记，当我违背它们的自然趋向而试图进一步强迫它们进入单一方向的时候，我的思想马上就变成了跛子。——而这当然同这本书的性质本身有关系。这种探索迫使我们穿行在一片广阔的思想领地之上，在各个方向上纵横交错地穿行。"

毋庸置疑地说，维特根斯坦更像一个文化人甚至是诗人，他以"诗意口吻"交代了其后期主要著作即《哲学研究》"这本书的性质"：这是一片广阔的思想领地，穿行的各个方向纵横交错。"语言的迷宫"可窥一斑而知全豹。本文着手对其语言哲学理论进行简化和改进，可包含以下"八个层次"（如"图2"）：

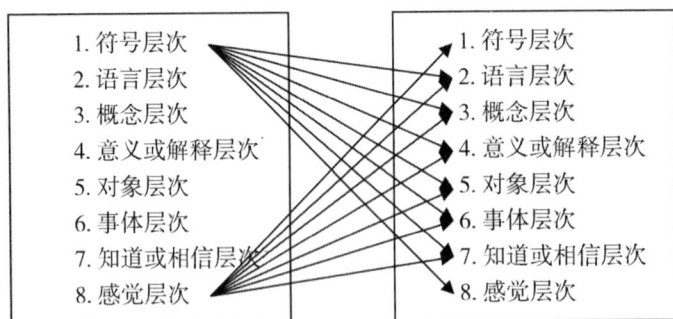

1. 符号层次
2. 语言层次
3. 概念层次
4. 意义或解释层次
5. 对象层次
6. 事体层次
7. 知道或相信层次
8. 感觉层次

1. 符号层次
2. 语言层次
3. 概念层次
4. 意义或解释层次
5. 对象层次
6. 事体层次
7. 知道或相信层次
8. 感觉层次

图2　哲学语法的"八个层次"

在这"八个层次"中，每一个都和每一个有联系，可谓相互包容，又彼此区别。从语言的哲学或语法角度去看，每个维度都可以在一定的表达中上下相遇、左右串通和纵横交错，从而展现为多维立体的语言分析空间或哲学道路的迷宫。

本文共"八章"，分"八个维度"探讨《哲学研究》改进问题，与"八个层次"相互联系和彼此佐证，表述方面也相对细致，环环相扣。当然，维特根斯坦本人如果活到今天，不知会对这"八个维度"或"八个层次"作何感想，或许还是会觉得这样做太拘泥和限制了，姑且把它称为"维氏的灵活"吧。

最后，我们认为，语言或生活的若干层次混合在一起，层次性和整体性越来越模糊，灵活性和机动性则更强。也许，未来科学能轻而易举解决这一哲学难题，我们需要一种清晰人类各个路径且能化零散为整体的超强电脑科技，使我们在任何一个方向行进都不会迷失其中。千层里，守得云开清瘴气。

我曾在《文化与超越》一书中阐述了"语言逻辑"的概念，并且画了一个简图来说明"语言逻辑与人类世界"[①]的相关性，接下来我们结合本文关于"日常语言"的"八个层次"来进行相应的整合研究即"图3"：

由上可知，"日常语言"的八个层次与语言逻辑所关联的主体和世界相互交织在一起，一个表达式表达什么及其相应的标准分析，通过上溯与下游总能说出相应的道理。至于如何给"日常语言"进行清晰划界，通过以上图示的比较我们可以大致这么认为：①语言逻辑概念中的主体和心理层次，对应日常语言的感觉和相信的内容；②语言逻辑概念中的行动和语言层次，对接外在的人类世界的对象和事体内容；③语言逻辑概念中语言现象层面，与语言内涵层次的概念和意义相互说明；④语言逻辑概念中的语言形式的哲学

---

①黄根生著，《文化与超越（上、下卷）》，汕头大学出版社，2020年12月，
　　147页。

分析对应符合和语言层次的哲学语法研究。

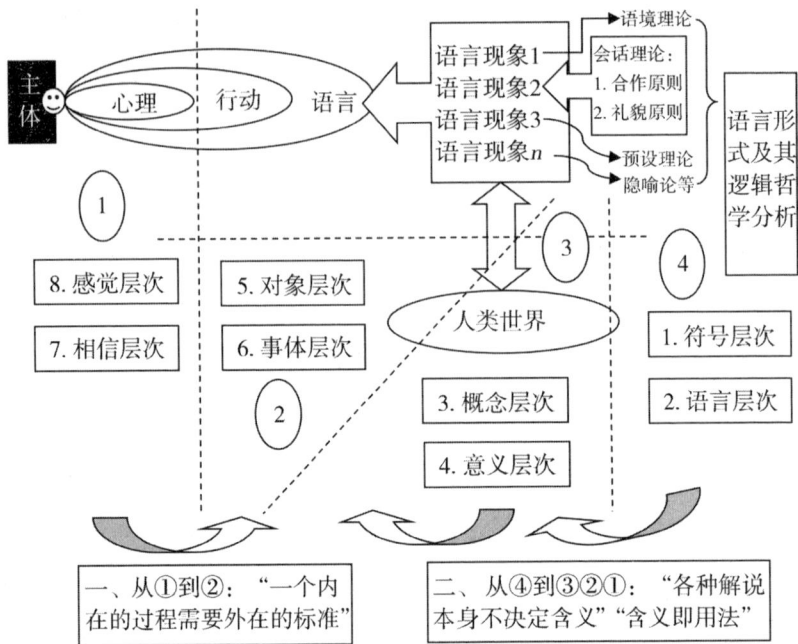

图 3　日常语言哲学研究整体视角

关于几组言语行为和"灵魂"等的哲学讨论

跟随维特根斯坦的脚步或节奏搞哲学，并不是为了提供什么具体的哲学理论，并将其理论"包治百病"一样贯穿到自然世界和人类社会的方方面面，而是为了学会一种多角度审查"语言"的方式，将"语言"这个普遍使用的表达工具搞清楚，从而真正地做到没有障碍和清晰地使用和理解"语言"。

《哲学研究》第一部分486节说：

（1）那里有把（2）椅子，这是从我获得的（3）感官（4）印象推论出来的吗？——从感官印象怎么能推论出一个（5）命题来？那么，是从（6）

描述感官印象的命题推论出来的了？不然。——但我不是从印象从（7）感觉资料（8）推断那里有把椅子吗？——我根本没作什么推断！——不过有时我作。

例如我看着一张（9）照片说"那里一定有过一把椅子"，我甚至也说："我从所看到的推断那里有把椅子。"这是个推断；但不是（10）逻辑推断。推断是向（11）断言的过渡；因此也是向与断言相应的（12）行为的过渡。我不仅在（13）话语上"获取（14）结论"，而且也在（15）行动上"获取结论"。

我获得这些结论（16）有道理吗？这里把什么（17）称作有道理？——"有道理"一（18）词是怎么使用的？请描述一些（19）语言游戏！从这些语言游戏中也可以看出（20）有道理是多么重要。

从此节来看，维特根斯坦所谓的"哲学研究"几乎同时涉及对"日常语言"进行"哲学语法"的所有语言角度和思维层次，如：一、从抽象层次看的（一）符号层次，如以上（1）（2）（3）等等；（二）语言层次，如（13）（18）（19）等等；（三）概念层次，如（1）（8）（14）等等；（四）解说层次，如（6）（16）（20）等等。二、从具体层次看的（五）对象层次，如（2）（9）（12）等等；（六）事体层次，如（5）（11）（15）等等；（七）信念层次，如（4）（10）（17）等等；（八）感觉层次，如（3）（4）（7）等等。

让我们再重申一下维特根斯坦的理想："只有学会了说，才能有所说。"①另外可以这么认为，即要从根本上"学会说"，需确切明白做比说重

---

① 维特根斯坦著，陈嘉映译，《哲学研究》，上海人民出版社，2005年4月，127页。

要，"言辞即行为"①，语词的具体使用比思维内容重要，只有正确的形式哲学或方法论才能形成或造就正确的哲学观。

维特根斯坦对语言或概念使用的哲学分析不拘一格，却又自带章法，可谓既灵活又严谨。下面我们以"维氏的灵活"具体来探讨几组言语行为或概念的"哲学语法"，以加深对后期维特根斯坦哲学的体验与感悟。

一、关于"强迫"与"意见"

"强迫"是建立在自己意志的情况下来迫使别人服从自己，"强迫"要有相应的"外部行为"和"结果"来做支撑。

"意见"也是建立在自己意志情况下的对别人学习和生活的参考性建议。

强迫是"要求"别人"一定要这样"，常伴有严厉的语言和行为作为佐证（即外部粗暴语言与行为证据），甚至背后隐藏有不可告人的目的或利益（如捞取别人行为结果中的提成、收益或好处）。

意见是供别人可以作出选择的言语和行为，应留有足够的分寸和余地。

强迫是被迫的言语及行为，意见是自愿的言语及行为。

是不是"意见"提多了就等于"强迫"了吗？这其中的分寸和度量在哪里，好的"意见"不是应该"三令五申"才显得"责任在肩"吗（尤其是对于那些反应迟钝和养成拖拉习惯的人而言）？

俗话说，"子不教父之过，教不严师之惰"。

懒惰的人更适合明哲保身或保全自己，他们不参与和拒绝任何瓜葛。

二、关于"讽刺"与"怜悯"

"讽刺"指的是用过激的语言表达对某些缺点、弱点进行揭露和攻击。

---

①路德维希·维特根斯坦著，冯·赖特、海基·尼曼编，许志强译，《维特根斯坦笔记》，复旦大学出版社，2009年12月，81页。本文页码未特别标明出处的地方，皆引用此笔记。

"怜悯"指的是对遭受打击或不幸的人和事表示同情、哀怜。

"讽刺"与"怜悯"几乎可以用同一种语言表达形式来呈现。

维特根斯坦说："只有非常不幸的人才有权利怜悯别人。"（51）

怜悯别人从某种意义上是一种特殊的讽刺吗？

三、关于"炫耀"与"嫉妒"

"你所取得的成就，对于别人不可能像对你那样意味着更多。"（22）

所以，"炫耀自己"是一种非常不可取的野蛮行为。

"嫉妒是一种肤浅的东西。"（63）

炫耀的是自己的成就，嫉妒的是别人的成就。

四、关于"灵魂"的概念

当你说，一个人的"灵魂"是杂多的综合。在这里，你是在什么意义上使用"灵魂"的概念？这是说所有人都有"灵魂"，从古到今，那些死去的人的"灵魂"从未消失，他们附着在生者的意识或精神中，使一个独立个体的灵魂变成了杂多的灵魂或灵魂碎片的综合。那么，历史人物比如哲学家、英雄、帝王等，他们的灵魂就都还在啦，他们不依赖于身体，所以分心千千万万，扎根在相应人的精神和意识世界中，改造和整合着一个人新的思想和观念，从而使一个个体的灵魂变成一众杂多者的综合。

莱布尼茨在"单子论"中谈到那些"形而上学的点"，既不是物理上的点，因为物理上的点不过是物体的压缩，也不是数学上的点，数学上的点不过是"思量"，而是不生不灭的"根本的原子""实体的形式"或"单子、单体"。[1]在这里，我要说的是，莱布尼茨的"单子"不过就是类似西方的"上帝"或中国的"道"概念了，即指那代表最高和绝对完美的"概念"。只不过在莱布尼茨看来，"单子"代表的不是"一"，而是"多"。

---

[1]参见梯利著，伍德增补，葛力译，《西方哲学史》，商务印书馆，1995年7月，406页。

如果把每一个"单子"都看作一个"灵魂"的概念，那么每一个"个体灵魂"的概念，它就既是"一"，又是多个"一"的综合，即多个不同的"个体灵魂"交互和整合后的某个人"自己"罢了。

当我们从灵魂层面说到"自己"时，我们的灵魂实际上已被多个甚至无穷多个的"个体灵魂"进驻，比如苏格拉底的、亚里士多德的、孔子的、老子的、李白苏轼的等等，从而表现为大综合的"自己的灵魂"。

在这里，我们大致是在这些意义上谈论"灵魂"和"灵魂的概念"的。

我们进而再试问一下，人体的"灵魂"和语言哲学角度的"概念"是一致的吗？众多的个体的"灵魂"和语言学上基本的"概念"（即个体或类型词）会不会同样多？所谓人类"灵魂"不过就是众多"概念"词的综合吗？

五、关于"梦境"的概念

梦境是很多人的灵魂在个体头脑中相遇。白天，我们被社会生活和自身活动约束，精神和灵魂没有自由，我们误以为灵魂是附在物质生活上的"思量"或"考虑"而已，虽然生活甚至自身常自行其是。在梦境中，灵魂超脱了这些物质的"黏滞物"，表现为"众声喧哗"，这是多个人的灵魂和精神人格在个体头脑中相遇和进驻的证明，也表明了"个体灵魂"是许多人的精神和思想的综合，从一个侧面也说明了"灵魂不死"是有道理的。（灵魂不死不是迷信，又胜似迷信？）

灵魂超脱了"黏滞物"，同时灵魂和肉体也彻底分了家，彼此做着各自的"春秋大梦"。而超脱了的"灵魂"与"梦境"几乎同义，是以有庄子的"栩栩然胡蝶也""庄周梦蝶"（"蝶"才是真的"庄周"的庄周正解）等。肉体是一架机器，我们为其设置了工作和能量补给程序，最终因为磨损、操劳和死亡等灰飞烟灭，进入了其他物质新陈代谢的苑围。

从对"梦境"的分析我们可以得出，这一方面或许代表了一定的事实，另一方面则是"梦境"这个语词和概念的某种使用。

六、"假设"的哲学语法（提纲）

在后期维特根斯坦的哲学辞典中，经过扩展的"逻辑"、语言的实际"用法"及实证于言外界域的"哲学语法"，都具有内在高度的相通和一致，因此，探讨"假设"的"逻辑""用法""哲学语法"都代表某种特殊语用哲学的研究。

不仅语言中有"假设"标志的句子是一种"假设"，全部人类语句实质上都是以某种特定方式做出"假设"。展开来说，所谓"假设"的句子常常表现为句首有"如果（假使、倘若、要是）……"等词语标志的语句，其实，除此以外，任何语言表达式似乎都自带"假设"功能和意义。

（一）假设的涵义和类型

假设指的是语句及其所指的虚幻联系或假定关系。一般地看，一个人说或写出一个语句实际上也就是作出了某种虚幻意义关系的"承诺"，这种有待证实的意义表达可统称为"假设"。

从广义上看，人类所有的表达式（无论表现为文字、语音、图形等外在形式）首先不外乎"假设"而已。假设的类型大体可从两个角度作出细分。

一是从语句句型角度看：陈述假设，疑问假设，感叹及其情绪假设等。

二是从语句所指的具体内容角度看：

1. 理论及其意义假设

具体地看，包含科学理论假设、语言意义假设两种。

2. 实践及其生活假设

具体地看，包含日常生活假设（行动假设，日常交际假设，爱情假设等）和社会实践、工作及事业假设。

（二）假设、时态和实证方式

1. 假设已发生的句式，实证方式可联系言外求证

2. 假设正在发生的句式，联系言外求证

3. 假设将要发生的句式，联系言外求证

（三）假设的现代意识和人文精神

1. 自由表达的精神

2. 光明磊落的精神

3. 实证与科学精神

4. 人文关怀与艺术风尚

七、《维特根斯坦笔记》选释

维特根斯坦哲学表达凝练，常以沉思而成的"笔记式"语言"字字珠玑"地暗示语词或概念的文化及生活性用法，解疑答问，从而启迪人类文化及生活的智慧和哲思。

（一）伦理学中的谦虚和骄傲问题

"你所取得的成就，对于别人不可能像对你那样意味着更多。你付出的代价有多少，他们就将支付多少。"（22）

当你春风得意时，尤其不能骄傲自负，因为"你所取得的成就"，对别人而言并不如"对你那样意味着更多"，甚至反而容易招致别人的"羡慕嫉妒恨"，所以"你"应该如老子而言"或损之而益，或益之而损"[①]（四十二章），即所谓的"为道日损，损之又损，以至于无为"[②]（四十八章）。这才是一个人在"所取得的成就"面前应该有的生存及发展的"具体方式"，虽然大道辽阔远大，但是做具体人、行具体事的方式则应是从"损"而到"无为"。

由此可见，由维特根斯坦所开创的西方"语言哲学"与中国哲学家老子开创的道家哲学及其伦理实践是可以相互通达和遥相呼应的。

（二）心与身的问题

"不要玩弄另一个人内心深处的东西。"（41）

---

①饶尚宽译注，《老子》，中华书局，2015年1月，91页。

②同上，103页。

"脸是身体的灵魂。"（41）

"人类是人类灵魂最好的图画。"（85）

灵魂的表达包含着灵魂的意义与实在，以上是灵魂学说的语言意义分析或哲学语法分说。在维特根斯坦看来，关于"灵魂"或"精神心理"的外部证据应该向"脸面"或"人类身体"的形貌的各种细微变化去寻找。

（三）哲学的独断倾向及语法基础问题

"思想有时也在未成熟之前从树上掉下来。"（48）

"哲学家使用的语言好像已经被过紧的鞋子挤得变形了。"（72）

这是对西方独断论进行批判的比喻式解法。例如对世界进行唯物主义、唯心主义等的各种解说，也许可以表达为关于"世界的'物质性'本质探究"或"世界的'目的性'本质探究"等，因为根本不存在所谓的"世界本质"普遍或一致问题，却可看作是从世界的某种角度得出的各种倾向型理论。

"我对造一幢大楼没有兴趣，而是对它可能的基础抱有明确的看法感兴趣。所以我和这些科学家追求的不是同一个目标，我的思维方式跟他们的不一样。"（13）

这是对其从"哲学基础"角度比如"哲学语法"视角探讨语言及世界本质问题的一种肯定和自信。这大概是说，一种新的思维方式建立起来，那么旧的问题就会消失了。

（四）明喻、隐喻的问题

"好的明喻使才智焕然一新。"（3）

明喻中也有不少隐藏之处，隐喻的范围也尽在比喻以外。这是强调了隐喻表达和生活方式的普遍性和重要性。

（五）数学、哲学和信仰等的比较问题

"任何宗教派系都不像数学那样，因滥用形而上的表达而负有如此多的罪孽。"（3）

指出了数理逻辑（即数学中的逻辑）对现代哲学的诸多滥用，尤其批判了将日常语言表达与论证归结为数学证明的错误倾向。

"假如基督教是真理，那么所有涉及它的哲学著作都是谬误。"（141）

这是区分了信仰的理论基础与具体哲学的根本不同。

（六）自然的问题

"除了自然，不要把他人的例子当作你的指南！"（72）

这是老子的"自然"哲学吗？以"自然"为指南，自然是效仿天地万物的长久、绵延和正派之道。

（七）概念的产生和作用问题

"概念可以减轻危害或者加深危害；要培养它，或检验它。"（96）

"新概念生育时的阵痛。"（109）

新概念如何产生的？在"母腹"中，在鲜活的生活画面里。有多少新生的生活和未来，就有多少"新概念"历时"培养"或"检验"而尘埃落定。

（八）生活、宗教的反理智主义和理智问题

"智慧是灰色的，生活和宗教却充满了色彩。"（109）

"对于一个哲学家来说，上升到荒芜的聪明的高峰，还不如下到愚蠢的绿色山谷，那里有更多的青草生长。"（136）

生活和宗教是反理智主义的，从一定意义上理智与描述性哲学同一。而描述性的理智哲学则是令一切如其所是。"上帝准许哲学家洞悉置于每个人眼前的事物。"（110）

附录2 墨子实用哲学研究两篇

墨家的"有神论"概说
——兼论墨子的仁义观及实用主义思想

墨子是"有神论"持有者，而且还属于"多神论"，其中的多神包括"天""鬼神""帝"（天帝）"句芒"（木神）"山川鬼神"（各种动植物的神灵）"巫""祖先"等。[①]在墨子看来，人都是有各种各样缺陷和能力有限的，唯有多种鬼神才是先知和超能的存在，能代表完美的"仁义"，在人类社会发展到一定关键的时候，总有鬼神出来"赏贤罚恶"，帮助人类渡过各种危机和难关从而弘扬"仁义"，进而使社会在治乱中得以在时空上不断地绵延下去，同时也表达了墨家关心民生疾苦和追求对社会有用的实用主义思想。

在墨子哲学思想中，不仅"鬼神"观念连接着伦理道德学上的"仁义"和社会实践观上的"实用"概念，其中"仁义"和"实用"理念内部也是联系紧密。

我们知道，"仁""义""仁义"的思想在中国由来已久，且以多家哲学流派为倡导。中国哲学家张岱年主编的《中国哲学大辞典》中，于"总论""仁义"条目下记载说："殷周之际，仁义作为单一概念而未对举或对

---

① 参见李小龙译注，《墨子》，中华书局，2007年3月，103—136页。

称。仁义对举，早于孔子和孟子。""孔子突出了仁，以仁为最高道德原则和人生理想，从而建构了仁学。""孟子仁义并举"，认为"义具有与仁同样的道德价值"[1]，从而进一步将仁义视为"处理人伦关系的基本原则"[2]。在当今中国，孔孟之道，仁义学说，可谓尽人皆知。

墨子也极力提倡"仁""义"甚至"仁义"，但却与"实用"紧密地联系在一起。墨子《尚同》中"今天下王公大人士君子，中情将欲为仁义，求为上士"[3]，虽然首次以仁义并提，但结合墨子整体思想来看，他却更看重义，大概在于义与实用关系更为直接，从而视义为仁的前因。墨子在《兼爱中》说："仁人之所以为事者，必兴天下之利，除天下之害，以此为事者也。"[4]虽然，"义"还是比"仁"更高一阶，墨子在《贵义》篇中说"万事莫贵于义"，墨子论证道，手足比鞋帽重要，身子比天下重要，但是为了义，人们却可以"争一言以相杀（身）"，足见义才是世间万事中最重要的，因此认为"义"才是最高的道德和价值标准。[5]确实，墨子主张"兼爱""爱人如己""兼以易别""爱无差等""兼相爱交相利""兴利除害"[6]等平等、互爱互利和一贯追求实用的系列观点，本身就是对天下人都在讲"义"，且认为这才是真"仁"和完全的"仁"。

一、仁与天

《说文解字》云："仁，亲也，从人从二。"又臣铉等人作注曰："仁

---

[1] 张岱年主编，《中国哲学大辞典（修订本）》，上海辞书出版社，2014年5月，41页。

[2] 同上，94页。

[3] 方勇译注，《墨子（第2版）》，中华书局，2015年3月，118页。

[4] 李小龙译注，《墨子·兼爱中》，63页。

[5] 参见李小龙译注，《墨子·贵义》，204页。

[6] 参见张岱年主编，《中国哲学大辞典（修订本）》，上海辞书出版社，2014年5月，119—120页。

者兼爱，故从二。"①意为爱人如己，兼爱自己和他人，大白话的解释就是要自己和他人相爱的意思。对"仁"进行兼爱、相爱思想的详细诠释，最早应源于墨家一派，墨子论证说："是故诸侯相爱，则不野战；家主相爱，则不相篡；人与人相爱，则不相贼；君臣相爱，则惠忠；父子相爱，则慈孝；兄弟相爱，则和调。""凡天下祸篡怨恨可使毋起者，以相爱生也，是以仁者誉之。"②

墨子说："今大者治天下，其次治大国，而无法所度，此不若百工辩也。然则奚以为治法而可？当皆法其父母奚若？天下之为父母者众，而仁者寡，若皆法其父母，此法不仁也。法不仁，不可以为法。当皆法其学奚若？天下之为学者众，而仁者寡，若皆法其学，此法不仁也。法不仁，不可以为法。当皆法其君奚若？天下之为君者众，而仁者寡，若皆法其君，此法不仁也。法不仁，不可以为法。故父母、学、君三者，莫可以为治法。"③

在墨子看来，父母、学者（老师）抑或君主，都数量众多，当然缺点也多，所以"仁者寡"，"故父母、学、君三者，莫可以治法"，④即认为各个人本身并不值得为大家效法和作为法度。能作为万物和人的法度者，只能是"天"了。

"然则奚以为治法而可？故曰：莫若法天。天之行广而无私，其施厚而不德，其明久而不衰，故圣王法之。既以天为法，动作有为，必度于天。天之所欲则为之，天所不欲则止。然而天何欲何恶者也？天必欲人之相爱相利，而不欲人之相恶相贼也。奚以知天之欲人之相爱相利，而不欲人之相恶相贼也？以其兼而爱之、兼而利之也。奚以知天兼而爱之、兼而利之也？以

---

① （汉）许慎撰，（宋）徐铉校定，《说文解字》，中华书局，1963年12月，161页。

②李小龙译注，《墨子·兼爱中》，65页。

③李小龙译注，《墨子·法仪》，22—23页。

④同上，23页。

其兼而有之、兼而食之也。"①

墨子之所以认定"天必欲人相爱相利，而不欲人相恶相贼也"，其主要依据在于：天容纳了所有人，供养了所有人，没有任何的偏袒和私情，即"以其兼而有之、兼而食之也"。天能毫无偏私地包容和供养所有人，因此也就只有"天"才能做到真正的"仁"或"全仁"，所以"天下无大小国，皆天之邑也，人无幼长贵贱，皆天之臣也"。②

墨子生逢东周乱世，对统治者及社会各阶层的认识可谓极为透彻，从而流露出对人性的绝望。因此认为从"仁"的根子即普遍的义利性出发，唯有"行广而无私""施厚而不德""明久而不衰"③和无所不关爱、有利、供养与包容的"上天"才有权力"治法"，才是大家值得效法、效忠与追求的对象和偶像，这是从根本和终极上一起走向"崇天论"去了。

二、天子和暴君

墨子论证了"天"存在的合理性和至高无上性，从而进一步肯定只有好的君主如"昔之圣王禹汤文武"等，能够做得到"兼爱天下之百姓"，率领大家"尊天事鬼"，所以才配得上"天子"的称号。至于那些"暴王桀纣幽厉"，"贼（害）人""诟天""侮鬼"，引得人神共愤、天人共讨，则活该"身死为僇于天下，后世子孙毁之"，④可谓自作自受、自作孽者不可活。

把天下的暴王和墨子心目中真正的"天子"进行比较，前者是显得多么荒谬和愚蠢啊，也难怪柏拉图说，"除非是哲学家们当上了王，或者是那些现今号称君主的人像真正的哲学家一样研究哲学，集权力和智慧于一身，让现在的那些只搞政治不研究哲学或者只研究哲学不搞政治的庸才统统靠边

①李小龙译注，《墨子·法仪》，24页。
②同上，24页。
③同上，24页。
④同上，25—26页。

站，否则国家是永无宁日的，人类是永无宁日的"。[1]结合上节所阐述的墨子
对现世和人性的绝望，柏拉图的见识和担忧与墨子何其相似。

从表面上看，"天子"不过是古代帝王的一个尊称或名称，似乎谁都可
以用，而只有"天子"及其"上天"的真正内涵，才应该是"天子"的实质
定义和固有意义，从这个角度看，墨子实际上是反帝王世袭制和统治者一味
专权独断的。

墨子说："天下之百姓皆上同于天子，而不上同于天，则菑（灾）犹
未去也。今若天飘风苦雨，溱溱而至者，此天之所以罚百姓之不上同于天者
也。"[2]按照墨子的理论，上同（统一）于"天"，跟上同于"天子"（或许
仅仅名称而已），是有本质区别的，前者风调雨顺，国泰民安；后者拜官主
义，屈从权术政治，导致贪腐横行，天下大乱，因此上天就用凄风苦雨，来
惩罚这里的老百姓。这大概是中国古代最早对老百姓"造反有理"的诗意和
肯定表述。老百姓倘若都听了所谓的"天子"或最高统治者的话，那就必然
会遭受来自"上天"的惩罚，因为"天子"的意志是绝对不能等同和完全代
替"上天"的意志的。

墨子认为，"兼爱天下之百姓，率以尊天事鬼，其利人多，故天福之，
使立为天子"[3]。可见墨子关于"天子"的深刻认识和内涵定义，并不局限于
古代世袭制度和封建官僚主义的框架和苑围，而是从爱戴百姓，有所敬畏和
一定的信仰，以及代表大多数人的利益等角度出发，最后由天赐福而立。

墨子此类观点，虽有明显的玄学和神秘色彩（进一步如"怎样尊天事
鬼""天究竟怎么赐福？"等），却也是十足的群众路线和民本主义。

---

① 北京大学哲学系外国哲学教研室编译，《西方哲学原著选读（上卷）》，商务
　　印书馆，1981年6月，118页。

② 方勇译注，《墨子（第2版）》，89页。

③ 李小龙译注，《墨子·法仪》，25页。

三、圣人、圣王与鬼神

圣人是古代思想家、哲学家特别关注和喜欢用颇多笔墨塑造的一种理想人格典型，往往代表了生活在俗世当中的知识分子所追求的做人的最高层次和理想境界。譬如儒家以人伦道德至极者为圣人，道家以遵道而行、自然无为和超脱世俗的逍遥之人为圣人，墨家以"兼爱"天下的尧舜禹汤文武等诸王为圣人。

其中，犹以实用性擅长的墨子笔下的"圣人"，而更懂得人间烟火，民生疾患，"夫食者，圣人之所宝也"①（指圣人珍视粮食），"故圣人之作，为衣服带履，便于身"②（指圣人制作衣服、腰带和鞋子便于人们保护身体），"故圣人作，诲男耕稼树艺，以为民食"③（指圣人教给男子耕耘种植技艺以满足人们对粮食的需求），"圣人之所俭节也"④（指圣人注重节俭）等等。

如果拿墨子笔下的"圣人"跟柏拉图"理想国"中的"哲学家"相比，则颇为耐人寻味，因为柏拉图"国家篇"中的"哲学家"，似乎并不像墨子眼中"圣人"那样，关心人间烟火，考虑老百姓衣食住行，而貌似只懂得关注国家层面的"正义"，社会及个人层面的"教育"以及在教育中要培养的关于人的"威严""礼仪""勇敢"等"绅士"般的精神气质。⑤

值得一提的是，东方哲学家墨子和西方哲学家柏拉图几乎同时或一致地认为，一个国家中的"圣人"或"哲学家"正应是统治者的最佳人选，只不过在古老中国，最佳的统治者叫"圣王"，而在古老西方则大可叫"哲学家

---

① 李小龙译注，《墨子·七患》，33页。
② 李小龙译注，《墨子·辞过》，37页。
③ 同上，39页。
④ 同上，43页。
⑤ 参见罗素著，何兆武、李约瑟译，《西方哲学史（上卷）》，商务印书馆，1963年9月，147—148页。

王"。

所以墨子说："圣人者，事无辞也，物无违也，故能为天下器。"①（意为圣人能处理各种难事，懂得遵循诸物的规律，所以能成为治理天下的大人物）更进一步地，圣人如果明白顺应"天意"为王，那么就理当是"圣王"了。墨子认为："其事上尊天，中事鬼神，下爱人。故天意曰：'此之我所爱，兼而爱之；我所利，兼而利之。爱人者，此为博焉；利人者，此为厚焉。'故使贵为天子，富有天下，业万世子孙，传称其善。方施天下，至今称之，谓之圣王。"②当然墨子所说的"圣王"，承其重视民生疾苦的一贯思想，也是最关注人间烟火和实用主义的人：

1. "上世之圣王……其力时急，而自养俭也。"③（意为圣王努力按农时耕种，且自己的用度也很节俭）

2. "古之民未知为宫事时，就陵阜而居，穴而处，下润湿伤民。故圣王作，为宫室。"④（意为上古人民不会建造房屋，所以圣王出来创造了宫室房屋）

3. "古之民未知为衣服时，衣皮带茭，冬则不轻而温，夏则不轻而清。圣王以为不中人之情，故作，诲妇人治丝麻，梱布绢，以为民衣。"⑤（意为圣王教妇女们整治丝麻，纺织布匹，来作为人民的衣服）

4. "古之民未知为舟车时，重任不宜，远道不至。故圣王作，为舟车，以便民之事。"⑥（意为圣王制造船和车，方便人民做事）

5. "古之圣王，举孝子而劝之事亲，尊贤良而劝之为善，发宪布令以教

---

①李小龙译注，《墨子·亲士》，6页。
②李小龙译注，《墨子·天志上》，107页。
③李小龙译注，《墨子·七患》，32页。
④李小龙译注，《墨子·辞过》，36页。
⑤同上，37页。
⑥同上，40页。

诲，明赏罚以劝沮。"①（意为古代圣王无论用人、尊贤还是发布宪令、明确赏罚，都具有进一步鼓励孝顺双亲和善举以及制止邪恶的实用性目的）

6. "故子墨子曰：去无用，之圣王之道，天下之大利也！"②（意为去除那些无益于实用的东西，执行圣王的治国大道，就是天下的大利啊）

至于墨子笔下的"圣王"，则常指尧舜禹汤文武等先帝或先王，具体表现在"昔之圣王禹汤文武，兼爱天下之百姓，率以尊天事鬼，其利人多，故天福之，使立为天子，天下诸侯皆宾事之"③"周成王之治天下也，不若武王；武王之治天下也，不若成汤；成汤之治天下也，不若尧舜"④等的回顾和追述中。

关于"圣人""圣王"与鬼神之类的高下比较，墨子也有一段精彩的论述：

"巫马子谓子墨子曰：'鬼神孰与圣人明智？'子墨子曰：'鬼神之明智于圣人，犹聪耳明目之于聋瞽也。'"⑤

在墨子看来，鬼神就是先知，它们耳聪目明，比圣人乃至圣王更能知悉数百年后的事情，"使圣人聚其良臣与其桀（杰）相而谋，岂能智数百岁之后哉？而鬼神知之"⑥。

最后补充说明一下，如果说圣人、圣王或鬼神都是有利于人民和追求实用主义的，而忽视了他们的其他优秀品质，那就大错特错了。以这三者当中较低阶的"圣人"来看，且看墨子以下两段描述：

---

①李小龙译注，《墨子·非命中》，151页。
②李小龙译注，《墨子·节用上》，80页。
③李小龙译注，《墨子·法仪》，25—26页。
④李小龙译注，《墨子·三辩》，46页。
⑤李小龙译注，《墨子·耕柱》，185页。
⑥同上，186页。

"嘿则思，言则诲，动则事，使三者代御，必为圣人。"①

"必去六辟（指普通人的喜、怒、乐、悲、爱和恶等六种情绪），必去喜、去怒、去乐、去悲、去爱，而用仁义。手足口鼻耳，从事于义，必为圣人。"②

在墨子看来，圣人沉默时是在深思，说话时字字珠玑而给人教诲启迪，行动的时候则手足口鼻耳等全部身体器官都在从事道义，这样的"圣人"可堪世间"完人"的代表了！

四、上天的意志

在西方世界，讨论上天的意志几乎就等同于讨论上帝的理智了。意大利神学家托马斯·阿奎那说："如果有这样一种理智，它既不能有意见的变化，而一切事物都不能逃脱它的掌握，在这样的理智中，所得的真理就是不变的真理，上帝的理智就是这种理智。"③在托马斯看来，上帝的理智代表了神的意志和不变的真理，跟人类各种意见有着本质的区别，且后者受前者统领与掌握。

东方哲学家墨子视上天为万物的法度和人类普遍效仿的对象，那么上天的意志和意图自然是需要详加考察的。这上天意欲何为，自然也就是人类的尺度。

墨子说："然则天亦何欲何恶？天欲义而恶不义。""天欲其生而恶其死，欲其富而恶其贫，欲其治而恶其乱。"④在墨子看来，"天"都是最讲"义"理的，即"欲其生""欲其富"和"欲其治"等等，而任何人如果与"义"理背道而驰，那就是故意跟上天作对，肯定会自取耻辱和祸端。

---

① 李小龙译注，《墨子·贵义》，208页。

② 同上，209页。

③ 北京大学哲学系外国哲学教研室编译，《西方哲学原著选读（上卷）》，276页。

④ 李小龙译注，《墨子·天志上》，104页。

以墨子来说，如果拿"圣王"和"暴王"对比去看，他们的"天意"及其结局则必然是截然相反的。墨子说，"昔三代圣王禹汤文武，此顺天意而得赏也；昔三代之暴王桀纣幽厉，此反天意而得罚也。"对于圣王，"天意"是："此之我所爱，兼而爱之；我所利，兼而利之；爱人者，此为博焉；利人者，此为厚焉。"然后对于暴王，则"天意"是："此之我所爱，别而恶之；我所利，交而贼之。恶人者，此为之博也；贼人者，此为之厚也"。前者圣王的结果是"贵为天子，富有天下，业万世子孙"；后者的结局则是"不得终其寿，不殁其世，至今毁之，谓之暴王"。①

"天之爱天下百姓"，"以其兼而明之""兼而有之""兼而食之"，②墨子认为要考证上天之所以爱天下百姓的原因，可以从老天兼爱、包容、养育和教化万民等地方看得出来。

墨子说："我有天志，譬若轮人之有规，匠人之有矩。""今天下之士君子之书，不可胜载，言语不可尽计，上说诸侯，下说列士，其于仁义则大相远也。"③墨子认为，所谓的上天的意志即"天志"实际上就代表了上天，因此上天就是规矩，上天就是仁义，这是天下人人都应该认可的总法度，除此之外，不可能以任何的"人言"作为大家应该信奉的纲纪。

如果按照托马斯·阿奎那的不变的"上帝的理智"比对墨子所说的"天志"，那么，上天要向人类推广"仁义"的意志，就是人类世界所应恪守的颠扑不破的绝对真理和不变律令了。

五、鬼神与惩恶扬善

墨子造鬼弄神，目的性很明确，主要就是从鬼神的"惩恶扬善"而改造社会和天下人心的目的因而由来。对墨子"有神论"的社会功用，中国哲

---

① 李小龙译注，《墨子·天志上》，107页。
② 同上，108页。
③ 同上，110页。

学家冯友兰热情评价说：“在《墨子》书中有《天志》篇、《明鬼》篇，其中讲到神、神爱世人，神的心意就是要世人彼此相爱。神经常监察世人的言行，特别是君主的言行。凡不遵行神意的人，就会受到神的降灾惩罚；凡遵行神意的人，神就报以好运。在神之下，还有无数神灵，也同样奖赏实行兼爱之人，惩罚实行交相别的人。”[1]一言概之，墨子笔下的众神和无数神灵们，充满着共同的理想情怀和人文关怀，可谓万神一心，矫正和促进着人类社会更好和更和谐地发展。

墨子说：“逮自昔三代（夏商周）圣王既没，天下失义，诸侯力征，是以存夫为人君臣上下者之不惠忠也，父母弟兄之不慈孝弟长贞良也。正长之不强于听治，贱人之不强于从事也。民之为淫暴寇乱盗贼，以兵刃毒药水火，退无罪人乎道路率径，夺人车马衣裘以自利者并作，由此始，是以天下乱。”在墨子看来，天下大乱，这都是因为大家“不明乎鬼神之能赏贤而罚暴也”！所以墨子才敢于断言：“今若使天下之人偕若信鬼神之能赏贤而罚暴，则夫天下岂乱哉！”[2]

鬼神肯定是有的，关键在于鬼神还能“惩恶扬善”。如果将墨子的“鬼神”观念放到世界哲学尤其西方现代实用哲学视域去看，那么墨子持有的“有神论”倒是跟西方实用主义代表詹姆士的观点非常相似，詹姆士说：“一个观念，只要相信它对我们的生活有好处，便是‘真’的。”“有神这个假说如果在最广的意义上起满意的作用，这假说便是真的。”[3]更何况，墨子还搜罗了大量有关鬼神存在及其惩恶扬善的事例来证明他的“猜测”并不只是“假设”，而是实实在在的“铁证”，比如夏桀“诟天侮鬼”而被商

---

①冯友兰著，赵复兰译，《中国哲学简史》，天津社会科学院出版社，2007年10月，51页。

②李小龙译注，《墨子·明鬼下》，113页。

③罗素著，何兆武、李约瑟译，《西方哲学史（下卷）》，商务印书馆，1963年9月，375页。

汤所灭，商纣"诟天侮鬼"而被武王所灭等等，就是要让人们相信上天和鬼神对暴君和坏人所施的"鬼神之罚"确实存在。总而言之，墨子通过诉诸鬼神，就是希望恶劣的社会和扭曲的人心能够得到彻底的转正，迈向仁义，从而整体回到健康运行的轨道。

在列举了大量的鬼神故事之后，墨子最后总结道："尝若鬼神之能赏贤如罚暴也。盖本施之国家，施之万民，实所以治国家利万民之道也。是以吏治官府之不絜廉，男女之为无别者，鬼神见之。民之为淫暴寇乱盗贼，以兵刃毒药水火，退无罪人乎道路，夺人车马衣裘以自利者，有鬼神见之，是以吏治官府，不敢不絜廉，见善不敢不赏，见暴不敢不罪。民之为淫暴寇乱盗贼，以兵刃毒药水火，退无罪人乎道路，夺车马衣裘以自利者，由此止。是以天下治。"①

由此可见，在墨子的治国理政思想中，这天下要由大乱到大治，鬼神"惩恶扬善"之功不可没，鬼神对人类社会健康发展可谓起着令人满意的作用。

另外，需要特别指出的是，墨子信"天"信"鬼神"，却极力反对信"命"。墨子说："今天下之士君子，或以命为亡。我所以知命之有与亡者，以众人耳目之情，知有与亡。有闻之，有见之，谓之有；莫之闻，莫之见，谓之亡。"然而，"自古以及今，生民以来者，亦尝有见命之物，闻命之声者乎？则未尝有也。"②墨子从实证主义的角度告诉我们，所谓的"命"，从古至今，都没有人见过它的样子、没人听过它的声音，因此，"命"是根本不存在的。这天下一治一乱，不是"命"的结果，而是统治者政令是否正确使然。

"古之圣王，举孝子而劝之事亲，尊贤良而劝之为善，发宪布令以教

①李小龙译注，《墨子·明鬼下》，130页。
②李小龙译注，《墨子·非命中》，151页。

诲，明赏罚以劝沮。若此，则乱者可使治，而危者可使安矣。若以为不然，昔者桀之所乱，汤治之；纣之所乱，武王治之。此世不渝而民不改，上变政而民易教，其在汤武则治，其在桀纣则乱。安危治乱，在上之发政也，则岂可谓有命哉！夫曰有命云者亦不然矣。"①墨子通过列举古代圣王拨乱反正和治理天下的事情，意在告诉人们，那些所谓信"命"的人，不过是受了统治阶级的愚弄和欺骗，这"上梁不正下梁歪"，"上梁正则下梁直"，才是这个世界最基本的事实！

对比之下，"天"可以限制统治者对权力的滥用，"鬼神"可以"赏善罚恶"，都是非常有用的存在，而唯独"命"没有什么实际的效用，甚至还消弭人的抗争精神和战斗意志，让不"仁义"的东西继续苟延残喘，所以，无论从实用还是仁义的角度考察，"命"都是不应该存在的东西。

墨子在《鲁问》中记载着这样一个故事：

公输子削竹木以为鹊，成而飞之，三日不下，公输子自以为至巧。子墨子谓公输子曰："子之为鹊也，不如翟之为车辖（车轴两端的键，用于防止车轮脱落）。须臾刘三寸之木，而任五十石之重。故所为巧，利于人谓之巧，不利于人谓之拙。"②

从故事可以看出，以墨子的实用主义出发，公输盘费事费劲制作的"鹊"就是毫无用途的存在，还不如他须臾之间砍出的"车辖"管用和实在。所谓"机巧"，不过就是制作有利于人的东西，否则，就是真正的"笨拙"。当然，现在看上去没用的东西，并不代表以后就没用，墨子限于时代的局限，对"鹊"的看法恐怕也就止步于此了。

仁义兼顾长远，实用聚焦当下，墨子看待一切事物的标准，就是这样。

---

①李小龙译注，《墨子·非命中》，151页。
②李小龙译注，《墨子·鲁问》，260页。

六、结论

冯友兰评价墨子说："墨子对孔子的中心思想——仁义——并没有提出异议。在《墨子》一书中，墨子经常提到仁义和仁人、义人，但是其含义和儒家略有不同。"①当然，冯友兰所说的"略有不同"主要是拿墨子的"兼爱"思想与儒家的传统伦理意义进行对比时总结提出。倘若站在实用主义哲学的角度去看，墨子仁义思想的核心，提倡敬天事鬼、利世除害、赏贤罚恶的总体目标，关注老百姓衣食住行民生问题，强调怎么去除民间疾苦忧患等的社会治理方案和系列进步主张，反对"荡口"、虚伪、唯利是图、见利忘义等恶劣人品以及虚假人性，比起儒家明显更具合理性、实用性和可操作性，当然也就更胜一筹。

墨子把神秘的"神学或玄学"与科学意义上的"实证或实用论"同提并充分融通以解决现实问题，体现了其哲学既"可爱"又"可信"的双重维度兼顾，从理论和实践上弥合了近现代思想家王国维先生提出的"可爱不可信"和"可信不可爱"的形而上学与实证论的分野②，见地深刻。当然，墨子倡导"有神论"的根本目的，更在于推广和落地他们墨家一派意义上的"仁义学说"，即认为以天鬼神灵来"惩恶扬善"，可以弥补一般人自身情感上的偏私缺陷与世俗能力的限制，可以达到与普通人推广仁义不一样的奇异效果，从而能使人类社会趋向更加公正和公允。因为人类的一举一动始终逃不脱鬼神的眼睛，这样就没有哪个阶层的人能通过作恶的投机而得不到因果报应了，这样就没有哪个阶层的人有了作善的行为举止而得不到应有的奖赏了。这正如墨子所说的"鬼神之所赏，无小必赏之，鬼神之所罚，无大必罚

---

① 冯友兰著，赵复兰译，《中国哲学简史》，天津社会科学院出版社，2007年10月，49页。

② 参见张岱年主编，《中国哲学大辞典（修订本）》，上海辞书出版社，2014年5月，753页。

之"①（意为：鬼神的奖赏无论善多小都不会遗漏，鬼神的惩罚无论恶多大都能镇压）。

墨子不惜以大力推广"鬼神"玄学观念或有神一说而借以倡导作为社会与人性根本和基础的仁义，一方面相较儒家而言确实存在实质上的理念相通之处，另一方面则比儒家更加实用和接地气，从而沿袭了墨家一门追求实用和正面效果的关注民生与社会治理一贯思想。

墨子不厌其烦地推广仁义，跟他不厌其烦地讲究实用和实行密切相关，仁义不是嘴皮子、口头上的功夫，而是身体力行的个人行动和社会实践，"言足以复行者，常之；不足以举行者，勿常。不足以举行而常之，是荡口也"②。（意为言论要多次验证于行动才可以崇尚，切不可信口雌黄和说空话）言论行为也不意味着可以胡作非为，而是对他人对老百姓对社会要有切实的用途，所以墨子说，"凡言凡动，利于天鬼百姓者为之；凡言凡动，害于天鬼百姓者舍之；凡言凡动，合于三代圣王尧舜禹汤文武者为之；凡言凡动，合于三代暴王桀纣幽厉者舍之"③。总之，上到圣人、圣王直至鬼神，下到贤君、慈父及职工，就没有不以对百姓和社会有用为重要尺度和筹码衡量的。所以墨子继续强调，"虽有贤君，不爱无功之臣，虽有慈父，不爱无益之子"，"不胜其任而处其位，非此位之人也，不胜其爵而处其禄，非此禄之主也"④。

虽然墨子以实用主义标准来判明各种人神，但是墨子却对当世的读书人评价较低，大致是为了批儒而已。墨子说："兼仁与不仁，而使天下之君子取（辨别）焉，不能知也。故我曰天下之君子不知仁者，非以其名也，亦以

---

①李小龙译注，《墨子·明鬼下》，133页。

②李小龙译注，《墨子·耕柱》，194页。

③李小龙译注，《墨子·贵义》，207页。

④李小龙译注，《墨子·亲士》，6页。

其取也。"①在墨子眼中，当时的读书人并不能明辨是非。"世之君子，使之为一彘（猪）之宰（屠夫），不能则辞之；使之为一国之相，不能而为之，岂不悖哉！"②当时的君子贪图名利，却没什么大用。墨子还把读书人与卖布的商人进行比较，认为卖布的商人对布匹的交易很是谨慎，肯定会选用最好的布，但是读书人用身则很随便，被自己的名利欲望摆布，重者就被问罪而遭到刑法惩罚。"商人用一布布，不敢继苟而雠（交易）焉，必择良者。今士之用身则不然，意之所欲则为之，厚者入刑罚，薄者被毁丑，则士之用身不若商人之用一布之慎也。"③墨子对读书人的深刻认知、反思与教导确实应该重视，这即便放到今天也是振聋发聩的。

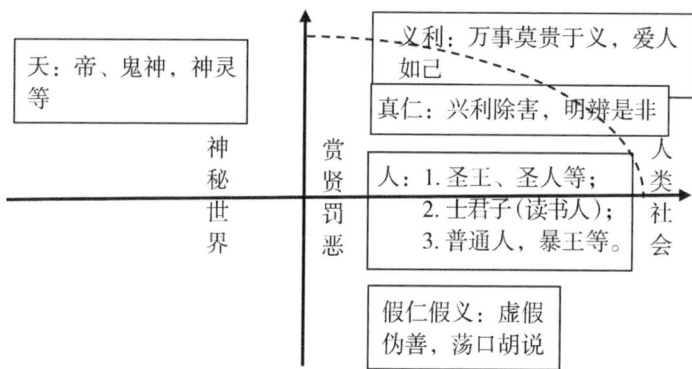

图 1　思维导图

①李小龙译注，《墨子·贵义》，210页。
②同上，210页。
③同上，211页。

墨家的"君子"形象和实用主义研究
——《墨子》选读品鉴

在西方世界，"从事文化是要使人成为绅士"[①]，而在东方中国，作为读书人的目的则是要做"君子"。古希腊哲学家柏拉图在构建他心中的"乌托邦"时，就强调"绅士"教育和培养的主要品质是"威严、礼仪和勇敢"，跟中国孔子所持的"君子"教育观略有不同，孔子说"君子道者三""仁者不忧，知者不惑，勇着不惧"（《论语·宪问》），"即以具备知、仁、勇三德者为'君子'"[②]。中西区别的原因大体在于，柏拉图主要是针对贵族教育而言，所以他要特别强调对下的约束"威严"和各阶层的等级次序"礼仪"。孔子的教育在很大程度上属于平民教育，所以他更在乎知识的获取"知"和道德修炼的"仁"，因为平民没有世袭的爵禄，便要自己"德才兼备"，才能真正有所倚仗。

在东方，"君子"是中国思想家、哲学家在书中对知识分子或读书人进行重点刻画的一个典型形象，目的是给后世子孙提供一个模仿的榜样。三教九流，儒墨等各家各派大都有绘制自己的"君子"性格特征，供大家及其后世子孙进行参详对比，下面我们具体来看看墨子心目中的"君子"是个什么人物。

用一句话概括就是：君子贵义，义利一体，言行高度一致，同时也是利国、利民和利人的实用主义的代表人物。

---

①罗素著，何兆武、李约瑟译，《西方哲学史（上卷）》，商务印书馆，1963年9月，148页。

②张岱年主编，《中国哲学大辞典（修订本）》，上海辞书出版社，2014年5月，89页。

一、墨子心目中的"君子"形象

（一）自信自强：严格要求自己，有自信不抱怨

《墨子·亲士》[1]：

"君子自难而易彼，众人自易而难彼。君子进不败其志，内究其情，虽杂庸民，终无怨心，彼有自信者也。"（3）

君子总是为难自己而对别人大度宽容，那是因为自己才是最容易改变和塑造的。君子进取不息，不怕失败，志向坚定，遇任何困难都能从自己寻找原因或内求诸己，哪怕任他杂在普通的老百姓中间一起生活，内心也不会抱怨，那是因为他自信、自强。

（二）知本安本：治本务本安本，绝不好大喜功

《修身》：

"君子战虽有陈，而勇为本焉；丧虽有礼，而哀为本焉；士虽有学，而行为本焉。是故置本不安者，无务丰末；近者不亲，无务来远；亲戚不附，无务外交；事无终始，无务多业；举物而闇（不明白），无务博闻。"（9）

任何事物都有根本和关键之处，比如正要战斗的时候勇气最为重要，遇丧葬的时候真正的哀伤才是根本，读书人虽然有学习，关键还在于表现在外在的各种行为。根本和关键的东西没搞清楚，是不可能有大的成绩和结果的，身边的人都不亲，不要指望远方的人给你交好，做事情要有始有终，看待事物要澄明透彻，这样安本治本之后，才能进一步寻求扩大功业和成果。

（三）干净赤诚：一生光明磊落，绝无虚假伪善

《修身》：

"君子之道也，贫则见廉，富则见义，生则见爱，死则见哀，四行者不可虚假，反之身者也。"（10）

---

[1] 李小龙译注，《墨子》，中华书局，2007年3月。本文关于墨子具体篇目的引文，未特别说明出处而只标注页码者，皆来自这一版本。

君子的一生，一言而概之，也就是经济上的"贫富"和生活上的"生死"了得啦。当然，除了这两个面子上的事情，最重要的还是精神里子的功夫和层次，贫困而廉洁，富裕而仁义；有生之年明白爱惜，丧葬之时真心哀伤；总的来说，对人对己绝无虚情假意。

（四）心辩身行：心地明澈善良，身体力行践道

《修身》：

"慧者心辩而不繁说，多力而不伐功，此以名誉扬天下。言无务为多而务为智，无务为文而务为察。故彼智无察，在身而情，反其路者也。善无主于心者不留，行莫辩于身者不立。名不可简而成也，誉不可巧而立也。君子以身戴行者也。"（11）

真正有智慧的人不是靠耍嘴皮子，真正出力干大事的人不自满骄傲，这才是值得扬天下的"名誉"的真正内涵。君子要有智慧，要明察，切不可感情用事，走上反路。君子心地善良，行为严谨，绝不投机取巧，一言一行都是自己最好的"图画"。

（五）务实进取：道术学业并重，修身济世利人

《非儒下》：

"夫一道术学业仁义也（意为能够统一道术和学业的是仁义），皆大以治人，小以任官，远施用偏，近可以修身。不义不处，非理不行。务求天下之利，曲直周旋，利则止，此君子之道也。"（166）

君子用仁义道德来统一道术和学业，从而做到德技兼修、学悟并重，然后就可以管理天下国家，担任一方官职，远可以教化万民，近可以自修健身，从而正确处理好仁义与真理、理论与实践等的二元相互关系，最终为利天下的理想奋斗终身，至死方休。

二、墨子批判的当世"伪君子"典型特征

对比上节墨子对"君子"光辉形象的理想刻画，反观墨子所生活的时代，则太不尽人意了，除了社会国家的千疮百孔外，就连"君子"也变得丑

陋不堪。为与上节墨子的"君子"形象相区别，此节援引"伪君子"一词概而论之。

（一）圆滑世故，投机取巧，缺乏责任心和担当精神

《兼爱中》：

（兼相爱、交相利之法）"然而今天下之士君子曰：然，乃若兼则善矣。虽然，天下之难物于故（迂阔之事）也。"（65）

"然而今天下之士君子曰：然，乃若兼则善矣。虽然，不可行之物也。譬若挈太山越河济也。"（68）

墨子批评当今的"伪君子"的特征之一，就是认为"兼爱"这件事虽然好，但是太迂腐，自己也不可能做到，自己做不到又说"兼则善"，实质上还是内心并不一定认可这样，心口不一，足见虚伪至极。"伪君子"的这种圆融机巧之辩术，只能是他对自己要求不严格，缺乏责任心和担当精神的表现。

（二）不明事理，不辨是非，易随波逐流和人云亦云

《非攻上》：

（窃桃李偷鸡狗猪盗牛马等不义行为）"当此，天下之君子皆知而非之，谓之不义。今至大为攻国，则弗知非，从而誉之，谓之义。此可谓知义与不义之别乎？"（73）

（杀一人十人百人等不义行为）"当此，天下之君子皆知而非之，谓之不义。今至大为不义攻国，则弗知非，从而誉之，谓之义。情不知其不义也，故书其言以遗后世。"

"今小为非，则知而非之；大为非攻国，则不知非，从而誉之，谓之义。此可谓知义与不义之辩乎？是以知天下之君子也，辩义与不义之乱也。"（74）

墨子是一个坚定的反战主义者，而"伪君子"则更像一批好战分子。"伪君子"只知道偷鸡摸狗杀人等行为不义，却不知发动战争"攻国"才是最大的不仁不义和罪魁祸首，所以，在大仁大义和大是大非面前，"伪君

子"实际上是非不分，黑白颠倒，立场混乱，甚至进一步助纣为虐。

（三）奸诈虚伪，庸俗低级，爱面子讲排场和没立场（在儒墨之争中攻击儒家士子的性格缺陷）

《非儒下》中记载的故事：

孔丘为鲁司寇，舍公家而于季孙，孙相鲁君而走，季孙与邑人争门关，决植（撬开关门的直木）。孔丘穷于蔡陈之间，藜羹不糁。十日，子路为享豚，孔丘不问肉之所由来而食。褫人衣以酤酒，孔丘不问酒之所由来而饮。哀公迎孔子，席不端弗坐，割不正弗食，子路进，请曰："何其与陈、蔡反也？"孔丘曰："来！吾语女：曩与女为苟生，今与女为苟义。"夫饥约则不辞妄取以活身，赢鲍则伪行以自饰。污邪诈伪，孰大于此！（170—171）

《耕柱》中记载的故事：

子夏之徒问于子墨子曰："君子有斗乎？"子墨子曰："君子无斗。"子夏之徒曰："狗豨犹有斗，恶有士而无斗矣？"子墨子曰："伤矣哉！言则称于汤文，行则譬于狗豨，伤矣哉！"（190）

《公孟》中记载的故事一：

公孟子曰："无鬼神。"又曰："君子必学祭礼。"子墨子曰："执无鬼而学祭礼，是犹无客而学客礼也，是犹无鱼而为鱼罟（网）也。"（228）

在儒墨之争中，墨子也许有歪曲对手事实之嫌。但墨子所列举的事例，确实足以说明墨子对"伪君子"人格不一和障碍的痛恨：一是贫困失意的时候饥不择食，没有底线，富贵得意的时候装腔作势，一本正经；二是心中认为无鬼神，行为上却热衷学习祭礼；三是像"狗豨（猪）"一样争食与好斗，没有"君子"的风度。

（四）追名逐位，贪图享受，受欲望牵制而走向毁灭

《贵义》：

"世之君子，使之为一彘（猪）之宰，不能则辞之；使之为一国之相，不能而为之，岂不悖哉！"（210）

"今士之用身，不若商人之用一布之慎也。商人用一布布，不敢继苟而雠（售卖）焉，必择良者。今士之用身则不然，意之所欲则为之，厚者入刑罚，薄者被毁丑，则士之用身不若商人之用一布之慎也。"（211）

"伪君子"追名逐利无极限，哪怕自己才能不济，也热衷一味地向上爬，足见"官僚至上"或"官本位"的理念主宰其一生。也正因为"伪君子"爱官做官无底线，所以对自己的行为没有检点，"厚者入刑罚，薄者被毁丑"，或者重罪违法，或者声名狼藉。

（五）夸夸其谈，自以为是，不懂得修身和向人学习

《公孟》中记载的故事三：

告子谓子墨子曰："我治国为政。"子墨子曰："政者，口言之，身必行之。今子口言之，而身不行，是子之身乱也。子不能治子之身，恶能治国政？子姑防子之身乱之矣！"（238）

《贵义》：

"世之君子欲其义之成，而助之修其身则愠。是犹欲其墙之成，而人助之筑则愠也，岂不悖哉！"（212）

墨子认为修身在先，解决身心问题在先，自身心口行不一，那么自身的混乱就足以使自己陷入万劫不复之地。"伪君子"身心行混乱，又不懂得谦虚和向人学习，从而使自己陷入不长进还堵死了自己前进道路的"自作孽不可活"的可悲与可笑之境地。

三、墨子以"义"为宝的贵义思想

相比儒家孔子的以"仁"为中心的论调，墨子则使"仁"更具有可操作性和实践性，从而提出"贵义"的思想主张。

（一）义，是天下的准绳

《贵义》：

"子墨子谓二三子曰：为义而不能，必无排（怪罪）其道（道义）。譬若匠人之斲（砍）而不能，无排其绳（准绳）。"（209）

在墨子看来，为义才是第一根本。义的中心和本体地位之所以不可动摇，是因为在任何情况下都预设它的牢固不破性，这就好比木匠不会砍木头，不会怀疑准绳的真理性质。墨子把"义"设置为个人和社会所有行为的"第一本体"，从而使各种表达都遵循了类似康德"实践律令"一样的"本体论承诺"。

（二）义，可以利人的天下良宝

《耕柱》：

"而和氏之璧、隋侯之珠、三棘六异（指九鼎）不可以利人，是非天下之良宝也。今用义为政于国家，国有必富，人民必众，邢政必治，社稷必安。所为贵良宝者，可以利民也，而义可以利人，故曰，义天下之良宝也。"（191）

已经把"义"设置为第一本体，接着墨子就进一步解释了"义"的确切内涵，即"义是什么？"的问题：义就是利人民、利国家，就是天下第一的良宝。

（三）仁义之士，要讲责任与担当，不是沽名钓誉

《耕柱》：

"天下无道，仁士不处厚焉。"（195）

"世俗之君子，贫而谓之富，则怒；无义而谓之有义，则喜。岂不悖哉！"（196）

在墨子看来，天下"无道"而混乱不堪，普遍过得好的那批人，根本不是真的"仁士"，因为真正的"仁士"在这种情况下"不处厚焉"；而是一帮假仁假义、沽名钓誉的"世俗之君子"，类似我们今天所提的"精致的利己主义者"。

"世俗之君子"不讲道义、担当和责任，因此跟墨子一贯批判的"伪君子"德行一致。

（四）义，是天底下的最大的事情，要求排除万难，也应坚持自己的学

习和努力方向

《公孟》中记载的故事二：

有游于子墨子之门者，子墨子曰："盍学乎？"对曰："吾族人无学者。"子墨子曰："不然。夫好美者，岂曰吾族人莫之好，故不好哉？夫欲富贵者，岂曰吾族人莫之欲，故不欲哉？好美欲富贵者，不视人犹强为之。夫义，天下之大器也，何以视人必强为之。"（236）

在墨子看来，"义理"就是放之四海而皆准的真理或至理，因此，在任何情况下，都值得"一意孤行"。这也部分解释了为什么有些"真君子"始终不容易被世俗之人左右，不愿意同流合污，而要继续上下求索和高驰不顾的原因。

（五）可舍生取义，亦可全身从事于义而为圣人

《贵义》：

"曰：'予子天下而杀子之身，子为之乎？'必不为，何故？则天下不若身之贵也。争一言以相杀，是贵义于其身也。故曰，万事莫贵于义也。"（204）

"手足口鼻耳，从事于义，必为圣人。"（209）

墨子认为，"天下"没有"身"贵，"身"又没有"义"贵，所以，在非常极端的情况下，可以"舍生取义"。一个人如果终身"从事于义"，即在时间上和空间上将"义"一以贯之，那么就是墨子心目中的"圣人"了。

四、墨子的实用主义思想

大体地看，无论是对标墨子心目中的"君子"形象、理实一体的"仁义"观，还是反比墨家所摒弃的那些士子读书人——"伪君子"，且都充斥和贯穿着实用主义的理念和中心，可谓有实用才有真仁义，墨子堪称中国古代实用主义哲学代表的第一人。

（一）不讲无根据无举行的胡话，多讲有用和可行的实话

《耕柱》：

"言足以复行者，常之；不足以举行者，勿常。不足以举行而常之，是荡口也。"（194）

《贵义》：

"言足以迁行者，常之；不足以迁行者，勿常。不足以迁行而常之，是荡口也。"（208）

墨子实用主义哲学思想之一：可以反复实行、实践，可以使人改正错误、走向正道的言论或理论，才是常言或真理。

语言是联系内在意识和外在行为最重要的介质，人的意识表现为语言的媒介，然后再通过媒介的语言导向人们的实际行为，在人们的实际行为中，能够反复实行、实践乃至对行为足以产生迁移影响的那些语言表达和论断才是切实可行的真话"常言"，不然的话就是"荡口"胡说。简而言之，检验语言的标准是"实用"。

（二）是否有社会效用是检验工作有无价值的重要标准

《鲁问》中记载的故事：

公输子削竹木以为鹊，成而飞之，三日不下，公输子自以为至巧。子墨子谓公输子曰："子之为鹊也，不如翟之为车辖（车轴两端的键，用于防止车轮脱落）。须臾刘三寸之木，而任五十石之重。故所为巧，利于人谓之巧，不利于人谓之拙。"（260）

墨子实用主义哲学思想之二：一切机巧的制作或工作，都应该以是否有用途或导向好的结果来判定其价值。

按照西方实用主义哲学家詹姆士的观点，"任何一个假说，如果由它生出对生活有用的结果，我们就不能排斥它"。[①]对比之下，中国墨子表达了近似的结论：一切所谓机巧的构思及制作，如果对生产生活毫无用途，也就不过是"拙作"罢了，比如鲁班精心制作的"竹鹊"等。一言而概之，检验工

---

①罗素著，何兆武、李约瑟译，《西方哲学史（上卷）》，375页。

作的标准还是"实用"。

（三）敬天事鬼、济世利民乃圣王之法、先王之传，后世子孙应好好比对、效仿和实行

《贵义》：

"子墨子曰：凡言凡动，利于天鬼百姓者为之；凡言凡动，害于天鬼百姓者舍之；凡言凡动，合于三代圣王尧舜禹汤文武者为之；凡言凡动，合于三代暴王桀纣幽厉者舍之。"（207）

"古之圣王，欲传其道于后世，是故书之竹帛，镂之金石，传遗后世子孙，欲后世子孙法之也。今闻先王之遗而不为，是废先王之传也。"（212）

墨子实用主义哲学思想之三：一切言行，都应该以有利于或符合天理、有利于人民的利益和符合圣王圣人的教化等"三个有利于"标准出发和进行判定。其中，第一个"有利于"直接就否定了个人和权力崇拜，第二个"有利于"否定了一切特权思想和对老百姓不公平的行为，第三个"有利于"则主张从国家治乱兴衰的历史中吸取教训。

总而言之，检验一切语言和行动的标准是"实用"，涉及人类不能判定的言行有"天鬼"作证和审定，对人民群众有用的东西自然由"百姓"一道说了算或集体裁决，国家兴衰、历史兴亡是一面镜子，统治者的一切言行如"圣王"对人民有利、合乎正道才行，否则就是"暴王"倒行逆施，走向歪门邪道而自取灭亡。

五、结论

墨子思想以"义理"为最高原则、参照和真理，通过对"君子"人格形象的刻画，表达了墨家一派有责任担当、仁义本色、知行合一和爱憎分明的系列观点，批驳了"世俗之君子"即"伪君子"的种种丑陋品性和不堪德行。通过推广和构建"实用主义"哲学思想和理论体系，倡导"三个有利于"的言行判定标准，有破有立，理实结合，为国家社会治理和公民人格重塑提供了宝贵的思想财富和精神源泉，值得我们认真学习和借鉴。

后记：自然、人和精神学发生发展史的说明

本书作者尝试对"世界哲学简史"作了些新的调整与架构：

一、自然：古希腊或古代哲学

二、人：近、现代哲学的理论模型与体系

三、精神：欧洲中世纪和东方哲学——逻辑、哲学与神学的理论体系

综观世界哲学的发生和发展，其内在思想的线索是能够超越一定时空局限的，即有比时空还要刚性和根本的东西在支配其发展进程，譬如"自然—人—精神"的中西哲学的汇通合流程式，我把其中最根本的自然、人和精神通称为"三界"。

在"自然—人—精神"的程式之中，"三界"各有各的管辖范围。其中在自然的界阈内，管理着最基本的自然哲学和物理学；在人的界阈内，则是基本的人学和社会学；在精神的界阈内，是基本的心学和神学；又自然相对人来说，自然是"先在"，人是"后在"，人相对精神来说，人是"先在"，精神是"后在"。可以这么说，每一个"先在"都是"后在"的基础、源泉与参照，从自然中走出了人，又从人中走出了精神，失去了"先在"，"后在"也便无从谈起，同时"后在"也必将回到"先在"，这有些近似于古人所说的"天人合一"（即自然与精神的高度一致），从而形成一个貌似闭环的东西（如下图所示）。

在"自然—人—精神"的闭环圈中，无时无刻不浸润着人类对和谐和融通的美好生活理想的追求：精神与自然的天人合一，自然与人的和谐共处，人与精神的自在圆融。世界各部分既相互独立又彼此相融，循序渐进又彼此

成就，这该是多么美好的未来愿景。

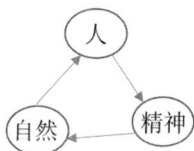

图 1 "自然—人—精神"的闭环

本书得以顺利完稿和最终面世，得益于郭丽冰教授及各路朋友们的热忱建议和衷心支持，得益于我的爱人女儿的真情理解和温馨鼓励。本书题名由著名书法家、诗人尚朝兄友情提供，从而扩容了本书的传统文化气息和多元审美趣味。

最后，我想挪用后期维特根斯坦的口吻来为本书作结："我本愿奉献一部更好的书，但由我来完善它的时机已经过去。"